归来十年，谨以此书感谢我的读者。

外国音乐在外国

陈丹青

广西师范大学出版社
·桂林·

序

此书上市，应是二〇一〇年。九年前面世的这本“音乐笔记”，现在推出新版了。我愿做的第一件事，是将书名改回早先拟定而未被采纳的《外国音乐在外国》。当初起这题目，是因人在纽约写给国内读者看，如今长居北京，想想“外国音乐在外国”，反倒另有一层意思了:虽然我也说不像是什么意思。

读过旧版的朋友倘若见及新书名，或可一读我为新版添加的四篇长长的新稿件——适巧，去今两年我竟两度造访维也纳，还去了莫扎特故乡和捷克的首都。这些著名的音乐城市总有故事与话题说，从今夏到现在，我于是陆续写出了《在维也纳》之一、之二，及《在萨尔茨堡》和《在布拉格》。不晓得是为增添字数巴结读者呢，还是我果然感触良多，写完看看，太过絮叨了。书中的图片当然大幅度换过，而且彩色。

我要再次谢谢上海音乐出版社的好编辑李章先生。他就是旧版题记中那位“Z君”。出于谦逊而淡泊，当初他要我不论如何别写出他的名字来，这回我不必依从了：我之谢他，非仅是他做主出版了这些谈论音乐的文字，而是早在一九九二年，因他一句话，兼以长达七年的纵容与催促，我从此开始写作。

在我一面，持续的写作虽说开了份宽窄莫辨的旁门左道，却也难说是表达的良策：转眼，归国定居十个春秋了。年复一年，被恩准的言说空间越来越少，受命删除或事先退稿的待遇，越来越多。众人及舆论则不断抬举：您是艺术家！我明白，那意思是要我放规矩点，少来胡说。今岁尤其是少说为佳的一年：年初写了长长的土耳其游记，年尾即是关于音乐的扯淡。这是我渐趋安分守已的举措么？是的，谈论艺术真是既风雅，又安全。这不，连书名也规避了境内的话题与是非，单说外国音乐在外国。

二〇〇九年十二月二十日写在北京

题 记[1]

这本集子，是一九九二到九八年间，我远远躲在纽约寓所陆续写给上海《音乐爱好者》双月刊的十几篇文字。这些文字的读者，就我所知，一位是约稿的编辑，另一位就是我。现在，趁这集子的出版，我要特意向那位约稿的编辑鞠躬致谢，为什么呢，因为经他的撩拨，我从九年前开始了持续的写作。

写作，我一向喜欢的，但除了就学前后的所谓“创作谈”，以及不像文论不像批评似的零星稿约，二十多年间仅只发表过可数的几篇，内容不出美术的范围，美术以外的话题，哪里梦想过呢，然而做梦似的，去年以来，我竟写成两本“书”，一本是已经上市的《纽约琐记》，一本是尚且搁着晾着的《多余的素材》。内容不论，书写的文体，勉强算是“散文”或“随笔”的意思吧，“文学”当然谈不上，但毕竟可以自视为“写作”，而从此在画画之外，多一招游戏骗骗自己了。画圈子里外或生或熟的朋友于是诧怪：你还写作？是的，我的那两本“书”之所以斗胆承应，居然写成，就是有这位编辑早早地就在催我动笔了。

1　这篇题记是为九年前的《陈丹青音乐笔记》所写。

我要谢谢他。且称他为Z君吧——九年前，时在深冬，我头一次回国省亲，在沪西一间极小的居室里遇见了Z君夫妇，吃饭聊天。得知他是弄音乐的，手上正编着《音乐爱好者》这本刊物，我就胡乱地说些纽约的关于音乐的见闻。不记得怎么一来，提起曾在曼哈顿寻看过霍洛维茨的丧仪，待讲到电影近镜头里老霍的大鼻孔怎样的悬着一滴鼻涕，Z君忽然打断我，高声说：哎呀丹青，你把这个写下来好不好？

我记得他一脸当真的表情。表情对我很起作用的。九年前，国中的出版业哪里能同今天比，Z君的兴致是在组稿，我的兴致是在写作：写什么呢，我自己并不知道，当有人给我指定了话题——譬如霍洛维茨的鼻涕——我就果然写起来，只是当初不想到后来会连续写下去，更别提拼凑起来出本书。

江南的屋子没暖气，其时我在地处北端的纽约待了十一轮春秋，早忘了穿着棉袄夹裤在睡房里缩作一团的那份阴冷与寒气，可回国就为了怀旧呀，身体也在怀旧的。是在南京岳家的旧寓——现在早已拆成了一堆瓦砾——我泡杯滚烫的茶水暖暖手，用讨来的哪家医学院公文稿纸开始写，写完寄出，过几个月，就在纽约收到Z君寄来薄薄一册滴了霍洛维茨清鼻涕的《音乐爱好者》，同时他就催讨下一回的稿子了。

《灵堂琴声》算是我头一篇誊写干净拿去发表的文字习作，粗糙简单，还用“琴声”与“灵堂”搁在一起作题目，弄成小小的酸雅，骗读者注意，现在想来，真像少年时代头一回学抽烟，怕人看见，又想要人看见，手势、吞吐，尽在学架势。可是一根抽过，喉咙痒痒地也就接了第二第三根，虽是呛着咳着，也谈不上瘾，却不知不觉抽上口，不想戒了，何况还有个Z君频频给我递烟点火呢。

但我可从未有过谈论音乐的妄念，给Z君那么手指勾一勾，我竟不负责任写起来：所谓“责任”，是指我所没有的音乐知识，每篇所写，不过是些“关于音乐”的日常见闻，并不真在谈音乐；所谓“不负”，自然是指我一旦离谱太远，行家大约会对这“爱好者”的无知，付之一笑吧，而且那一笑，我看不见，不必非得脸红。Z君，则从不拆穿我的门外胡言，只管哄着我一期接一期写，这样子，六年间给他写了将近十篇，到了九七年，有别家出版社约了我来写《纽约琐记》，又要回头谈论画画的事情，没有余裕了——九八年的《赴死的演奏》，是我给刊物的最后一篇，《瓦格纳问题》写写停停，竟忘了寄出去，现在可以收进来。

这些稿子，尤其是最初几篇，距今颇有些年头，当初下笔，不免假想国内欠缺对于外间的了解，所以略微介绍国外音乐生活的状况点滴，今天看来，真是在胡说，譬如纽约昂贵的音乐会票价上百美金，在今之大陆算什么呢，听说上海音乐厅的多明戈演唱会，几千元一票，销售一空，紫禁城的露天歌剧大演出更是出票天价，照样坐得满满当当，这些，真要让我辈羞煞……好在对于海外华人的“落后”与“土”，今之国人早已十分的了然而宽容，看在这些异时异地所写成的文字，该不会与我一般见识吧。

此外未见于期刊的篇幅，均是新添的：今夏为展事去欧洲，顺道造访波恩，归来写成《贝多芬故居》。去年在上海图书馆作讲演，题曰《石库门弄堂里的欧洲艺术》，所谈七十年代海上遗事，时过境迁，竟像是古代的传说，其中也谈及音乐。末尾的《音乐的立场——答〈音乐爱好者〉编辑部问》写得漫无边际，而种种话题的铺衍，也倒说出不少感触，这感触，若是没人聊起，我是不会着笔，更不知道自己对于音乐与文艺抱有这样的意见：我的写作，是要写下去，才知道会写出什么来。

书的题名，原先是径取现成的《外国音乐在外国》，结果给编辑改作“音乐笔记”，加上我的名姓。这总让我不自在：明明一个画画的家伙，出本“音乐笔记”，算什么呢，且我看画听乐，从不做笔记的。但以我出国前的经验，编辑就是“领导”，领导拍板，只得默然从命。好了，关于成书的原委，现在都交代在这里了。上个礼拜，《音乐爱好者》编辑部给我寄来一沓子新版本，不单改成彩色的月刊，还从里边滑出亮闪闪的CD碟片，而版式、纸张、印制，都比我供稿的旧版本讲究而体面得多，活像新出阁的姑娘家，不敢认了。我略一翻看，竟有点念旧，又有点庆幸：就在那简陋的旧版本上，我开始发表文字的习作，也幸亏是躲在那里，我弄出这些勉强称之为散文的东西，而且真是不敬，假音乐的名义——真的，我不是虔诚的“音乐爱好者”，直到此书将要问世，我才明白自己其实是个厚着脸皮的“写作爱好者”，这是要请诸位爱乐者多多包涵的。

二〇〇一年十月十日

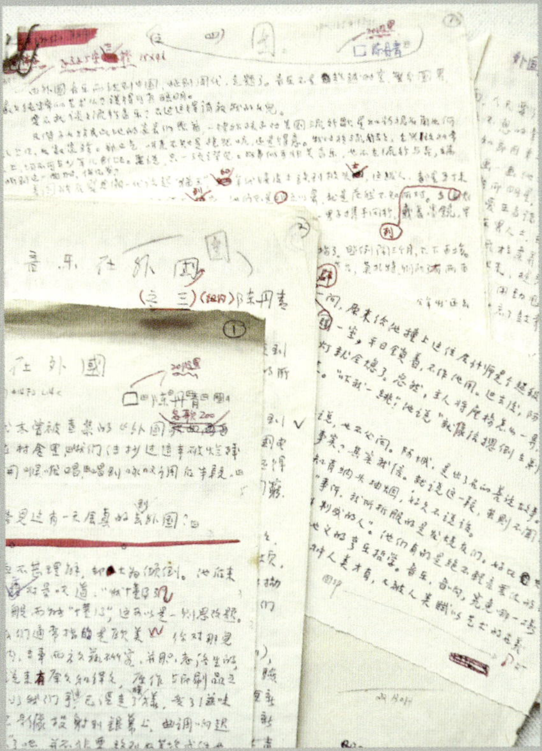

这是我一九九二年开始为上海《音乐爱好者》杂志陆续提供的手稿之一。自一九九七年学会电脑，从此不再有手稿了。我曾不断誊清，为了稿面的整洁与审读,这是手写文稿的快感和麻烦，现在一并消除了。

目录

维也纳 Molker Bastei 8号老公寓门洞，贝多芬故居在四楼，推开右首的一扇门，就可以上楼了。

上图：四楼到了，左首转弯就是贝多芬旧居。下图：贝多芬不在家，我于是顺着四楼的楼梯往下走。

在维也纳（之一）

那天午后寻到贝多芬的家，下雨了。老公寓门洞空无一人，天井亮着。他的寓所是在四楼，石梯旋转而上，二楼、三楼，楼道昏暗，朝向天井的排窗透入雨湿的光，家家门户清寂，关闭着，小门廊摆满户主栽培的植物。上到四楼，门首小牌写明下午开放时间是两点，我来早了，贝多芬不在家。

细读告示牌，这小小纪念馆划归维也纳市立博物馆系统。博物馆入口有厅堂，有座椅，走动坐等都无妨；这里是住家的公寓，此刻才过一点钟，我像是私闯民宅的人，端着照相机，悄然踌躇，天井雨声响亮。仰看天井上端十九世纪的屋顶和烟囱，贝多芬天天出入，想必瞧一眼吧：第四、第五、第七、第八交响乐，还有他那部艰难的歌剧《菲德里奥》，就是在这里写成的。

回身下楼，又顺着幽暗的楼梯转，三楼、二楼、一楼。雨势仍不见小，立在门洞向外看，那一瞬，忽然，我活生生回到四十年前的上海了——也是午后，也下雨，也是十九世纪的欧式老公寓，门洞空寂，楼道昏暗，我上楼寻访哪位好朋友，朋友不在家。

* * *

人一辈子记得自己生长的街市。念及外省尤其异国的名城，怎么办呢，只得胡乱想象。我们当初看不见欧美的照片，除了翻译小说：狄更斯的伦敦、巴尔扎克的巴黎、陀思妥耶夫斯基的彼得堡，引我浮想联翩，然而眼前虚空，徒然折返译本的汉字；柯罗描绘的罗马夕阳，莫奈笔下的伦敦浓雾，总算给我“看见”了；毕沙罗的巴黎市景画得最是真切：屋顶布满小烟囱，鹅卵石路面跑着敞篷马车，还有同一大街的阴晴与晨昏……八十年代在纽约初看费里尼、特吕弗与戈达尔，终于我跃入银幕，走在巴黎罗马大街上，跟踪主角出门、拐弯、过马路、穿窄巷，猝然被捕，或竟万般侥幸地逃逸了。

美妙的片刻。后来去到真的巴黎和罗马，没有一处合于早先的妄想。那年初访意大利，回程飞机上蓦然伤感：啊，来过了，那个借波提切利和米开朗琪罗而苦心想象的文艺复兴国，从此迸散，真的意大利无情覆盖我的可怜的想象，但那想象是我自己的呀。

域外名城的汉译，总是美文：米兰、华沙、慕尼黑、亚威农、布达佩斯、斯德哥尔摩……凡未经描述的城市，准确地说，凡是描述而未被我亲眼一见的地方，便是想象的盲域。偶尔在书页中撞见了，不过几个汉字，毫无缘由地排列着，又好看，又耐听，譬如：

维——也——纳。

我没读过奥地利作家的小说，也不记得看过关于维也纳的电影。维也纳？想象一片空白。或多或少，我于欧洲诸国的知识仅止绘画。七十年代末在上海初见维也纳分离画派的克里姆特，琐屑矫饰，不欢喜；埃贡·席勒的神经质的女体素描，则佩服而厌恶。很多年后起念造访维也纳，只因得知维也纳艺术史博物馆挂着荷兰人弗美尔几件绝美的精制、尼德兰人勃鲁盖尔的半数重头作品，还有西班牙人委拉斯开兹盛年描绘的小公主肖像。

维也纳。唯一引我想象维也纳的人，是约翰·施特劳斯：《皇帝圆舞曲》、《蓝色多瑙河》，旋转、旋转、旋转，音律渐强……“文革”初年在上海屋檐下一遍遍偷听，老式唱片也那么亮闪闪地旋转着，嘶嘶作响，内心视象混杂电影中旧俄宫廷的舞蹈场面，开始毫无根据而历历在目地想象维也纳——为什么是施特劳斯，而不是十九世纪麇集维也纳的其他音乐家？

* * *

“在欧洲，可能没有一座城市像维也纳这样热衷于文化生活。几个世纪来，哈布斯堡王朝的奥地利既无政治野心又无军事行动，因此繁荣昌盛。那种国家的自豪感最强烈地体现在追求艺术的卓越地位上。”茨威格生于一八八一年，他这样描述十九世纪末的维也纳，“每天早晨看报的时候，普通维也纳市民第一眼看到的不是国会辩论或世界大事，而是皇家剧院上演的节目。”据他说，路人不会仰望漫步街头的豪绅或总理，但是，“一个皇家男演员或一个歌剧女演员在街上走过，每一位女售货员或者马车夫都会认出他们”。

且看这份家庭记忆：

> 有一天，我家厨娘噙着眼泪跌跌撞撞走进房间对我们说：她刚才听人说夏洛特·沃尔特（城堡剧院最著名的女演员）死了。这极度的悲伤使人莫名其妙，半文盲的老厨娘从未去过高贵的城堡剧院，也没在舞台上或日常生活中见过夏洛特。

与茨威格一样，贡布里希的家庭也是维也纳犹太中产阶级，生于一九〇九年。他的弄音乐的母亲与弗洛伊德和马勒相熟，姐姐则是勋伯格圈子里的常客。二十世纪初维也纳人如何看重艺术教养呢，他说：

> 我不能否认这里有某种附庸风雅的成分。但如果不介入这种文化气氛，不介入音乐、文学和艺术，人家会看不起他，社会不会接受他。对这些领域一无所知，乃是一种过失。

人与城市的落难总会引我留意：贡布里希幼年目击维也纳历经一次大战和奥匈帝国的解体，之后长期经济衰敝。学校中有教师饿死。祖父破产了。面包牛奶实行配给，家人不得不奔走黑市。他与姐姐曾被分别寄养的家庭户主是棺材匠与地方警察。

茨威格的童年记忆似乎仍在维也纳的黄金时代，后来的流亡也始于这座城；贡布里希日后毕业的维也纳大学依然如昔，街对过就是我所到访的贝多芬故居。多半欧洲的都城皆历经两次战争的大毁劫，无论遭遇战火，或被中国称作“历史机遇”的更新，每座欧洲的城邦都不愿背弃自己的记忆。茨威格写道：当首演《费加罗婚礼》的城堡剧院面临拆毁，“整个维也纳社交界像是参加葬礼”；当伯森道尔夫音乐厅也将拆毁时，最后的演出闭幕了，观众鼓掌，哭泣，全场灯光关闭后，没人离开座位。“当我们是大学生时，曾为了反对拆毁贝多芬临终的寓所而用请愿书、游行和文章进行斗争，在维也纳，这类具有历史意义的每一幢房屋的拆除就像从我们身上夺取了一部分灵魂。”

都市的灵魂。除了地名，我们的都市在乎灵魂？！林徽因、梁思成，早经归于历史的轻尘。

* * *

维也纳旧城与新区由河流分开。这里，在类似旧城周边的“二环线”内，大皇宫、小皇宫、老教堂、博物馆、音乐厅、歌剧院，竖着莫扎特雕像的皇家公园，还有大大小小的旧街巷，交错纵横，宛然如昔，间杂其间的二十世纪新楼，造型和尺度也在旧城格局内审慎谦和，不抢眼。自然，如今我所看见的维也纳与茨威格记忆中的旧城，必定大异。工业革命后，马车一度消失——幼年贡布里希记得约瑟夫皇帝坐着马车，驰向皇宫——二战后世界性旅游业闹起来，旧式马车再度起用了，种种毛色的大骏马紧裹马具，戴着皮眼罩，和衣冠周正的马夫静候顾客，停在皇道上。

马车移动了，市声喧嚣中于是马蹄脆响——由远及近，分明是舒伯特的《军队进行曲》，圆号，鼓点，一顿又一顿，路人分开让道，身穿制服的乐手吹打着，演奏着，在小小广场团团绕一圈，郑重而滑稽，随即合着齐整的音响与步伐，混在上下颠颤的马背马耳中，拐弯远去了。

这演奏是为哪个庆典么？我问路边的店伙，答曰不为什么，只因是星期天。是的，旅游的人算计日期，常会忘记星期几。

维也纳活像另一个巴黎：不是指相似，而是两座旧都最为骄傲的时期都在十八十九世纪——闲步阿姆斯特丹和布鲁日街巷，随处撞见十七、十六世纪；置身威尼斯与佛罗伦萨，岁月感至少上溯十五世纪十四世纪；漫游法国的普罗旺斯和意大利托斯卡纳，十三至十二世纪的教堂与Plaza，鳞次栉比；后来去伊斯坦

上图：停靠在圣斯蒂芬大教堂周围的马车。中图：星期天的街头乐队。下图：圣斯蒂芬大教堂。

布尔，天天经过的城墙建于公元五世纪——我所谓的十八十九世纪，非指巴黎与维也纳历史短缺，而有另一层意思在：以唯物论词语形容这两座大城的黄金时代，是因衔接了“资本主义的上升时期”。

相较巴黎的纷纷炫耀，维也纳神态内敛而殷实，且处处比巴黎干净——前资本主义时期的奥地利与法兰西固然王朝更替，时移势易。哈布斯王朝和路易时代的繁复剧情，就我所知，是十七世纪西班牙为挽救朝廷的命数，安排公主远嫁奥地利，金贵的嫁妆，包括委拉斯开兹那几件公主大肖像。女孩嫁去不几年，夭折了；到下一世纪，奥地利为巴结法兰西，将公主许给日后的路易十六王。几年前，科波拉女儿执导的《玛丽皇后》专讲这件豪奢的婚姻，影片开头，只见奥国公主与皇家随行连日跋涉穿过法奥边境大森林，年迈的路易十五亲往迎候，女孩当场更换法国衣装，贴身爱犬被命令必须放弃。

历史电影流露历史的同情。玛丽和夫君后来被押上法国革命断头台，是欧洲换取资本主义共和政体的代价之一么？“对不起，我不是故意的。”在一本叫做《临终遗言》的书中，我读到她就刑时踩到刽子手脚面，说出这最后一句话。

回到绘画与音乐，十九十八世纪的意思是说，意大利雄视全欧的文艺盛世，过去很久了。新兴的画展、演出及赞助系统在法奥首都次第茁育，画家们纷纷涌向巴黎，音乐家投奔维也纳；当初年少无知，我悬想的古典音乐家全是古代人，及至读了一点书，这才知道贝多芬中年的那个维也纳，经已步入资本主义时期，离得我们很近了：他们是欧洲历史崭新的人。贝多芬旧居便是当年的新大楼，想想看，这样的现代公寓，两百年前可就在维也纳到处起造了，其中住着“上升时代”的音乐家，只是电车、电梯还没来得及发明，难为贝多芬那代人每天在楼道和马车里上上下下。

* * *

除了马德里普拉多美术馆与德累斯顿州立艺术博物馆，论十五到十七世纪油画收藏的密度与分量，今次领教，可能数维也纳艺术史博物馆馆藏为最丰厚。文艺复兴的绘画大宗是湿壁画与蛋彩画，及至十六世纪的委罗内塞、丁托列托和提香，这才成功所谓“油画”。其时，欧洲绘画亮起另一道璀璨光华，即巴洛克时代的煌煌巨制，而绘画的大规模流离，从兹发端——镶嵌画、湿壁画，十九仍在教堂墙面上辉煌着，挪不走，遑论藏购，成于架上的单件油画，数百年间可就几经易主，星散列邦了。环视欧陆各大美术馆珍藏，背后的故事说来话长，有掠夺的，有礼送的，自也多有买卖。维也纳的藏品则是来路堂皇的宫廷收揽，有谱有序，择取精当。一厅一厅看过去，看过来：最是大气而懂得藏画的人，还在帝王之家。

除了文艺复兴晚期与巴洛克早期的经典——丁托列托那件《沐浴的苏珊娜》，卡拉瓦乔《玫瑰经圣母》，鲁本斯《维纳斯的盛宴》——据说王朝格外留心描绘日常生活与人物内心的绘画。于是勃鲁盖尔村民宴饮的系列大画，伦勃朗盛年深沉朴厚的自画像，弗美尔宁静的画室写照，还有文艺复兴晚期天才利皮一幅精致小画中的世俗群像（啊，还有他太过俊美的自画像），都给我在美术馆各个角落终于找到，或者，蓦然撞见了。我总不会事先查阅说明书，不确记哪幅画属于哪家的馆藏。这才妙啊：那迎面的艳遇，你在这里！我竟如少年时那样，心里悄然一怕，不

维也纳艺术史博物馆正厅入口

左图、右图：维也纳艺术史博物馆藏品六件（局部）。

由得走开，弄到神志稍定，这才踱回来，站定细看。

然而看也何益。当我凝视弗美尔《画室》左侧那道帏幔的凝重与润泽，仍像初学子，恨不得脑袋钻进画布去；来维也纳的上一个月，夏天，我在北京画室就着画册，悉心临摹那件被疑为委拉斯开兹描绘的蓝装宫娥，那印刷的蓝色蓝得不正，我知道，此番期待亲睹，却在西班牙专厅遍寻不见，问了，原来被暂时出借，真懊丧。那件色彩浓郁的小皇储肖像，笔路惊人地熨帖而松爽，前襟白纱的质地与反复刻画，印刷品哪里印得出。自己画画，自己知道，那停在表层的一笔一笔，流利松爽，是要此前老老实实画多少遍，这才等来完篇之际的挥洒，手势轻盈，笔触也轻盈……本雅明所谓前机器复制时代艺术的“独一无二”，是指你得进入那间房间，才能亲睹那幅画，我如今飞越欧亚，等同穿过复制时代的逾百年，寻那房间，寻那面墙，连同环抱那块画布的老镜框。

去年九月抵达维也纳，翌日我就钻进美术馆，茫然痴呆，只为看画。之后再去两次，回向角角落落寻到昨日看熟的那幅面，毫无心得，单为了这样的站一站，是的，我愿去到一个国家，一座城——维也纳。音乐之都。但我并未专心专意为了音乐来到维也纳。音乐被锁在哪间房间么？温柔的一念是早就有的，我知道，他们的坟墓就在这座城。我宁静地想（并不热切）：倘若时间够，改天去墓地，至少，到一到他们住过的地方。

* * *

说出来吧：如今每到欧洲一城，我探头张望的其实不是美术馆，而是古董店。非分之想，简直小小的罪孽：三五年来，画室与书房竟已摆开几份小件，分别来自佛罗伦萨、巴黎、布鲁塞尔、巴塞罗那……主要是，木雕，我每说起，语无伦次。圣彼得、圣芭芭拉、圣母、耶稣，涂着十六或十八世纪的油彩，彩迹斑驳，凝成润洁的表面，酷肖真的肌肤，宛若生人，然而是一张木质的脸，双眸被难以觉察地略略画开，仿佛白眼：木雕的脸从不与你对视，兀自呆呆地庄严着，目不转睛。

我常抱起这木制的头颅，缓缓朝向不同光源，看。那雕刻的人，可曾想有一天这件作品会来北京么？

古董店难以描述。不是京沪的潘家园城隍庙那类铺面：今日中国，大部分老年人也未必见过世代经营的老店铺（不过欧洲人也会对我说：古董的盛世早已过去了）。通常店里空无一人，能够摆放悬挂的处所，都满了：天使、圣母、圣徒、三流的巴洛克绘画、十六七世纪的箱柜，还有无数名目不详的器物与饰品。它们早先属于谁家？主人从店铺深处走出，多数上了年纪，我喜欢看他们年深月久的身世感，如晴午两三点钟的安宁。“十七世纪？”我问。“不，对不起，十八世纪，中期。”他们不瞒骗。年轻店伙取出厚厚的目录，仔细查核，成交了，必有证书。那年在罗马真是害臊，我进店看，然后向柜台后叼着烟斗的老先生问价。“No，不告诉你。这是我的店，可你甚至不和我打个招呼。”我面红耳赤，道歉，退出。隔壁那家老板看我识赏他那枚小小的十七世纪镜框——唯南欧人懂得怎样玩弄那密致翻卷的雕花边——太贵了。翌日在隔壁小咖啡店和他相遇，老人朝我点头眯眼，待我走去结账，他从深处的座椅昂起头向柜台说：“算我账上！”

相比南欧人的性情毕露，维也纳人大抵质朴而矜持——与我有缘的那一尊物事总在进店的瞬间豁然在眼。何其稀有的瞬间！

像是等我很久了，它停在那里，一声不响。傅雷译笔的《卡尔曼》，女主角弄到古昔海盗的匕首，迅即想象这把刀搁在自家橡木桌上的俊模样。少年时读到，哪里懂呢，如今每在欧洲觅得小物事，我旋即神驰北京的画室：又添一件！

通常总会让价，不多，一成。在中国是叫得离谱，让得惊人，已难遭遇诚实的买卖——又添一件！我不觉得这是购买，而是欧洲赏我的礼物。这次抱回一尊手持经书的圣彼得，十七世纪成于毗连奥地利的南德地区，仍延续十五世纪典型哥特式风格。彼得的脸那么真切，模特显然取自当年南德乡镇哪位令人尊敬的神父，那虔诚到癫狂的神色，双目圆睁，望之凛然，僵直并拢的手指岂非信仰的痉挛。到了十七世纪，德奥都城已为意大利造型所染，乡间木雕则古风相延，刀法木讷而中肯，分明比例失当。多么珍贵的错误！文艺复兴盛期带入科学依据的精准造型日后毁了全欧洲艺术，艺术不是准确，或者，艺术曾被赋予一千种"准确"。这位德国圣彼得的双肩，严重倾斜，比例大错，唯其如此，圣徒的矜矜之态始告"准确"。眼前这位无名雕刻家删削圣彼得的双肩时，想必毅然决然，如贝多芬乐谱所写："必须如此。"

是哪位师傅细心涂抹了圣彼得的眼珠、颜面与红蓝相间的长袍？通常，一座古代雕件如流水作业，脸与手，身体与服装，后续的涂油、上彩，均由不同匠人分工负责，次要部分常是少年徒弟的手迹。我今愈发看重无名工匠的作品，憨拙而灵巧，他们做的全是订件，不想到自己，不想到艺术，但确信这就是圣彼得，做好了，退开，他们是真的谦逊而虔敬。

除了几位名姓卓然的人物，我久已不欢喜十八九世纪绘画与雕刻。好比元明的艺术一路看到清中期，清晚期，愈发地不可看了。虽这比喻其实不确，欧洲十八九世纪情形到底两样，那是西

这是我近年收藏的欧洲无名工匠作品。上图中：耶稣（西班牙十八世纪木雕，真人尺寸）。上图左：圣女（意大利十六世纪陶制雕像，仅鸡蛋大小）。上图右：男子头像（比利时十八世纪石雕，仅鸡蛋大小）。下三图：维也纳礼物，圣彼得，十七世纪南德地区木雕（高约八十厘米）。

方文明成功跨越的年代，而所谓浪漫主义，现实主义，印象主义，毕竟小道，资本主义时代获得解放的艺术据说从此赋予思想与个性，但作品的虔敬与天趣，从兹失落，犹如无可挽回的心情。自从收藏无名的木雕——不再隔着博物馆的玻璃看它们，在家，在手里，百年木雕水分去尽，分量很轻，它们曾经供在一个我不知道的场所，穿越数百年，呆呆地活下来——我开始亲近这此前被漠视，被我们由十九世纪美学养成的眼睛所不懂得、不珍惜的艺术：这就是昆德拉所谓"上半时的艺术"吗？十九世纪不再有这般憨傻而富灵性的匠艺：我凝视圣彼得，那位工匠的魂灵就躲在木头中呢。不过翻转雕像从背后看，中间被刀斧掏空，一段朽木。

* * *

圣斯蒂芬大教堂是维也纳旧城区最热闹的段落，莫扎特故居就在教堂背后一座拱门内的小巷，Domgasse 5号，走不几步，已在故居门口了：一七八四年，莫扎特与家人搬来公寓二楼住了两年半，写出八部钢琴协奏曲，还有伟大的《费加罗婚礼》。这里辟为纪念馆，怕有上百年了吧，上百年来，室内设计的美学几经变换，现在的装置显然被上世纪九十年代成熟期的后现代模式彻底动过了。窗前竖着莫扎特的放大侧影，每间房间至少有一座包括影像与实物的灯箱橱窗，停着他遗留的琴，手稿，乐谱，书信，节目单，小玩意儿，还有一小撮他的头发……第一次看见莫扎特的死亡面模（我不愿相信他如电影中那么戏剧性地死去），翻制为青铜版，嵌在小盒子里，蓝光照着，不像他的画像，一脸贵气，嘴角微有笑意，如在冥想有趣的一念。"为什么我写得这

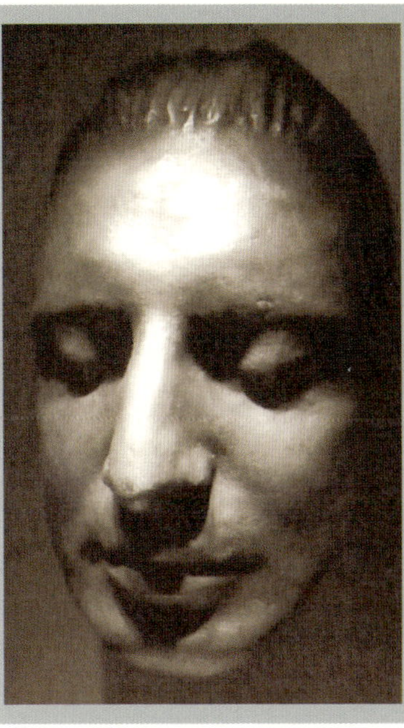

左图：莫扎特死亡面模。右图：莫扎特旧居南窗。

么好？”他被问道，“我怎知道呢，就像我不知道自己的鼻子为什么这么大。”现在静静瞧着莫扎特的鼻子，要是没玻璃隔着，伸手即可触摸。没那么大，很好看，修长，饱满，隆起，不过死者的额骨鼻骨都是隆起的。最好看的是一枚狭长的灯箱轮番闪动着他的著名歌剧的片段，有小小的木偶，有舞台影像，无可形容，如他的音乐般高贵而开心——这不像莫扎特住过的家，而是一项展览，他成为今日设计者百般调弄的素材。唯在窗前俯瞰楼下的旧街巷，我心里莫扎特了一下子：他想必经常站在窗沿往下看，看下面的石铺路马车经过。离开时又在楼梯拐角特意停了一停，据说海顿曾来这里看望他。一七八四年，莫扎特二十八岁，海顿五十二岁，小伙子会在这儿迎候海顿吗？我在楼梯间看见这一老一少了：脑后的假发束耸着蝴蝶结，脖梗衬着层层翻卷的高领，彼此拥抱，亲吻，笑，说着我听不懂的德语——“我以自己的荣誉向您发誓，您的儿子是我所听过的最伟大的作曲家。”当海顿对着莫扎特的父亲禀告这段话，就在我今天徘徊的房间么？

下雨了。半小时后我已停在旧城北端贝多芬家门口。莫扎特逝世翌年，一七九二年，贝多芬定居维也纳，长住三十五年，搬家又搬家。维也纳西北角另有他的故居纪念馆，那是他夏季常住的地方。我所拜访的Molker Bastei 8号是他停留最久的一处，一七九七年移入，一八八五年离开，前后八年。从圣斯蒂芬大教堂快步走去，大约半小时吧。他不在家。

于是此行难忘而惚恍的一瞬，发生了：在门口的雨中我竟回到上海，而从昏暗楼道走下来的几分钟，我像是一只鬼，居然身历其境想起《罪与罚》：当拉斯柯里尼科夫劈死了老妇和使女，蹑手蹑脚，逃离现场——不，不是想起他，而是悄然下楼时我仿佛变成了他——忽听得底下有人上楼来，他闪身躲进二楼一间空房。待来人说着话一层一层走上去，他蹿下楼梯，溜出去，大门口没人看见他。

这妄念仅只几秒钟吧，此刻也没人看见我。怎会起这等奇想？我暗自惊讶。是怀想陀思妥耶夫斯基的小说么？仍是少年时代的上海，少年时代的阅读，是旧上海哺育了我的欧洲想象，包括初听贝多芬。初听的时光，哪想到有一天真会走去拜访贝多芬，到了他家，又岂料念及少年时代阅读的《罪与罚》。

穿过毗连8号公寓的好几重回廊，欢快的雨，家家窗户缀满入秋的爬墙虎，贝多芬的邻居们躲在屋里干什么呢。在对街的咖啡馆擦拭满头雨水，叫了一碗汤，满座没人知道我刚才躲在贝多芬家的楼道，突发奇想。雨住了。绕回老公寓前门，我又一层一层上四楼，此前的闪念变得遥远而不可思议。一位中年男子默默收票，我于是听见自己的鞋踩在贝多芬家地板上——如莫扎特家，这一层全属贝多芬使用。他们真如传说中那么贫穷么？一架狭长的十八世纪老钢琴，两扇窗户间竖着他咬紧牙关的青铜像：这是我最喜欢的一尊贝多芬雕像，盛年，挺着胸，一定像极了他。没有莫扎特家那么多装置，客厅空空如也，像是主人才刚搬来，或将迁走。门边白墙特意留着一小块残存的壁画，那么，贝多芬住在这里时被有壁画的墙面包围着——据同代人回忆，他晚岁的居室零乱异常，夜壶，手稿，破钢琴，统统很脏——邻室有一具台座式小音响，一排揌键标明十数曲精选的贝多芬。我坐下，套上耳机，刹那间，他复活了，天啊，就在他家。现在是序曲《艾格蒙特》，意气扬扬，和弦齐奏那么四下，又四下……一九七七年，贝多芬在中国被准许播放。是在我回向苏北农村的火车上，华东旷野，春寒料峭，车厢里忽然播出《艾格蒙特》，青春，骄傲，低音和弦的齐奏猛然四下，又是猛然四下，伴着车轮的轰响——要是我懂五线谱，抄那几句印在这里该多好啊——劫难过后的大地，贝多芬不知道一个中国青年怎样聆听他，怎样记得他。贴近双耳的音效就像在脑袋里爆发精致的轰鸣，周围静悄悄。我在贝多芬家里倾听贝多芬，他家的地板，他家的墙。身后玻璃橱柜停着主人咬紧牙关的死亡面模——莫扎特那具面模多么不同，伟大的人，生命终止，性格犹然——贝多芬会想到有一天各国的陌生人坐在他家，使用这样的器械听音乐么？我扭头看他，真想说：嗨，路德维希先生！您听听，您听听！是啊，他的时代倘若有耳机，他兴许能够听见？

左图：贝多芬铜像。右上图：贝多芬旧居正厅。注意，内室门左一小块残迹就是当年墙上的壁画。右下图：图左侧，贝多芬生前的版画肖像，图右侧，贝多芬死亡面模。

* * *

下午四点钟了。我继续走。旧城的更北端，街道渐渐平凡而凄凉——很想描述这一路，很难描述，一度我以为找不到舒伯特的家——接近闭馆时分，我走进这座十八世纪的平民院落，一方小井，竖着铁制的杠杆，据说原先的住户撤空了，辟为舒伯特故居，后院有白桦树。他家在二楼第一间，门边留着当年的灶台，灶沿灶顶是熏黑的墙。说明书交代这间房住着父母，哥哥，舒伯特，多么亲切，和我幼年的家一样。怎么可能四口人呢？他是父母十四个孩子中的第十二个，一七九七年，贝多芬迁入今天我两度造访的大公寓，同年，在这里，舒伯特诞生了。

本雅明说：一个三十五岁上死去的人，留给世人的记忆永远三十五岁。这话意味深长。舒伯特死在三十一岁，戴着他那副眼镜，胖胖的，一头卷发。临死那年，一八二八年十一月初，他还试图就教于西蒙·赛赫特，一位著名的维也纳对位学家。经已创作了全部作品的舒伯特还想请教对位学家？！十一月十九日，他去世了。每听他的第九交响乐，我就想：他快死了，而且他知道，而且仍然写，而且他晚期的作品那般猛烈，而且他从未听过自己的交响乐交付演奏，效果怎样——今天上午，下午，我在莫扎特贝多芬的家不曾想起他们的乐音（除了戴上耳机的一瞬）。为什么音乐记忆会在音乐家故居被中断？他们的房间过于安静了。但在舒伯特家，并非故意，心里几度掠过他的乐句：朔拿大，即兴曲，第五交响乐的调皮的首句，《鳟鱼》明净沉浮，《魔王》的男声从头到尾颤抖着，还有，气贯长虹的第九交响乐第四乐章。至今我没找见他最后一部漫长的四重奏的好版本，第二乐章的惊人独白，如缕不绝……非凡敏感的人，金子般的心。

上图：舒伯特老家。中图：舒伯特家门口的灶台。
下图：舒伯特老家的院落，右拐上楼就能找到他。

上下图：舒伯特的房间。下图上端，舒伯特亲人的
肖像，右下侧是纪念馆为来访者准备的台式音响。

出于高贵的羞怯，他不敢上前和贝多芬说话。历史可能小看了舒伯特。浪漫主义是个似是而非的词。有如父性与母性：海顿、莫扎特、贝多芬的神秘基因在他短暂的性命里多活了一场，古典音乐的架构与逻辑由他实现最后的凝聚，此后即溃散而支离了。

他的眼镜在展柜里斜放着，他与年轻朋友相聚演奏的油画，画到一半。他的家如今和其他房间打通，展室延伸，有一单间空房只挂着他朋友当年画的画。莫扎特的家访客盈盈，贝多芬与舒伯特的家，寥寂空旷。我喜欢这寥寂。在平民的陋室，舒伯特成为舒伯特，人的禀赋无可估量。记得他的人，自会记得他。有位男子与我同时进来，先走了。窗外的街，院子，暮色四合，灯开亮了，是寻常人家将要聚首晚餐的时刻。那灶台。楼梯角有一间偏房，如中国任何小单位的传达室那么小，出售舒伯特的纪念册和数量不多的碟。一个在第八第九交响乐中沉毅雄强的舒伯特，与这覆着井盖的院子，与纪念馆将要锁门下班的时刻，何以对应。回到圣斯蒂芬大教堂附近的旅舍，游客熙来攘往。人世的一切不配音乐，但他们确曾活在人世，住在维也纳。

* * *

去年在维也纳待了几天，此刻不记得了。文章已经写得很长。探访故居的翌日，谢天谢地，谢天谢地，我得缘观赏《魔笛》，神魂颠倒。他们从未死去，在一句一句歌唱中，就是他，正是他。怎样描述这聆听？那时不知一年后又能来到维也纳，又写一篇文章。

初到两天，我迷失在艺术史博物馆，自以为并非为了音乐来到维也纳。离开那天，我已忘了城里的绘画。犹如发生重听，在维也纳的最后一天，耳边总是《魔笛》演出现场的二重唱与三重唱。真的人声。难以承受的美。碟片的声效总难分辨每条喉咙的质地和方位，非得在现场。这座城遍布音乐的踪迹，郊外是他们的坟墓，城里留着他们的故居，一年四季，每天每夜，全城的音乐厅上演他们的曲目。停留几天，岂能了解维也纳。我没打听马勒、布鲁赫、施特劳斯、贝尔格，还有勋伯格的遗迹在什么地方。我只是奇怪，仿佛私人的疑案：我怎会在贝多芬家的昏暗楼道兴起和维也纳毫不相干的联想。

临到旅程尾端，总舍不得走。一早起身，对街的窗户灯光辉煌，那是一家私人舞蹈学校，男女舞者再三再四折腰屈腿，练习同一的舞姿。伸出脑袋向街巷尽头看，是那座纪念十七世纪维也纳人战胜黑死病的纪念碑：一六八三年左右，城里爆发瘟疫和饥饿，人们甚至煮食猫肉，郊外，由卡拉·穆斯塔率领的二十万土耳其军队安营扎寨，包围维也纳……午后的飞机，十点钟去古董店取来木雕圣彼得。他藏在层层泡沫塑料中，由胶带团团裹紧。小心翼翼放进挎包，背着，在机场又小心翼翼地横倒了，放稳了，缓缓通过进关的检查口。寻到座位，我像是带着一个小孩，双手抱拢他，离开维也纳。

二〇〇九年八月至十二月

从塑料包裹中探头张望，圣彼得来到北京。二〇〇八年九月。

上图：莫扎特少年时代肖像，水彩画。下图：维也纳Domgasse 5号，图右的拱门即莫扎特在维也纳的旧居大门口。右图：通往莫扎特二楼旧居的楼道。

维也纳Molker Bastei 8号
贝多芬旧居公寓的大门口

莫扎特、贝多芬、舒伯特纪念馆无数展品中的四件。

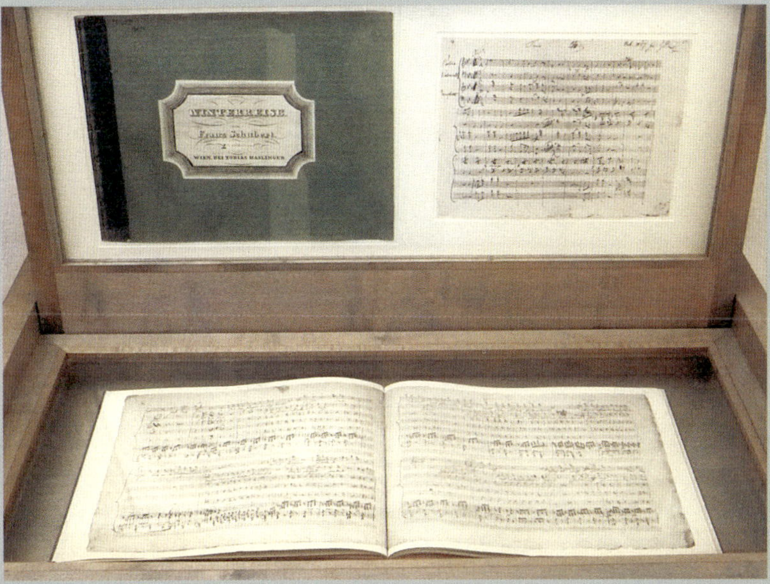
WINTERREISE

EINLASS-KARTE
ZUM
CONCERT
von
W. A. Mozart

舒伯特故居大门口

十七世纪萨尔茨堡全图

由山顶的城墙城堡俯瞰萨尔茨堡

在萨尔茨堡

通常是下午三四点钟的样子，节庆期间的男女农民穿上普鲁士传统服饰，群相舞蹈。广场上总有几十对男男女女，四手拉拢，合着音乐的节拍，顿脚、踩踏、踮步、团团转。几次三番，老头子得在大妈的臂弯下吃力地蹲下去，钻过来，或者扶紧舞伴的胖腰猛转一圈，还赶紧抽出手臂斜叉腰间，摆出轻易而潇洒的姿态，其实脸已红得跟新鲜番薯似的，活像驾驭险道的马车。老婆娘那副憨厚的德意志脸哪里像跳舞呢，简直是在沸腾炊事中对付满灶的锅台。

音乐止息了，多么简单快乐的旋律。这就是历代德奥作曲家采撷的民间曲调么？德语地区的民众好憨厚，纷纷跳完了，既没哗笑，也不欢呼，那阵势只好比庄稼地忽然暴雨，众人四散走开：我瞧着他们跳舞时，正巧下着雨，不过全场若无其事，没人躲避，唯奏乐的那拨家伙被早已撑起的布篷遮挡好，大约是怕乐器进水吧。很快，空出的湿广场拥进下一波等了好久的乡下人，音乐又起奏了。斜插帽檐的羽毛，雪白的绣花裙边，都淋湿了，可是众人照样认认真真跳。教堂墙沿站开围观的游客，其间混着本地人，忽然向舞蹈丛中哪一位大叫，大概认出了临村的老同乡，开句玩笑。

欧洲都城大抵过度旅游化。著名小镇虽也难免其扰，好在镇

萨尔茨堡，雨中的舞蹈。

民与乡下人照例在节庆时分自己寻开心，那开心的花样，世代相传，怕连本地人也说不清起于何时了。我走去问一位老人这叫什么舞蹈啊？No，我怎么知道？！我的祖父的祖父就这么跳。

是的。传统失落，人不知道，仍然活着的传统，人也不知道。

乡村集市，遥远的记忆。我所记得的赣南农村的“赶墟”，不过是一条窄街摆满葱蒜生姜菜蔬猪肉秧苗农具之类，伴着苍蝇的飞舞，大闹大吵几小时，傍午就纷纷走散了。没有音乐舞蹈，没有别的开心。老农狠狠地叹口气，说，早先花样可多啦：看戏、杂耍、赌博、比武艺、听说书，当然还逛土窑……都禁了，久禁之后，年轻人于前朝的娱乐已然不知、不会，而老农所说的早先，现在明白，无非指的民国。

如今的乡下集市怎样呢？我看见城乡结合部到处是破烂肮脏的台球桌，懒洋洋混着百无聊赖的人。摄影中更有河南东北的草台班子四乡走穴表演脱衣舞，舞娘胯间掐着细细的亵裤，身背后守着一脸歹毒的男子汉，台下黑压压乡下人，面目浑浊。

以上描述，对不起诸位爱国主义者：在萨尔茨堡待两天，我意外撞见北宋年间的清明上河图。

去岁从维也纳转往萨尔茨堡的那一周，正赶上每年秋季为期五天的传统大集市。民众络绎于道，近者来自萨尔茨堡四外的山区，远者竟有瑞士、南德或北意大利农民。别说城里三四处大小广场，主街区的所有街道都占满了。展示交易的物品摊位大概早有既定的格局或租约，密集连接：有奥地利民间成衣摊位，以玫瑰红和翠绿为主调，制作精良；有当场剪裁的师傅量身定做传统衣裙，人堆里于是散着十八九世纪乡村装扮的小姑娘大姑娘，随时站定，搂成一排给你拍照；陶艺作坊当场烧制种种器具，启动高温的小烧炉使用电力，不冒烟；老家具摊位的小徒弟在案板后仔仔细细为哈布斯堡王朝风格的躺椅或沙发，绷紧坐垫；蜂农携来无数包装精美的蜜罐子，还有整框整框的活蜂，密密麻麻的蜂子在网壁上营营蠕动，引孩子们全神贯注地看，不肯跟大人走。更小的孩子给抱到游乐场，一个个捏紧了欧洲到处可见的旋转木马小扶手，只听哨子一吹，团团飞转，震耳欲聋，间杂尖锐的欢叫。

吃食摊。数不清的奶酪、腌肉、香肠、酒、蜜饯，还有好多叫不出名目的果蔬。混杂各种烧烤或汤料的浓香热气中，人群麇集，挤出身来的食客走向简易木桌，围拢吞吃。盛装的马车小心分开人群，有位乡下小男孩紧紧捉住父亲的衣襟，高坐车中，一脸紧张盯着马屁股，将要歪嘴哭了。男人们端一杯白葡萄酒，无所事事，环顾人群：南欧、西欧，市集人丛中总有标致的女子耀眼出没，自炫其美，活像当年的卡门和费里尼电影中索菲娅·罗兰那样的角儿；含蓄本分的奥国人鲜见这类女子，格外标致的姑娘格外质朴，鲜花般盛开着，顶多是羞怯而宁静地笑笑，一句话也不说。大致，半数男女穿着民间服装，男人是插羽毛的硬边帽，灰格子呢短裤下的肥壮小腿被白袜子紧裹着，上装镶着花边；女士蓬开宽大的落地裙，绣满刺目的图案，生白生绿，花团锦簇。奥地利人的毛发多呈深浅不一的栗色，倒是配得起原色的浓艳。不知什么缘故，奥地利少见西欧诸国的流行穿着，服装类的民间产业显然生意兴旺，人们喜欢本地的衣装。

人声鼎沸。到处听见音乐。儿童游乐场近旁传来响亮的鼓声，圆号拼命吹，广场的乐队是为群舞伴奏，散在市集的小乐队各自玩耍：我在吃食摊四周看见好几组三重奏四重奏五重奏乐手，完全不顾周围的吵闹，根本不为谁演奏，只是围拢来，各自的琴把子举在左肩，给下巴夹稳了，略一商量，欣然起奏。喧腾嘈杂的人声中，提琴声像是蜂群抑扬穿梭，瞧那专心致志的脸，一个个享受极了，而且理所当然。他们显然是四乡自组的小团体，平日聚会演奏，过节时赶来凑一份热闹。辨听曲目，没一首名家作品，听上去介于民间曲调和纯音乐之间，又简单又轻快，我从未听过。勃拉姆斯和德沃夏克的小步舞曲就是从这些曲调借来的吗？我羡慕所有会乐器的人，他们一眼不看周围的人，好像睁眼打盹儿，只顾眯着眼前那把琴，狠狠演奏。

听着自己手中拨弄的声响，对准对手的旋律而随声应和，谅必与旁听大不同。市集人来人往，几乎没人驻足倾听。不是他们不爱音乐，我猜，而是音乐在这里就是空气。谁会守着空气呢，我走开了，几步外遇见另一组小乐队正在歇息，一人喝一杯当地自产的热酒。他们倒是斜眼瞧着临近那拨乐手，一脸的表情不知是本能的审听还是同行的不服。果然，当我兜转来，他们已在凶巴巴地演奏了，也对周围的一切看也不看。

莫扎特。我再三撞见他。他被硬纸板做成真人大小的模型，右手端着以他命名的巧克力盒子或本地哪家餐馆旅馆的广告牌，穿一身镶金边的红色宫廷服。间或，三两游客搂着他拍照——亚洲游客总喜欢竖起二指做胜利状，讨厌而乏味的集体动作——此外没人看他一眼。不是不敬，而是这块人形纸板早经风行多年，司空见惯了。到了夜里，就看见差役走来抱起他，横斜着，挎在腰间，收回去，明朝又给端出来。在维也纳初见小街咖啡馆门口竖着莫扎特人型，打一照面，又滑稽又生气，怎么可以？！随即我提醒自己来自非民主的国家。当年在纽约华盛顿初见里根或肯尼迪人型，我立刻笑倒，与之合影的人扮成鬼脸和种种恶作剧动作，但莫扎特是我亲人啊，怎么可以！

然而早就可以，什么事都可以了。

“爸爸、爸爸！我也会！我也会！”莫扎特小时候说。八十年代纽约公共电视频道播出萨尔茨堡专题节目，镜头出现莫扎特故居。太阳光照在小小的巴洛克羽管键琴的光致琴面，演员老道格拉斯站在一旁，中音饱满，娓娓解说：莫扎特四岁那年父亲请乐队来家里演奏，孩子听着，泪流满面："Dad! Dad! I can do that! I can do that!"我也即刻泪流满面了：天才被艺术照亮的一刻，岁数都很小很小，那么简单而伟大的一念：我也会！我也会！艺术是什么呢，无所谓学，无所谓教，天才只是央告大人，让他去做。

我从此盼望去萨尔茨堡。一件乐器也不会，我会的事情就是买张机票飞临维也纳，再坐上火车来到萨尔茨堡。

萨尔茨堡的东西向主道狭窄拥挤，他家在哪里？我倒并未刻意找，只跟着人流走。拥挤中瞥见左首一家门洞墙面贴着红色剪纸的莫扎特像，箭头指向扶梯拐角：莫扎特家！上楼去，走廊尽头就是了：那天的太阳真好，照在他家地板上，右侧小间正中央搁着白色小童床，床上躺着一枚玩具婴儿，盖着小棉被。这是莫扎特诞生的房间么？童床边满墙小油画、小风景、小纸人、小动物、小木偶……邻室大得多了，照例是十八世纪的羽管键琴，墙角竖着蓝晶晶的奥地利陶瓷炉，想是当年取暖的用具，两具士兵打扮的儿童人型立在琴边，络绎而来的访客进门第一件事，就是张罗给着急的小孩傍着人型拍照。

有哪位艺术家被天然地认作孩子吗？莫扎特确乎是这世界最金贵的男孩。世人爱他，请他变回婴儿，乖乖躺在童床上，身旁环绕着儿童的世界。只有他的纪念馆会有很小的孩子听由大人领着，高高兴兴进来玩。天才被认知的一面总是符号：贝多芬老在生气，勃拉姆斯永远苦恼，瓦格纳不可一世，肖邦病快快，海顿像个宫廷的小领导——莫扎特躺回家乡的童床了，一头金发，仰

萨尔茨堡莫扎特老家，右侧人型的正面是一位戴着军帽的小男孩。

上图：莫扎特诞生之屋面街的窗口。
下图（六幅）：这后窗下是农贸集市，请看奥地利的蔬果。

面瞧着天花板。其实莫扎特的志向和贝多芬一样，他讨厌故乡，讨厌萨尔茨堡。

太阳光亮得跟那次电视节目一样。窗台外沿的花盆鲜花盛开，楼下摊位专卖蔬菜和水果。街对面，一座好看的白色老教堂正门悬着几天后的演出横幅，正是莫扎特的《安魂曲》，可惜回程票已订，此番只得错过。

流经萨尔茨堡的河，一片蔚蓝，桥头远望河流拐弯后的苍翠群山，南端，就是北意大利了。十九世纪遗留的木偶剧场在南岸河边，那夜正上演《魔笛》，因怀想维也纳的观剧，我竟又买票看了一场，剧终，全体操弄师从一大面降落的镜子中反射他们隐在后台的脸，双手提着操纵木偶的线，以颠倒的脸和观众打照面。路经一处豪华别庄，门口立着卡拉扬的青铜雕像，他也出生萨尔茨堡？我不很欢喜他，但他指挥的《唐·乔万尼》倒是力气用得正好，兼且格外当真，大约出于一份萨尔茨堡籍贯的骄傲？

南岸另有一座更大的莫扎特纪念馆，真好看，从前想必是哪位王侯的宅邸，二楼陈列着好多古乐器，老乐谱，还有无数莫扎特音乐的原始文件。据说少年莫扎特在外露了才华，本乡闻知响动，请他父子俩回来在这儿住了一阵子，与北岸老家比，真是荣华富贵之所。莫扎特睡过的那架老床多好看啊，我站了许久，想不出他睡着了何等模样。展室里有当年的油画，画着上流社会的趣事，其中一幅是莫扎特裤子脱到一半，翘起屁股要人舔，另一位好玩的家伙伸过脑袋，舌头尖尖，正要舔了——“未曾生活在一七九三年之前的人，不知生活的甜蜜。”这画的谐趣不在舌头与屁股，而在当年果然会有人一五一十画出来，拿给人看，如今堂而皇之挂在纪念馆，使莫扎特的裤子永远脱到一半。

但这淘气的男孩到底还是走了，埋怨当地人像是白痴，再待下去怕要变成一头驴。天才在故乡总归是委屈的，他睡在这好看的眠床上怎样生气呢。电影里他和皇族人员闹别扭，转背对着公卿大臣，掀开腰臀部位的大后摆，作出放屁的模样。

城里每一处都能望见高高的城堡。登临下看，萨尔茨堡实在美丽富饶。碧蓝的河，粉翠的屋顶，集市喧嚣推远了，仍听见孩子尖声欢叫，鼓声，圆号。什么叫做山河壮丽，人民幸福？起于中古的城堡原是小公国，一尊尊老炮对准山下的四面八方，城垛间有距离地凿开坚实的炮眼，钢条封锁，昏暗甬道连接教堂和宫殿，大小厅堂供着历代的雕刻、武器、盔甲、刑具、壁毯、法椅、王座……还有小小的木偶剧场，大约相当于十八九世纪的电影院吧，那时制作的木偶到底刻工娴熟，神态奇妙，全是《魔笛》或《唐·乔万尼》的主角。

莫扎特诞生的萨尔茨堡，距今两百五十多年了。工业革命，世界大战，二次现代化，人口压力，环境危机，城市沧桑……似乎从未在这里发生过。我对萨尔茨堡的来历茫然无知，她似乎没有历史，或者，在萨尔茨堡，在欧洲许许多多古城古镇那里，历史从未幼稚、造孽，以至疯狂，时间在这里居然不会变老。种种所谓人类的进步，既不曾遗忘这里，也没践踏过她：至今，她的全貌和十七世纪描绘全城景观的彩色版画几乎一样，但她绝非自外于聪明的现代生活。

我所目击的传统集市只是萨尔茨堡的一面。一如法意英荷的古镇，人文与时尚的递进，历历可数，历历在目。一年一度的萨尔茨堡音乐节是欧美名牌乐团的超级盛典，在城堡下的小街，竟有中国当代艺术的专展广告，由一家豪华画廊经营，门面与内里又阔气，又精雅，隔壁店家则出售贵公子们玩耍的赛车摩托车之类高消费玩意儿。想起意大利托斯卡纳地区的小镇圣基米亚诺，全镇竖着好几座十四世纪的城堡，却也供着一家前卫画廊，老牌字号，在纽约和北京均设代理的分店。欧洲城乡素有良性的分合，当地人从来明白城里的一节节现代文明，哪些要，怎样要，哪些不要，怎样不要。譬如各地的传统工艺仍然存活着，而且兴旺，萨尔茨堡著名产业之一是以古老的工艺和造型锻造商店牌号，看照片吧，我能摄取的只是百分之一。沿城堡周边的小街闲逛，巡看私人店家展示手制的女衣男装，做工、用料，成熟内敛，非常奥地利，然而不土，外间的时兴也并非不知，却是安然自适，毫不轻佻，精巧橱窗的设计与摆放，在纽约亦难见到。

夜里，新的节目上演了。广场摊位撤除，一出正宗的话剧已然进入第二幕，似乎是当地的喜剧。舞台设在巨大的拖车上，装备精良，射灯耀眼，布景和装扮是二十世纪初端的中产阶级家庭，两位老绅士与一位俏女士展开层出不穷的调情与误会，是那种非常专业的业余表演，老练而放松。他们说什么呢，当然不懂，但变成舞台的对白，德语另有一种抑扬顿挫的味道。观众显然早经熟悉剧情了，不断不断传来会心的哄笑。当其中一位趁另一位不在，说着说着起身越过餐桌想要拥抱女主角，而她在优雅躲闪的空当儿一句接一句逗那老头时，我大为开心：登时，台底下响起乡下男人们豺狼般的狞笑。

来过了。还有什么要说？很好，除了莫扎特的硬纸板人型。我们有这种地方么：全城的荣耀和生意经，归于一位天才，这天才的故乡也果然天造地设，美不胜收。我们不是有好多艺术家一年到头力竭声嘶颂唱自己的故乡么，好像那是全世界最最要紧的地方。看看吧，萨尔茨堡早经引来无数赞美，但有哪句话、哪一首歌来自本城那位金贵的男孩吗——所以他是莫扎特。

二〇〇九年十二月二十四日至二十五日

莫扎特家住二楼

由莫扎特家二楼的回廊望出去

莫扎特老家的楼下现在也辟为纪念馆，这间房间的装置好看吗？

萨尔茨堡南岸的莫扎特纪念馆入口。他一度衣锦荣归，住在这里。

莫扎特睡过的床

萨尔茨堡的本地工艺之一是制造传统风格的商店招牌

1720
Sternbräu
1976
FRISIERSALON
FIGARO
1. STOCK

上图：霍洛维茨在演奏。下图：在家中的晚年霍洛维茨。

灵堂琴声

终日作画，音响常开着。一九八九年冬初，时在迟午，纽约第104频道古典音乐台正播放肖邦。曲毕，照例地报告曲目之后，是一条新闻：

“演奏者，弗拉基米尔·霍洛维茨，今晨在纽约寓所逝世，享年八十六岁。”

霍洛维茨！国中的爱乐者想必知道他。此间说起这名字，可谓“如雷贯耳”。唱片行每年推出他的新磁碟，我也藏有好几枚。琴艺不论，单看封面上的照片，老头真是仪表非凡，便是在本世纪初，这样的人物也不多见了：他兼有士绅、贵族和演奏大家的风度，当代各国演奏明星的卖相，比他可嫩得多了。我一向自以为认识老霍，记录他演奏生活的四部电影，我都看过，在银幕上他又是另一番风采。第一次见到他，老霍已在七十八九的年纪，被人簇拥着步入录音室，他笑逐颜开，颤巍巍走向一位标致的女提琴手，指着自己的衬衣领子问道：“这回的领结你以为如何？”

一位大师，得活到这份岁数，上帝才会给他如此生动的老脸。看他早岁的照片，头发紧紧向后梳拢，斯拉夫人的修长鼻梁，顶光照下来，风流倜傥。如今老了，嘴唇像老太太那样抿着，似笑非笑。莫扎特协奏曲的慢乐章被他弹错一句，指挥叫停，重来，老头嘟哝着，一脸委屈。在下一章乐队行进时，他闲出双手，侧耳倾听，忽而妙不可言笑起来，举起左臂在空中打一响指。制片人去他家拍片，老头就像个孩子，听任摄影师摆布，然后开始弹奏，渐渐忘记正在拍摄："下一支么？"他自言自语，"我还会弹舒伯特！"于是舒伯特。

他访问莫斯科的那部影片，诸位真该看看。开头是他坐在家里，朗读俄国表妹的来信，接着是工人托运他的钢琴。镜头一转，红场、涅瓦河、音乐厅，掌声雷动，老人出台。弹到舒曼，座中俄国佬流下泪来……片尾是他长时间在台前傻站着，等候掌声平息，终于，他用双手移到耳边——因掌声使他说不成话——作出要去躺下休息的姿势。

老霍弹琴的姿势如何？去看一位行将打盹的老人便是。脑袋低垂，稳坐后，他周身极少摆动。手掌巨大肥厚，每个指端微微上翘。他并不由上而下地"弹"，十指只是轮番向键盘伸缩撩拨，状如飞快的抚摸。奇怪，他的著名的左手的力度，那排雷轰鸣般的低音，即处于如此这般。镜头移近了，移向他皮肉垂挂的老脸——一滴鼻涕，正凝在他巨大的、西方人才有的鼻孔边缘。全场肃静。那一曲记得是弹奏李斯特，曲罢，他欠身取过琴面上的白手绢，笑吟吟拂拭了，这才起身蹒跚走到疯狂叫喊的观众面前。

那是他六十年前出亡苏俄，头一次重归故园。六十年前，他说他绝不再回这个国家。

原来霍洛维茨先生就住在纽约。讣告过后，电台又播出他弹奏的斯卡拉蒂，正是我最心仪的一首，由老霍弹来，是散漫游荡、停停走走的语气。忽然，老头子本人在收音机里唠叨起来，结巴、咳嗽、夹着老人的干笑，谈起他年轻时怎样被引见斯克里亚宾，又说拉赫玛尼诺夫待他怎么好：“是的，我想，他就是我的爸爸。”

收音机就在我右侧，连他的喘息换气都听得清清楚楚：今晨老先生不是去世了么？随即我想起这是他生前录制的访谈。接着，播音员换成女性：

“曼哈顿，上东城麦迪逊大道，八十一街街口，某号，小教堂，周五周六，下午四至八时，霍洛维茨告别仪式向公众开放。”

那么，我去看他去。路是熟的，就在大都会美术馆附近。

国中现在的规矩不知怎样了，在我出国前，一位文化名人的殡仪，卑贱如我，可有幸前往？票是断乎少不了的，且非有十二分背景的熟人。但周五午后我径自去到上东城：我确知自己属于“公众”之一，除非演出，票一概无需。不久前帕瓦罗蒂在林肯中心的唱片行为他的歌迷签名三小时，我眼见几百男女在寒风中排队等候，甘之如饴。果然，刚向街口的增派巡警问出“霍洛维茨”，我就被引向一扇精致但不起眼的小门。

入口处人不多，内厅亮堂。我移步进入，猛听得老霍在弹琴。他不是死了么？我诧异，随即一眼望见厅堂尽头围满玫瑰花的他的棺木，棺的两侧，是一对扬声器，叮咚琴声就从那儿送出来。我兴奋莫名，仿佛来到音乐会场，优质的音响！我的那套哪里比得，这时我才明白自己从未亲聆老霍演奏，因为电影，他的形象于我很熟悉了，好，过一会儿我就能面见大师本人了。

琴声。人们排成一线，依次缓缓移向棺木。一对老夫妇正从花丛前退下，在队伍两边的长椅阵中，与先前到来，拜谒遗容后未曾离去的人们坐在一起。我环顾来者，这是每天在地铁中见到的平民百姓。天阴，有人持伞，大家显然才下班，衣着纷杂，各自拎着皮包、购物袋，或抱着刚从幼儿园领回的小孩。在我面前是一位肥胖的黑人妇女，她蹑手蹑脚走上前去，划了十字，伫立着，背影像是俯看摇篮的母亲。转过身来，她神色平和，满面泪水。巧呢，这时响起的曲子，又是那首斯卡拉蒂。其时花丛棺木距离我三两步的样子，琴声近切而响亮，轮到我了。

退开时，我只在纳闷何以坐在棺木右侧的霍洛维茨夫人留心朝我打量，落座后这才注意到当晚在我停留的半小时，人群中仅我一个是中国人。六点正我离开，来人增多，厅内渐渐拥挤。下雨了，两位警察在雨中为络绎赶来的车辆与人群安排秩序。下到地铁车厢，起动后的轰响便不容我专心回想灵堂里的琴声。那一对扬声器想必价格昂贵，我从未听过如此纯净良好的音质。那么我其实并不认得霍洛维茨先生，到我面见他时，他已经死了，今天晚上，他的遗体和他的琴声，何者更真实？当我贴近棺木俯看这位钢琴家时，他平躺着。一具尸体。化装过的尸体都是相似的，此外还能怎样。他的大鼻孔干涸了，那双大手照例被人安放在礼服上，交叠着。

三年来，第104频道又分别报告了几位音乐名流的死讯，他们先后是乔治·博列特，伦纳德·伯恩斯坦，还有今春辞世的克劳迪奥·阿劳。

一九九二年十一月

左图：青年霍洛维茨。右图：谢幕。

海顿爸爸

告别交响曲

年前为《音乐爱好者》写了霍洛维茨的丧仪，那播报讣闻的纽约第104古典音乐频道，最近关闭了。

想来是英语欠佳，未及事先听清频道关闭的通告，有一天照例拨到104频道的那一瞬，竟是摇滚乐的爆响轰鸣，当下一怔，连连重拨，轰轰然。一时百思不得其解。几天后友人转告，原来这条频道财务不支，叫一家摇滚乐广播公司给吃没了。

电台里专播古典音乐的频道，纽约共有三条，分别是93、96、104频道，全天二十四小时“古典”着。那年初抵纽约，无师自通地在收音机里摸着这几条频道，得意之余，不免大叹“到底美国”，古典音乐任君挑选，简直颐指气使。纽约的音乐演奏会，自是四季不断，去是去过的，或持赠券，或买廉票，穿戴整齐了，不是落座在幽暗的后排，就是爬上三四层高的边厢去，遥望舞台，风雅那么一夜。记得八三年卡拉扬驾临纽约，门票百元一枚，巨幅广告上还斜签着一纸白条，上书“全部售出”。

萨特谈到音乐，曾有这么一番意见：挤在音乐厅观看演奏乃是荒谬的，音乐，应该独自倾听。这话说得多么通气！那么，让我们都来独自倾听吧：听收音机。

当世中国人，即便百般不如洋鬼子，收音机，即上海人叫做

“无线电”，北方人称“话匣子”的玩意儿，总归见到过，买得起。虽然没有古典音乐专台，虽说十年“文革”后才又听到播音员某时某刻庄严而开恩般地念道：“以下时间，请大家欣赏几首外国歌曲。”但这广播电台之于老百姓，就等于“国家”，保管你一生一世听下去——“国家”“电台”，岂有骤然变成哑巴或一朝易主的道理。看来纽约104频道关闭给我吃的这一惊吓，是错在我这“中央人民广播电台”的资深听众，一时忘了此地是人家美国。

说来亦常识：美国的文艺设施，十九属于私人；再者，美国的一切，讲的都是钱。钱，加上私人，那情形更是常识，不待细说。然而常识是最容易忘却的。有一回听人说美国笑话，说犹太人何以鼻子特大，因为空气是免费的，于是哄堂大笑，等我悟到犹太人精明吝啬的名声，又悟到空气乃既非国有也非私产，就已经迟笑了好几秒钟。音乐的不可言状，庶几近乎于空气，遂使我自以为坐拥三条频道想当然耳大听免费古典音乐，实在是有违常识的，可见我辈的活该接受“再教育”，真不止当年遣送下乡那一回。

你道是三家古典音乐频道成天价旨在弘扬艺术、净化人心？不错，听在耳里，那是你自己的享受或修行，电台那边的业务——是的，业务！——则是用一道道古典音乐大餐给各大唱片公司的新旧产品做生意广告呢：先生，您好好听着，听仔细了，满意？好！这会儿店里正在卖着，趁早儿去吧，买回家慢慢听。

只听，不买，行不行？当然。音乐终归是音乐，什么旋律、和声、慢板、高音之类，哪里听得出要你付钱的意思。不过且慢：一到我稍有积蓄，置办音响，由磁带而唱片而镭射磁碟，把个听音乐的“档次”越弄越高时，我就自动成了唱片行的热心主顾，待手边的“收藏”逐年增多，口袋里的闲钱自亦少下去，用市面上的话说，可不就是给店家送了生意去。

不过平心而论，店里的古典乐唱片行虽是满坑满谷，同流行音乐的产品销售一比，怕只占百分之几。据说古典乐唱片发行市场，近十几年收益不断见涨，动辄百万，那么流行音乐的市场进项，当以十亿百亿计。这样的比例、竞争，同电台及电台之维持是何种关系，我不知其详，还须接受再教育，但就每次付款均须排队的情形看，则想见唱片的藏家一盛，电台的听众自然就冷落下去。这同八十年代录影带的攻占市场，侵入家庭，终致电影院生意大跌，恐怕是一个道理。

真该早就想到的。当初纽约上千家画廊，如今倒了过半，近年经济萧条，一连串门面，琳琅满目着，忽儿就贴出停业或招租的告示，红漆大字，像极了中国的标语口号，触目而惊心。若仅止萧条，倒也罢，偏偏科技不断“进步”，流行音乐更是越流越“行”，这音乐生态的荣枯消长，岂非要让日渐“古”下去的古典音乐，至少在电台里的营生给逼得走到末路？

人遇变故，这才长点记性。其实古典乐频道的倒闭，早在报纸上读到过。前几年，洛杉矶两家古典乐频道之一，也是财务不支，经“社会人士”和“爱乐者”奔走呼吁无效，倒了。前车之鉴，怎么忘了呢，我想了想，一是或许事在西岸，与我无涉，且东岸向来是文化重镇，否则古典乐频道何来三家之多？二是频道关闭当天，主播人在最后时段选播了海顿的一首交响乐，题曰《告别》，这一节，当时读到，以为妙不可言：居然有这么一阕《告别交响曲》么？倒好像两百年前海顿早就为洛杉矶这家可怜的电台特意谱写好了备用在那里似的，我所以将电台关闭的事反倒淡忘了，就是因为这。

于是总想听听“告别”。海顿的交响乐委实写得太多了，我不识德文标题，不知作品编号，还真无从找起——收音机是天天开着，就剩93、96两条频道听，格外珍贵，也格外别扭。既然三条可以减为两条，来日仅剩其一，甚至取消，不也顺理成章？初春，就听得93频道那位油嘴滑舌的年轻播音员宣告频道资金窘况，连珠炮似的重复该频道电话及账号，乞听众诸君划款赞助，不拘多寡。我赶紧向友人打探凶吉，答案是96频道一定不会倒，因属州政府资助，算是公家的，这消息叫人忧喜莫辨，能剩一条频道让听着，便是定心丸么？我的舍不得93频道，是为它有几套特别节目时段专门介绍现代严肃音乐及各国民间音乐、原始音乐的。所幸到我捉笔作文的此刻，93频道尚播音如仪，大概新近又从哪里挖到一笔款子吧。

我来自匮乏的国度，曾几何时变得这般不知足。索性回去呢……年前访亲探友，回去了。某日同儿时的上海朋友欢聚吃饭，一屋子人，正开着一部无线电。酒过三巡，“外国音乐”响起来，一响就是两个钟头不止。是莫扎特，维也纳乐队，间以详细的解说，播音员换了代，作国外（抑或港台）播音语气，随随便便，东拉西扯，轻笑、咳嗽，不再那么一本正经。那一夜，不知是瞧着人到中年的老同学，还是在上海弄堂里听着莫扎特，总之连陋室的电灯泡也明亮不少。老同学是只顾劝酒：“外国音乐？弗稀奇！一天到晚放。现在啊，现在人家要听港台歌！”

这我知道的，初抵国门，甫出海关，满街港台之声。港台之声同古典音乐一样，在我去国前大抵都是公家电台里尚未全面解禁的音乐，好了，终于“弗稀奇”。可也巧了，就在聚会的第二天，路经沪西一处菜市场，不期然又听到莫扎特第二十、第二十一号钢琴协奏曲，正是隔夜电台同一套节目的重播，只是琴

播，只是琴声从一家店铺支在菜市场的高音喇叭里涌出来，震耳欲聋。震耳欲聋的莫扎特，头一次听到，不晓得萨特在场，将有什么说法，我辈与高音大喇叭可是老交情了，二十多年前在大街上耳熟能详的“流行歌曲”、“天王巨星”，是唱李铁梅、少剑波的那几位。

其时正当早市，车来人往，叫卖之声不绝。我居然在挤挤挨挨的人丛中驻足听完，一边想心事：在我最巴望听听“外国音乐”的年龄，海顿老爸与莫扎特小子，不知在哪里？

一九九四年五月

这几枚栗子，是我二〇〇九年拜访海顿故居时从他后院的栗子树下捡来的（参看《在维也纳[之二]》）。

奥国的雕刻女像经常抱着竖琴。二〇〇九年摄于维也纳奥本蒂那现代美术馆。

外国音乐在外国（之一）

以中文简谱印行，六十年代末曾被查禁的《外国名歌200首》，诸位想必记得。那时，在村舍里，我们传抄过这本破烂残缺的小册子，雨天躲进蚊帐，扯开喉咙唱，唱到咏叹调后半段，声音怎么也高不上去了。

在村舍和蚊帐里，可有谁梦见过有一天会真的去到外国？

一位欧洲人，对中国山水画不理解，却大为倾倒。他后来漫游中国，在阳朔、三峡一带，终于对景叹道：我懂得了。

中国的文人画山水画，能够如此这般而“懂得”么？这可以是一则思考题。

不管去没去过外国——我们通常指的是欧美国家——你对那儿的文艺却很可能知之甚详。在国内，专事西方文艺研究，并职志终生的，大有人在。外国的文学、美术，说来有原文与译文，原作与印刷品之间那么一重以至多重差别，反正到了我们手里，已经变了滋味，走了模样了。外国的电影、音乐，则只要影像投在银幕上，曲调响起来，理论上就该算是得其“原作”了吧，并不非要跑到好莱坞或维也纳买票进场，这才叫做亲酌“真迹”。自然，去拜罗伊特听瓦格纳，在米兰听罗西尼，那是再美不过，可是舒伯特活着时，连他自己的九首交响乐，一次也不曾亲聆。绘画呢，当我说我早就看熟了达·芬奇的《蒙娜丽莎》或毕加索的《格尔尼卡》，我指的是那两幅画的印刷品。原作，分别藏在巴黎、马德里，至今我也没有去过法国和西班牙的荣幸。

至于外国文学，我们说起莎士比亚、托尔斯泰、卡夫卡，聊的无非是五四迄今海峡两岸的翻译家的译本。前年回国，在书店见到哈代和莫泊桑的重译本、新译者，略一翻看，那语气即大异，使我怀疑英国又出了一位哈代，法国另有一位莫泊桑。

可是咱中国人在中国自家的地面上，不论如何，每当这样子的面对文艺作品时，虽则每每弄到不尽“意会”而居然能够“言传”，我们仍然别有一番极可宝贵的感应，这感应，怕是西洋人无法揣度的，一如西洋人在听京剧、看国画，或捧读孔孟老庄孙子兵法的洋文译本时，究竟是在怎样的赏析、领会，我们从旁，也难以测知呢。

结果他们寻到中国来了，亦一如我们纷纷地去到西方。现在，我要试着略略讲一讲的，即我们在国内久已熟习而拜倒，自以为十分了然的外国文艺的同一作品——先前没听说，不知道，或在欧美亦属全新的作品，不去说它——在亲履斯土，连同彼邦的文化环境，再看，再读，再听，大致是怎样一种感受。

譬如米开朗琪罗的壁画，我不但熟读，还临摹过的。直到那年造访梵蒂冈，在西斯廷小教堂中厅拧动颈脖，昂首举目仰看《创世记》天顶画，这才领会米开朗琪罗的伟大效果的一部分，实在要靠这“持久仰视”的观看方式：天顶画在人眼视线的将近二十米的高处，所有人，只要进入厅堂，一律抬起头来，“创世记”群像恢宏壮丽的威慑之力，这才全般奏效，这同我们向来俯首捧读《创世记》壁画画册的经验，岂可相较。

梵蒂冈西斯廷教堂，米开朗基罗的天顶画《创世记》。

其实，找细节、品画技，倒是画册看得仔细。但何以我们要到西斯廷教堂去？

今天是所谓媒体的时代。一切艺术品都有法子复制再三，以广流布。然而但凡有艺术欣赏这回事，则任一件艺术品总有它原始的、不可替代的观赏方式。我们现在被告知的美术史，其实是一部印成画册的印刷品的流水账。即在美国的美术馆里，如上述文艺复兴大匠师：波提切利、拉斐尔、丁托列托，也都有零散的作品被珍藏着，美则美矣，然而总好比花房看花，少一份真气。便是后来绘画出了庙宇殿堂，到十八、十九世纪独幅画的全盛时期，单件作品的观赏，也还不如亲自到那一件作品所产生的母国，作者生活的本土，而能认识得更为真切透辟。今夏，我得缘去了一趟英国，车过乡村，触目遍是康斯泰勃风景语言的存证，此外还有意想不到的发现：原来那边的日光，远较中国太阳慷慨，初夏日落之后，天色居然要过两三小时才会暗下来，正适宜于油画的长久描绘，这对我不擅画油画风景写生，倒也捡得一项自我解嘲的借口。再说纽约，人在纽约，只要对现代、后现代的诸般艺术别存太多的成见与偏见，则当代欧美艺术家的种种把戏，自会逐渐认同而识赏，正像那位游历中国山水后的欧洲人暗自叹道：原来如此！

听音乐，用不上眼睛。有说是音乐最“抽象”，只要听者不聋，即可心领神会，不受国界种族的文化阻隔。这说法，确实不易辩驳，盲人的格外敏于音乐似乎就是明证，你看眉目姣好的演奏家或痴心的听者，每到乐曲回肠荡气之处，还特意眼睛闭起来。

然而音乐与一切实有，总还牵扯着这样那样的关系。三年前，柏林墙被推倒了，这一推倒，人在美国的老伯恩斯坦赶紧跑到德国奋臂指挥了一场《第九交响曲》，唱片封套上就印着勃

柏林，勃兰登堡一景：东西德统一后，这里变成旅游景点，有人装扮成苏联红军和东德士兵在街头招揽游客，合影留念。摄于二〇〇八年。

兰登堡的庆典场面。“贝九”，少说也听了几十回，可这一场，诚属百年不遇，让贝多芬本人听，他也会佩服那作者的：那德国自己的作者，那德国人面前起了又推倒的墙，德国，又正有这么一阕“四海之内皆兄弟”的《第九交响曲》！搬用理论腔，是所谓“特定的时间、地点、事件、历史”云云，当下都成了这音乐与音乐会的注脚与伏笔。我虽在纽约，不能躬逢其盛，但当知道后，凭空想象，亦自神旺而神往。

柏林墙，只此一座，倒了。那推不倒，不该推的，还有许许多多，就正与音乐有着血肉一体相得益彰的文化关系——在教堂听巴赫、亨德尔，在宫廷听维瓦尔第、泰勒曼、萨里耶利，则宗教音乐、宫廷音乐，这才得其所哉，奏其全功，同在非西方文化的国度、场合听，几乎两回事，与欣赏无标题音乐的经验，亦大异其趣。

法国南部罗曼风格教堂内的管风琴

说到这巴洛克音乐，同浪漫主义时期的作品相比较，似乎总不如后者易于为中国的爱乐者所欣然感动，其中原委，一者固然由于中国、中国人向无宗教传统、宗教情操这一说，再者，也因为是我们不能在中国本土环境中自然而然占有欧洲巴洛克音乐那种借以烘托呈示音乐精神的“文化现场”。这同去西斯廷教堂仰望《创世记》天顶画的感慨，是一个道理。

不知在中国可数的教堂里，有没有英文叫做Organ的巨型管风琴。那是上百条排炮般的金属管，层层叠叠呈竖直造型的古老音响系统，齐声轰鸣时，次第交响，直透天庭，一时非耳膜所能承受。到赞美曲圣颂曲之类源源奔涌的旋律骤然蹿升到最高音区时，那意思，简直是音乐的癫狂发作。

像我这样的老牌中国知青，心智荒疏性情顽劣，神父之类人物怎么也哄不了的。音乐，或者说，管风琴，比宗教更厉害！Organ，恐怕是各种器乐合奏效果的最强音，便是交响乐管弦齐动鼓号齐鸣，也难比拟。又譬如中国古时候的几十上百面大鼓齐声敲响，那轰轰烈烈沉闷嘹亮的巨大声浪是震撼的，铺展的，扩张的，Organ齐奏声效的无比宽宏与尖锐，则是在弥漫周围的同时向上奔涌升腾的浩荡声势。我仅在曼哈顿西上城纽约最大的天主教教堂听过一回只在圣诞夜启用的大型Organ演奏，同数千当地百姓挤在一起，肃然耸听，着实给吓住了，音乐，早就比神父与圣谕更具法效，更有魔力，当Organ超乎寻常的巨响轰然爆发，音乐镇得住所有在场的灵魂：一定要这么响么？一定要这么响！那一刻，耳朵就是灵魂！

据说世界上最大的Organ音响系统设在美国犹他州盐湖城。见过照片，状若楼宇，至今还在扩建，资金靠的是美国中产阶级善男信女掏不完的腰包。美国没有贵族，于是将昔日王侯巨宅的全套陈设精心拆卸，越洋运来，在美术馆设置专馆专厅，供国人观看。每遇巴洛克绘画文物特展酒会，美术馆会请来专职乐手助兴，那可是欣赏宫廷音乐的良辰佳景：单簧管、双簧管、横笛、竖琴、古钢琴，或朔拿大协奏曲，或三重奏五重奏，音色极纯，音量甚弱，要仔细听，是这样的音乐，在这样的椅榻帏幔华毯古画杯盅烛台间琤琮流动——一切都对了。这时，不相适宜，不太协调的，倒是我的中国脸，甚或其他来宾：大家，那些深目高鼻的二十世纪绅士淑女，似乎都该穿上戴上十七、十八世纪的绣袍假发才好。不是吗，诸位想必看过欧美摄制的古装片，豪门宴饮，情敌决斗，配上宫廷音乐，情景俱在，情景俱佳，与我们在水泥街巷的中国民宅里干听巴洛克音乐唱片，是否效果不同？

欧洲。听欧洲过来的朋友说到那里的音乐生活，美国的这些玩意儿真要算是“土”的，老友阿城去年访意大利，给我看他拍摄的录像，有在意国最早出产阿玛蒂型小提琴的克雷莫纳古镇上当地琴师即席演奏的片段。那种“古典”，原来这般质直朴素，这质朴，在美国就稀奇。那年在威尼斯老桥上，是夜间，我听本地一位老船夫在小舟放声清唱《我的太阳》。原先，所谓意大利“美声”，在我们的概念里即代表学院音乐的那么一种“美”，然而那夜我在桥头所听到的唱法，却犹如京剧里的谭派，遒劲而苍凉，一时似有所悟，要作比方，仿佛久听京剧，再来比较昆曲的意思：那位水都老船夫的歌喉与唱法，教我略略领教了西洋声乐的老版本。

感恩节又要到了。曼哈顿街区，已随处可见在教堂举办节日宗教音乐会的小型布告。今世，公众音乐活动兼以旅游业兴旺，欧美可供参观的古修道院或著名教堂，经常播放文艺复兴前后的清唱曲、弥撒曲、安魂曲，并定期安排年节演奏，门票低廉，或

陈列在威尼斯教堂内的古乐器

免费。这同林肯中心与卡内基厅无日无之的商业性演奏会，向来是分开的——我们的欣赏西洋古典音乐，目下还是一种“文艺活动”，在“他们”，则就是“生活”。我说来说去，不过这一层意思。

我自己，平时几乎不听宗教音乐，亦很少听宫廷音乐，在我的画室和寓所，那种“人文环境”不在。人文环境，自然并不等同于艺术与艺术欣赏，当那位心仪中国古典文化的欧洲人徜徉在南中国的真山真水之间，他所眼见的“环境”，其实久已丧失了往昔的人文气息。好在这无碍于他的游目畅想，因他心中记存着他所倾倒的中国画。

一九九五年三月

上下图：纽约林肯音乐中心艾瑞克·费雪交响乐厅售票处和入口处。中图：林肯音乐中心大都会歌剧院。

外国音乐在外国（之二）

除非上帝出面，今天要请到莫扎特、贝多芬出台亮相，断乎不可能了。“暴风雨般经久不息的掌声”，于是统统献给了时下当红的指挥家演奏家。瞧那广告和节目单上当代音乐明星刊登了又刊登的照片，他们十九露齿而笑，正向观众抛媚眼。有一天，我总要画一画他（她）们的嘴脸和表情。

身为公众，偶得瞻仰明星，我也会兴奋莫名，虚荣之心大动，且愿意给暂时眼福不到的爱乐者诸君描述一二，只是我所见极稀，观望距离也往往很远，国中文化交流的音乐活动越来越频，应该是比我见得多吧——

帕尔曼的琴艺，多少流于卖弄。他的登台却好不艰难。他拄着双拐挪将出来，提琴由指挥替他掖着，到得前台，他背对观众，猛然拽动残腿，用劲甩上供他演奏的小平台，拐杖碰撞响动，全场肃静，一时忘了鼓掌（也许鼓掌，我只在看，没在听）。

舞台空旷，梅纽因兀自拉一首巴赫的很长的帕蒂塔。弦断了，他腾出手，翻转琴身，找到断弦，揪出，调弦，试音。台下咳嗽声此起彼落，他微微笑着，像在自家书房孤灯独对的那么一副神色。

在像极了万人批斗会的大场子里听帕瓦罗蒂唱过一回。是夜，纽约的意大利人，那些比萨饼店的老板和老板娘大概都来了吧，帕瓦罗蒂通常允唱三次“安可”，这回竟第五次咧开大嘴走回台前。总算静下去了，指挥扬臂，乐手举弓，大师敛容运气，这当儿，一位显然仍在感激涕零的女子从台下人堆里颤声叫道：

“I love you！帕瓦罗蒂！”

哄场大笑。歌王也笑。那女子赶紧又补了一句：

“I’m sorry！”

美男子多明戈，肤泽呈玫瑰色。每唱到高音，必左腿微屈，每一倾屈，弯度分毫不差。祖宾·梅塔正在咫尺之隔，此君的招牌动作是横向挥臂，屡屡掠及多明戈耳肩处，这位情歌圣手频频斜睨，及时闪避，闪避之际，姿影依然俊美。

亚洲人而指挥西方乐队，十多年前我只知日本的小泽，现在知道还有一位印度人祖宾。据说他嗜好某种类似榨菜的印度土产，藏在礼服间，抽暇背着人嚼一口——他和小泽属于明星型指挥家，串演太繁，应景粗劣之作甚多，不可听。

卡拉扬也常常并不高明。

马友友同志真谦谦君子。琴声一起，他免不了陶然忘机而皱眉努嘴，东方人的骨相，这时就不及西方人经得起牵动变形，他于是像个乖孩子故做怪脸，也倒可爱。都说他心地仁厚，年初看他与林昭亮携三位名扬国内而在此间尚籍籍无闻的中国乐手同台演出，以马君盛名和他的高大体格，居然终场不觉其在，诚不知他用怎样一套肢体语言隐匿自己，存心给新秀露露脸的。

那一阕舒曼五重奏合作得好极了，同是这一曲，名室内乐团如爱默生五重奏组合就演奏得大欠火候。对名牌，我们迷信不得。

在这儿，听歌剧是件大事。遇到名角儿、名指挥、名剧，电视电台广告大忙。林肯中心两侧的交响乐堂和芭蕾舞厅，都不如正中间的大都会歌剧院建得宏大，大概也是迷信大师吧，还特地

我会对着电视节目画速写。下图：当然，帕瓦罗蒂。上图：我完全忘了这两位女歌手的姓名，也忘了她们是哪部歌曲的主角。画于一九九〇年。

请夏加尔在门厅左右墙面绘制巨幅壁画，老头子画得太过卖力了，纷乱而俗艳，我以为也不高明。

我只得两次半亲聆歌剧的荣幸。贝利尼的《清教徒》，百年以来被他自己的《诺尔玛》盛名所掩，上演机会稀少，其实美极了，记得第三幕有一段二重唱，女角隐在台后深处，一声一声应着，如幽灵，亦如天仙，又一句一句传出来，全场大静，凝神谛听。

另一次是瓦格纳的音乐剧，好像是《女武神》？总之是迟到了。迟到的听众，此地规矩是不可在开演后入场的，一律被客气地引到一间冷飕飕的边厅，让你观看同步播放的录像。这一着虽说抱怨不得，但不知是算作安抚还是惩罚：从隔壁分明传过来排山倒海的序曲，手里又分明捏着票子，却面对一架电视机，而且还是黑白的。好不容易熬到首场落幕，衣履光鲜的迟到者这才鬼一般摸进场子，四散觅座。

不过瓦格纳音乐剧的热闹冗长，倒仿佛是特意为迟到者着想的：那夜的演出竟至凌晨一时才结束。脑子里全是那五六位牛高马大的女武士在布景悬崖上持戟高歌。地铁站里，早已杳无人迹。

那半次，看的是《卡门》。过了十点吧，我与朋友路过歌剧院，门丁不知何往，当下我们决定混进去，旋即已经摸黑窜入甬道，怦然心动遥望舞台。卡门同志又老又胖，唱是唱得好极了，挨了刀子慢慢倒下的身姿，也颇成功。之后呢，天哪，一匹真的马，满身不情愿的样子被牵上舞台，垂头听着斗牛士的嚎哭与众人的大合唱。散场时，一位老绅士挤在我左侧朝外走，显然大为激动，目光灼灼地对我说："喔！伟大、伟大！年轻人，你以为如何？"

我以为如何？幸亏当年我是年轻人，现在可不敢了。

对了，在米兰的古老的斯卡拉剧院还听过一回旧俄名剧《伊凡·苏萨宁》。其时苏联还健在，全体演员来自国家剧团，我听着，忽然就伤感起来：女主角在父亲被抓走后唱的那首咏叹调——“凶恶的强盗闯进家门”——我家原是有那首歌曲的唱片的，三十三转，是上海当年的女高音张利娟，反正那唱片在抄家时被闯入者当面掼在地上，裂成两半，裂了，自然不能再听，也就没给抄没，我记得是又放回封套，存了好几年，日后记得歌词，还独自在江西的山路哇哇地唱。

意大利的遗老遗少，革命与战争一场场闹下来，居然还在，那夜最是吃惊而难忘的，是幕间休息时在二楼厅堂目睹米兰上流社会众生相。这样的华衣美服，这样颓废清雅的仪态，美国见不着。年轻的俊男美女自是不少，可在那些上了年纪的绅士和夫人身边，竟黯然失色。怎会失色呢，不说也罢。

此外还见过谁？棺木中的霍洛维茨写过了，见鲁道夫·塞尔金，是他的告别演奏，依然对掌声喝彩毫不动容。指挥家见得多些，我指的是电视，其实电视上看得最真——但在中国，在我少年时渴望一见的殷承宗同志，确凿见到了。八五年，卡内基厅，人到外国，当然弹外国曲子，谢幕时，他特意抬脸朝向二层三层以上多行了几秒钟注目礼：中国穷留学生买的都是廉票。不料这一注目，从四楼飞出一句纯正的京片子：

“《黄河》！来一段《黄河》！”

殷承宗欠身行礼，看不清他的表情。穿着类似燕尾服的黑色舞台套装，行止倒也中规中矩。只见他沉吟片刻，撩起后摆坐好了，弹了《翻身道情》。

由当晚可数的美国听众听来，《翻身道情》是唯一的“外国音乐”。

一九九五年四月

晚清的音乐会。佚名。故宫博物院收藏。

外国音乐在外国（之三）

说惯了“外国人”这句话，听惯了外国这样，外国那样，其实定居外国，我们才是名副其实的外国人。大家耳熟能详的所谓“绿卡”，就是发给“外国居民”的。

将收音机调拨器细细地一格格拨过去，人在纽约，可以听到各国语言各国音乐。租用闭路电视网络，还能随时收看各国电影、曲艺、歌舞、新闻。如果你想专听外国民间及土著原始音乐，还得找第93频道的专题节目，只是上回已经说过，该频道闹穷，这类专题节目日渐少下去了，广告时段，则越来越多。

各大洲土著音乐，以我听来，均极相似，咿咿呀呀，敲敲打打，短促得不成篇章，冗长得没有尽头，初听尚鲜，稍久即不耐烦，可见我的没教养。人类学家，音乐学家，音乐史家，或存心从中撷取灵感编造新音乐的“前卫”人士，想必亟愿浸淫其间。我们的谭盾先生，不是从所谓楚地巫乐中大有斩获么？

93频道曾有专题节目叫做“新曲调”（NewSong），由后现代作曲新秀博采各国土著、民间歌调音律入于实验音乐，使之或具备音乐文本的价值，或做成意念全新的佳构，有的可听，有的极好听，法国、奥地利几位新作曲家以非洲喀麦隆、塞内加尔矮人族诵经歌，萨依女声清唱，蒙古国与西伯利亚大漠一带吐瓦祭仪古调等为蓝本，听来最有意思。他们使用当地器乐、人声，辅以适度的和声、变奏，如此这般，果然在东方和西方，区域音乐和纯音乐之间，求得种种良性的不伦不类，被冠以“世界音乐”的美称，灌制唱片，销路甚好。

各国的民间音乐民族音乐，可就太多了。唱片行将这两大类音乐在古典音乐部门设置专柜，量虽不及古典、流行音乐作品，作品品种的来源则遍及全世界。我没有刻意搜求过，多年来就记忆所及，有南美山歌、情歌，木制口琴四重奏，黑人灵歌，打击乐，北欧的号角、清唱，中东的行吟歌，日本的鼓乐，韩国的鼓乐，印度的农歌、祭礼歌，蒙古、中亚的牧歌，俄罗斯、乌克兰一带的舞曲，手风琴曲和无伴奏合唱，等等，当然，还有大家久违的老大哥“苏联红军歌舞团”节目。“苏联”没了，歌舞团还能赚钱，同谁合伙赚呢：他们飞到纽约来了，和MTV签合同，然后布列成阵，为那些MTV小子的狂舞伴唱，唱的还是革命歌。“革命”，要不就是唱唱歌该多好！听那后排闷雷般的男低音——镜头移近，大盖帽，红肩章，他们见老了。

纽约一地的“外国音乐”，如果加上外国歌舞团来访，本市各侨社的音乐活动，及春夏遍布街头的各国卖艺乐手，真耳目不暇。今夏经过林肯中心广场，正有印度社团的歌舞表演，傻看了好一阵。那舞者果然像在印度古画中似的，眉心、面颊、手掌、脚底，涂上浓烈的赤色，舞姿呈平面形态，使身体四肢扇一般张合摇动。蹭近了，看他们卸装，有檀木熏香暗暗袭来。

中国音乐呢？有——

鲁迅先生曾讲“世界美术史潮”。课毕，老先生从袖中取出一枚民初吴友如的线描刻本，画着公子狎妓的，笑说道：“这就是我们中国的当代艺术。”这事，是南京艺术学院刘汝礼刘老先生说给我听的，他自己就是当年在座的听讲者。好，六七十年过去。有一天，纽约电台传出邓丽君的《甜蜜蜜》。小邓，我要听的，一如吴友如的线描，自有它的味。但我随即就想到王昆、郭兰英，她们在哪里？

事后打听，是此间港台侨社租用频道的节目，他们手中，自然只有邓丽君们。

西方同苏联板面孔，是为“霸权”，心里却从未忘记过俄国佬的艺术，几十年眉来眼去，明里暗里一直有文化交流，近六七年更是打得火热，十数丈大小的油画，成打地运来运去展，表演团体也四季不断。对咱中国的文艺，则欧美只拜汉唐明清，凡四九年以后的东西，一概看作宣传，不想知道，至今也偏取政治异议一路文艺，或所谓“现代主义”的效颦者，这才肯瞥一眼，听一声。怪谁呢，不是我们自己，如今也把十分之九的“革命”文艺作品，巴不得忘得干干净净？

例外总是有的。某年，时近春节，不期然在93频道忽听得《紫竹调》。小时候哪要听二胡呢，现在却是声声入耳，旋律一扭一扭的，沪上弄堂口晾出的百家衣裳，水斗间邻里的高声聒噪，一时俱在眼前。忙给电台挂电话，回说选自新到的一张唱片。隔天去，海底捞针似的在流行音乐部门找到了，斜在写有“China”的一小格里，只此一枚，五六张，中英说明文字都有，包装也不差，想是官家出口，我赶紧买下，回寓所两面一听，还有《春江花月夜》、《夜深沉》之类。

在下东城黑人列具的地摊上，还买到过一枚中文原版，正宗“文革”时期出品的唱片《红色娘子军》，封尘既久，几不能听，只得作古董存着。穿短裤的娘子军何以流落纽约街头？今天看吴琼花们的造型，前卫而性感得很呐。

也是，那天殷承宗为什么不肯来一段《黄河》，叫洋鬼子也听听！

还有奇遇：一位瞎了眼的俄国老乐手在地铁车站拉手风琴卖艺，《喀秋莎》、《莫斯科郊外的晚上》，断断续续，呜呜咽咽，老人气力不济，风琴破旧，音色弄得像在响亮地吸鼻涕。忽然，你猜，他拉起《中华人民共和国国歌》。我听得，当下不知身在何处，也不知作何感想，本能地捏着零钱走近去，复又退回。什么意思？为他的目盲，还是为咱国歌？三五同胞正在就近大声交谈，此公大约是耳闻“国语”，特奏“国歌”，我可看得分明，那是几位台湾青年，浑不知他们听的是《义勇军进行曲》。

“中国音乐”，其实唐人街有得是。两岸磁带唱片出口盛，大陆、台湾的各类歌舞访团更是接踵而来，当然，听众都是“海外赤子”，罕见洋人来凑热闹。十几年间京沪音乐人才出国之多，也给此间的交响乐团平添不少中国面孔，亦当然，台下的听众都是“非我族类”，罕见华人去凑热闹。除非是中国演奏骄子难得在美国音乐圈办成一场个人演奏会，届时则势必呼朋引类，前来捧场的，多半是“炎黄子孙”，到时候女眷们各逞盛装，目光炯炯，临开演了，还隔着几排座位连名带姓同熟人打招呼。

中国人能干，据说各地投考美国乐团脱颖而出的中国演奏家，一路往往击败多至两位数的美国竞争者。初春在加州，曾随友人访过一位此中小天才，家徒四壁，不是因为穷，而是无所谓，说是刚买了一把四百六十元的新手枪玩玩。当天夜里在本地一场音乐会中，这手枪爱好者任大提琴首席，只见他头发分开梳，起奏后一甩一甩的，煞是有模有样。

我的耳目所及，是极有限的，说到中国的美术和音乐——真不好意思，我指的是古代——在“世界”上的地位，及所谓“知名度”“曝光度”，后者直不可与前者比。这么说，绝不因为我画画而存心看轻音乐，诸位切勿怪罪，而况中国画我是一笔不会画的。这里美术馆藏的中国书画文物太多了，单是一年两度英美四家拍卖行的中国艺术品生意，就叫人猜不透是帝国主义分子掠劫的太多呢，还是祖宗的遗墨果真取之不完。中国的音乐资料音乐文献，据说在学院的深宅子里能找到研究专著或孤本收藏，自然，听是听不成的。谁让洋人给发明了录音技术呢，而且故意拖到近百年才弄出来，愣叫我华夏古代音乐的伟大传统没法子留存。对了，说到这录音，我的一位朋友居然听过全世界最早的唱片，弹者传说是肖邦，全长一分钟，因录制的材料、技术都属初试，所以得凑这一分钟赶紧弹，弹完，大概磁带还剩一秒钟的空余吧，“肖邦”大透一口气——也给录了下来。

我的另一位以中文取名“罗泰”的美国朋友，蓄着教授胡子，去年刚写成并出版一册《中国音乐史》，主线还是周朝的音乐。周朝的音乐？动问其详，这位老兄正色说道：

“啊！非常好听，非常非常了不起！”

以美国护照旅游世界之便，罗泰，想必他去过“周朝”的，我相信他。当我儿时在中国初听“外国音乐”——实在记不得是哪一国的哪一曲了，不外是十八、十九世纪的德国音乐吧——不也是暗下惊叹：

“啊！非常好听，非常非常了不起！”

一九九五年七月

皮娜·鲍什现代舞剧照

外国音乐在外国（之四）

由外国音乐而说到中国，扯到“周朝”，走题了。要不这回谈谈流行音乐？不过这话题得请教我的女儿。

凡偕子女移民此地的家长们聚会，都会谈起孩子们对美国流行歌星和影视名角如何朗朗上口，如数家珍，那口气，听来不知是抱怨呢，还是夸耀。我对于流行云云，在兴致和常识上，当然不能与少年儿郎比，要说，只一项谬见：流行音乐似乎非关“音乐”，也不在“流行”，端看听到某一曲流行歌，您几岁？

美国战后“婴儿潮”一代说起“猫王”，六十年代嬉皮士说起“披头四”（一说“披头士”），眼神就不对了：这拨人，都是五十来岁的老油条了。你现在同高中生讲猫王或列侬，他们不是嗤之以鼻，就是茫然不知所对。在列侬故居“塔科它”公寓左近，我曾两次瞥见他的遗孀小野和另一男子携手同行，戴着墨镜，看过去是个小老太婆了。

又是暑期来临。林肯中心一年一度的“莫扎特音乐节”开场了。照例闹三个月，不下百场。这节目，纽约人办了三十七八年，近于列侬的寿数，他死在一九八〇年，去今不算太远，莫扎特，则死了有两百多年了。再过两百年，但愿列侬的歌还有人听，目下，他已经被他的晚辈们淹没了。今年我还去唱片行觅过

曼哈顿上西城72街塔科它公寓。1980年，约翰·列侬在公寓门口（图片左下端）被刺，图为当天赶来的民众被警戒线隔开。

他的唱片，用北京话说，是“愣没找着”。

这事不该这么比……列侬生前私产上亿，莫扎特呢，电影里是他写完《安魂曲》，瘫在床上，一位黑衣人拎个拳头大小的钱袋朝他病榻扔过去，他一把接住，拢在胸口，很感激的样子。那片名叫《阿玛德乌斯》，取莫扎特中间的名字，国中大概早已放映过了吧。

时下歌王谁属？我不知道。在美国，咱黑人兄弟姐妹们一是罪犯多，二是体育明星多，再就是流行歌手多。最近连获七项流行乐奖的黑人女歌手惠特妮，唱得一定不坏吧，听说中国的少年男女都迷她。我的恶习，是在乎“样子”。论“样子”，窃以为她长得不如黑人前辈戴安娜·罗丝和蒂娜·特纳。这两位，大将风度，十几年前，罗斯在中央公园为几十万人义演，那时“艾滋病”刚冒头，不时髦，所以我不记得是为什么名目，反正还没开腔，倾盆大雨。戴安娜浑身湿透，活像古代北非的女巫，大叫道：“明天我照样来，你们怎样？！”

底下万众欢腾，齐声“Yes”。第二天见报，大演员达斯汀·霍夫曼掮着孩子，也在人丛中。

惠特妮，就像个纽约随处可见、略有姿色的未婚小妈妈，她唱得是了不起的，一九九一年美国海湾战争奏捷，美军班师凯旋，惠特妮被委以劳军重任，空降巡洋舰为子弟兵引吭高歌，好不风光。当年美帝国主义出兵朝鲜，玛丽莲·梦露也曾空降美军阵前劳军，大照片上，只见她挺胸翘臀当众拂理鬓发，把个黑压压一大片美国兵给看傻了。但是以辞令和激情来煽动场面，啸聚群众，梦露哪里比得黑人同志。马丁·路德·金是不用说了，纽约地铁里无日无之的乞丐或宗教说教者，也个个雄辩滔滔，声如洪钟。

至于迈克尔·杰克逊和麦当娜辈，不算功成身退吧，也早已不必和新秀们抢镜头了。记得八九年前曼哈顿中城麦迪逊广场表演中心——以侯宝林带队的中国曲艺相声代表团八十年代也曾在此登台献艺——举办迈克尔演唱会，这位日后整容整得体无完肤的黑孩子正当大紫，上演当天，交通阻塞，状若暴动，节假、国庆才出动的骑警大批到场，马蹄纷乱中尖叫之声迭起。近来，他去亚洲献唱，这一去，美国就闹他的狎玩男童案，吓得他不敢回国，挨到终于回来，还被迫在海关由法医关警动手检查屁眼之类“性征”。今年上半年，总算迈克尔宣布和“猫王”千金结婚，两人的私产相加，好像是列侬的双倍不止。

迈克尔跳舞，我爱看，不晓得他通身的关节是怎么长的。

列侬故居上数十余条街的高级公寓顶层，一度曾为麦当娜相中，欲以百二十五万现金一次付清（这数目，给今之国中大腕听来，大约不算什么），不料麦当娜却为公寓管理当局拒绝了，怕这著名的“坏女孩”入住，将引来不良朋党，扰了楼中的正人君子，这坏女孩脾气倒还好，转身就找别的公寓去。当年前总统尼克松想买上东城最金贵的公园大道高级公寓也给打了回票，也跟麦当娜一样，一声不响。

此后麦当娜香闺何处，未见报道，但在某期《时尚》杂志刊出了一辑她的寓所的室内照片，一色欧陆贵族陈设兼后现代设计理念，那几条希腊廊柱看似真迹——台前做出百般叛逆相，家居日子则归顺传统，诚心风雅，这一套，是此间亿万身价流行文化明星的生活模式之一种。国内现在也有流行音乐的青春偶像了，不知家里怎么弄法。在杂志上，还见到伯恩斯坦和梅塔先生的家居陈设的专辑，反倒艳俗，有暴富之感。

摇滚乐究竟算不算流行音乐，我至今不确知。由欧洲滚石乐队和一部分实验音乐的情形看，仿佛是以艺术青年与文化人为对象，如大卫·鲍伊这类在摇滚乐、影视、文化名流间两栖三栖的人物，才具教养，绝非等闲之辈。下城区许多艺术家群集的酒吧、夜总会和小音乐厅，每年有许多美国各地和欧亚各国的小型摇滚乐队轮番上阵，唱者听者加起来，有时不到百人，似属小众文化，但那走马换将的阵势，又像极了中国各省地方戏班子走码头闯江湖的意思。

爵士乐，则早已属于古雅一路，三十年代以降，即广为白人知识阶层和文化精英所沉溺把玩，一班教授博士者流，家中常见半壁爵士乐唱片收藏，在互赠的礼物中这类唱片也属精品。哈佛、耶鲁等名校所在街区，有专售古董爵士乐唱片的小铺子。影坛怪杰伍迪·艾伦，前年为与其养女私通的丑闻焦头烂额，不过诉讼甫毕，仍按时钻进他身为会员的老牌爵士乐俱乐部，神情凝重吹他的萨克斯风。说是“神情凝重”，自然并不是给我亲眼瞧见，只因我喜欢伍迪，读到这一节报道，眼前就是他那副聪明透顶的苦脸。

这流行音乐的欣赏，说来也离不开场合。酒吧角落，一杯在手，爵士乐真非常地都市、男性，非常地今夜、此时。至于可容上千人的迪斯科舞厅，但见那沸水般满池子涌动翻滚的身体，石破天惊的摇滚乐即浑如教堂轰鸣回旋的管风琴，声效彰著，只是流行乐的意图适与宗教音乐相反，是仿佛存心要在当下摘除所有舞者的灵魂——这也只当是人有灵魂这一说。

比较历久而常青的流行歌星有没有呢？要说有，大概是芭芭拉·史翠珊，是肯尼·罗杰斯，是丹佛、陶莉这些乡村歌手？他（她）们，比较地“美国”，比较地“民间”，“美国民间”在纽约是感受不到的，“美国”，在纽约之外。

但也看场合，也看唱给谁听，谁在听。

从飞机上看下去，美国大地，尤其是中西部，简直像是月亮地表，黑沉沉旷野里，乡村酒吧一灯如豆，总是一面台球桌，总是角落里放一架自动放送并翻转唱片的老机器，马靴、醉汉、啤酒、乡村音乐：“人民”在哪国都差不多。踱到后院撒泡尿，草虫的浅唱也是世界性的。

要么在车中疾驰荒原，烈日当空，一条笔直伸到天边的高速公路，车中人扭开收音机，要的就是这份懒洋洋兴冲冲的音乐絮叨，这时，音乐是可以救命的，连续几小时在同一视景中开车，睡着了，车翻人亡。我就曾在西藏搭便车时，瞪着司机闭眼向前开，那时中国的卡车里，哪有什么音响装置。

而当中产阶级衣香鬓影冠盖云集，在赌城，在选美会上，在奥斯卡颁奖典礼时，芭芭拉或肯尼一流人物华服闪烁，翩然出台，只要那么一声“哈啰！”全场即由“不胜屏营待命之致”而顷刻骚动，受宠若惊。

于是开唱。“非常好听，非常了不起”么？

肯尼的《破晓时分》，动人的，舒伯特大概也会识赏。然而他的另一首保留曲目，却总是无端引我厌恶，首句是：“Lady……”，如叹气一般，肯尼每次必以喑哑的喉音吐出，随即稍停：万无一失，每次，他都知道这一声必能颠倒台下美国中产阶级众生——一片喧哗，掌声，这时肯尼环顾台下，对着那些脖子上筋筋吊吊的浓妆富婆，他微笑了。

流行，流行。流行的意思非指无远弗届，而在其有限。一群人自有一群人的哭笑、来历、痛痒、嗜癖。所谓不同种族、阶级、文化云云，即便语涉纯粹纯洁如音乐者，也多少道出这些字眼的几分真意思。要听流行音乐吗？我听崔健！

崔健，想必刻下也已经红过紫过，被淡忘了吧。前辈作曲家如黄自、聂耳、李劫夫、郑律成之后，我以为他称得上是四九年后新中国的歌曲天才。不是电子乐器、摇滚音响，或中国唢呐选择了他，是他，遭遇了这些劳什子，忽然给一群人的心灵与偏私，找到了放声歌吼的权力。我愿以不惑之年混在惨绿青春的大陆崔健歌迷中，为他捧场。在中国，以摇滚乐流行歌曲论，他或许是为先驱吧，对当年横在蚊帐里百无聊赖的“老三届”们，他的叫唱恐怕迟到了二十年。

一九九五年九月

六十年代的欧美愤怒青年

维也纳。连接贝多芬旧居公寓的门洞。

外国音乐在外国（之五）

“我们忍受别人利用我们的潜意识，罔顾我们的理性。”诗人庞德在一次访谈中这样说道，“他们把商品名称配上音乐，然后只播音乐，你只要听到那段音乐，就想到那件商品。”

真的。古典乐频道每段节目之间排满了配上音乐的商品广告，从机票减价、轿车换代到股市行情、贷款优惠，等等等等，音乐一起，果然就想起机票轿车股市贷款之类，不过是听得惯了，腻了，谁想到什么潜意识，什么理性，现代诗人，到底出言不凡，现代商人呢，则真该请来开一课“音乐心理学”。

不论如何，庞德这段话说出一项听觉的事实：音乐，可以在听者的“联想”中指涉具体而微的事物。

托尔斯泰有生之年，恐怕不曾领教过收音机。如果我没记错，他曾说，音乐，主要是为了，而且能够唤起人们的记忆。这说法，音乐专家会同意么？退一步说，且不管音乐“主要”是“为了”什么，由音乐引发的联想、记忆，以及这联想、记忆的内容，可就太多了。

远者如秦末的“四面楚歌”，我以为是霸王别姬那一幕里最动人的情节，若非楚人对楚歌的集体记忆，项羽军心何至于一夜崩溃。近者，大陆不是在流行“革命歌曲大联唱”么？据说给

“文革”过来人听听，可资“怀旧”的，可是随即就有报道说，八十年代部分样板戏重演重播时，不少中老年干部和知识分子既憎且惧，说是给勾起昔年的旧痛余悸，期期以为不可，总之，这就是记忆作祟，音乐使然的历史公案、政治公案。

再看私案如何。比如那一夜，殷承宗同志索性应同胞之邀弹一段《黄河》，在我听来，哪里会想到那道浊浊洪流，我会着即想起中学时代某日午后，大喇叭里忽然传出钢琴《黄河协奏曲》时，心中那么一阵错愕与狂喜：那时，那十年，准予公开播放的钢琴协奏曲，只此一阕，《黄河》，即等同于我对“钢琴”、“文革”与“少年时代”这么三重记忆。

或谓以上作品不是纯音乐，好的，那么莫扎特、贝多芬的乐曲，“纯”度绝对够了吧，听来又会怎样？是纯而又纯的纯享受，还是混杂的联想与记忆？这件事，我愿亲自去找德、奥诸位古典乐大师谈谈，他们万万想不到我在恭听纯净的古典音乐时，私心杂念是些什么。“你只要听到那段音乐……”我也可以为庞德先生开一份小小的作品名单，看看音乐和记忆是如何同步奏效的——

作品之一：《斗牛士之歌》。一九六六年。家门对过的弄堂口。一群红卫兵蜂拥而过。忽然，他们齐声用上海话唱起《卡门》主题歌。那时盛行抄家，抄没的物件中，就有古典音乐唱片。

记忆：那条弄堂口，那年夏末秋初的都市夜色。我家也刚被抄过，我也会唱那首歌。记忆中的盲点：我何时听过这首歌，而且记得？

作品之二：《圣母颂》，是舒伯特写的那首。一九六八年。借唱片的朋友，刚刚切除一枚腰子。

记忆：抄家后发还的唱机，靠南墙床头柜放着，就像大陆家庭的珍贵电器那样，上面覆着一块遮尘的布。记忆中的盲点：我

左右图：上海石门一路大中里将被拆除的石库门人家。在上海人记忆中有过两次住家的洗劫：一九六六年红卫兵大规模抄家，上世纪九十年代及今的大规模拆迁。

记住了朋友的没有腰子，却一时想不起他的名字。

作品之三：《拉科齐进行曲》。一九七〇年。江西赣南山中，是在偷听台湾电台播音，因是“文革”期间听惯了喇叭中的叫嚣，因是山野荒村更深人静的偷听，台湾女播音员的款款语调格外柔美。记得“矿石机”么？用铁丝密密实实缠绕住磁铁，裸露着，固定在一小块三夹板上，连着一副简陋透顶的耳机：台湾，与江西仅福建一省之隔，播音清晰，如在耳边，柏辽兹管弦乐一声声清亮清亮地奏起来，传过海峡这边。

记忆：赣南山村的土屋、土墙、房梁，油灯灯光摇曳跳动，吊楼子外山脊梁的剪影。还有：那位女播音员柔美的声音。

作品之四：舒伯特《第九交响曲》。一九七〇年。“像天一样长的《第九交响曲》啊！”这回是男声播音，他在引述舒曼说的话。是我方电波干扰还是气候不佳？到第二乐章中段，“天一样长”的“第九”淹没在汹涌杂音中。

记忆：我的那顶蚊帐。熏黑的帐顶。老鼠从被子上频频窜过。又是记忆的盲点——直到二十年后，我才在纽约听到了完整的舒伯特“第九”。

再加上“美国之音”的格什温，英国电台的爱尔兰民歌，连每一首安排在节目前后的开始曲结束曲都记得清清楚楚，都在夜里，在少年的胡思乱想中组入记忆。白天，能在白天怡然静听的古典音乐，只能等到冬季回上海，从友人手中辗转借来的几枚原主不详的旧唱片，至今仍是记忆的盲点，不外也是由抄家而流散到“社会”上来的吧？还有别的——民国翻译版本的普希金、高尔基、司汤达和巴尔扎克；丰子恺的《十大音乐家》通俗读本；德国或日本珂罗版的《世界美术史》黑白残简，甚至还弄到过张充仁辈从法国携回的素描纸、炭精条……一群无业青年，借来借去地借，通风报信容光焕发，从书包里挖出来，又塞进去，今天这些东西散在哪里？

都说那是黑暗年代，一切文艺都禁绝了。真的。是真的吗？此刻我分明看见自己坐在上海的旧寓里，把那几枚旧唱片翻来覆去听，翻来覆去听，听到唱片的针头快要划破的样子。听着，一边就呆看窗外民宅的屋瓦，砖墙，电线，竹竿。后来走在赣南山路上，我能将那几首乐曲的旋律——甚至第二声部——从头到尾背诵如仪。

不多。就记忆所及——

莫扎特：钢琴协奏曲第二十三号、圆号协奏曲四首。

贝多芬：钢琴奏鸣曲第二十四号，第二十七号之一，合唱幻想曲，作品第八十号。

舒伯特：钢琴弦乐五重奏《鳟鱼》，钢琴小提琴二重奏《圣母颂》。

李斯特：《第一钢琴协奏曲》。

肖邦：《第一钢琴协奏曲》。

就这么几首么？凭记忆抄写如上的，就这么少得可怜的几首。记忆是有错的，我是说，在记忆中我竟以为自己遍听古典音乐，直到在纽约第一次走进唱片行，眼看成千上万古典音乐的唱片磁碟，这才从记忆中醒过来。

醒过来又怎样？在异国渐留渐久，果真遍听古典音乐曲目之后（恶性的补偿，偿还我们视觉听觉的宿债），我又想“睡”过去了，准确地说，是妄想梦回“过去”的时光：每当英文所谓“nostalgia”，即中国人常说的“乡思病”周期性眷顾，弄到连中国菜或《紫竹调》之类也难排遣时，奇异地，乡愁的记忆的触角，终于搜寻到少年时代久听的那几首“外国”乐曲。有意无意，锲而不舍，我长期在纽约唱片行寻觅它们。噫！外国音乐竟能换取关于中国的记忆？能，而且领你神游其境，仿佛电影。要论假音乐之名勾引记忆，我的私心真不在庞德所厌恶的商人之下，同他们的广告伎俩相比较，区别只是我在利用自己的潜意识耍弄自己，或者换句话说，我的潜意识在利用音乐。

还有庞德的所谓“理性”。如果理性意味着判断，判断意味着选择，那么，当我在唱片行选择“记忆”时，连我都诧异自己的刻薄挑剔。每次，在层层叠叠的曲目唱片中找到那一件作品，兴奋过后，记忆立即行使它的苛刻的权力：是这首曲子，但是且慢，听，仅止听哪怕一个音，“记忆”即条件反射般警告我：不对，不像，不是它！我固执己见，迹近疯狂，以为我所听到的演奏都不如少年时代遭遇的版本，它们早已赋予我坚固的“理性”，日后领我聆听并严格判断同一作品的不同版本。

譬如贝多芬钢琴奏鸣曲第二十七号之一，我以为比二十七号之二，即名满天下的《月光曲》更为隽永耐听，语调更为平心静气。可是我找到的二十七号之一的至少七八个演奏版本，虽然都是名家弹奏，却每不如我早年听的版本（安德烈耶娃，一九五九年录音），阿劳的版本比较地好，我买下：第一乐章沉静徐缓，对了（所有记忆，记忆的情节，立即活转过来），第二乐章首句，那空荡荡的况味就大为欠缺（记忆于是受阻、中断、失落）。自然，录音品质是比六十年代的唱片好得太多了，可是录音的品质并不等于音乐，尤难比照记忆：呜呼，音乐记忆能够“核对”么？怎样“核对”？

再就是《鳟鱼》五重奏，室内乐的神品——前年读到关于罗思科的一份资料，纽约抽象表现主义大匠，他也独钟这首曲子，原来他割腕自杀时便是一边听着《鳟鱼》，一边死掉的。这细节，竟看得我心中大喜——《鳟鱼》演奏版本我曾选过不下十套，总是差强人意，唯在收音机听得流亡俄人“鲍罗丁”乐队的演奏版，似乎“像”了，去店里找，回说还没到货。没到货，我可以等，等着，不免自问：是在计较音乐诠释，还是在纠缠于无法核对的记忆？我是忒过执著于内心的偏私了，但这点偏私也是音乐给我的。CD发明之后，音乐演奏的品质（而不是录音品质）亦必随之提升么？连CD也在找寻音乐自身的记忆呢，以室内乐为例，近年重新翻录的许多二战前后的旧版本，实在要比今人的演奏要好得太多，愈被爱乐者认作是不可超越的经典了。但文字是无法描述音乐的，我们得坐下来听。

同谁坐下来听？人不免以自己的经验去揣度他人，有时，我

莫扎特乐谱

会想到一代代流行音乐“发烧友”：他们的音乐记忆愿意同父辈儿孙分享么？（真多管闲事！）我是什么乐器都不会弄的，古典音乐的世家，三代四代同堂坐拢，玩一阕海顿或舒曼的四重奏，没有“代沟”，不必“发烧”，他们彼此分享共同的记忆，或者，根本无所谓记忆，唯余音乐的纯度。我那些伧俗寒碜的记忆，若非遭遇音乐，将是什么？如果仅只遇到样板戏？而样板戏今天也不易听到了。此间每到圣诞，亨德尔的弥撒曲就总是哈利路亚、哈利路亚，还有数不清的宗教歌曲：这大概就是西方人的“样板戏”？这里的孩子们不假思索地跟着唱，跟着听，他们的太祖父母的太祖，孩提时代也是这样地唱过来、听过来的。

我会唱《语录歌》、《少年先锋队队歌》；我母亲会唱《五月的鲜花》、《毕业歌》。我母亲的母亲，佛教徒，不唱歌，她出生在光绪年间，大清有没有“朝歌”？乡下人是有山歌唱的，但我在乡下时，如“七十二岁黄花女”之类，是被严格禁止的，

照片使我们免于忘记——我的外祖父与他的三个女儿，
站立的女孩就是我的母亲。摄于一九三五年。

只听村里的老妇在秧田里偷偷给我哼唱过，不敢放声。

咱们是从“周代”就有音乐的国族啊！今天，单是看一期期《音乐爱好者》，就知道当代中国的新音乐新歌曲，正多得很呐，每年“春节联欢会”上唱不完地唱，十之有九是新歌。好极了。只是迄今为止，我们有没有一首歌龄百年以上，几代人耳熟能详、同声一唱的歌？诸位的孩子要听样板戏、语录歌么？诸位的生在“旧社会”的父亲母亲，有谁胆敢唱一声孙中山先生缔造的民国国歌？民国，好歹也曾是咱们的“国”呀。台湾同胞有一首《梅花颂》，大概是美台“断交”后唱开来的吧，我眼看他们且唱且哭，且哭且唱。对了，还听他们唱过一首国民党党歌。

都已忘记。正在忘记。而况党歌、国歌、语录歌、革命歌、旧山歌、新民歌，加上如今畅销歌曲榜首榜尾的流行歌，都不算“纯音乐”，即便以纯音乐的招法去做作改编，也不好唱、不好听，唱一阵子，终于是忘记。不过好东西就不会被忘记么？适巧昨夜看了一部中央电视台的纪录片，讲的是河北农村一组据说是承自明朝以上，香火延绵，如今人称“音乐会”的老人国乐队，在刈过的田野上，他们围成一圈，吹打弹奏，曲目高古。可是说到乐曲的传递，乐队的传人，则方圆百里，只有一位十九岁的瞎子，拎一管笛子跌跌撞撞地跟着——现在的电视节目主持人，声色也柔美的，片子结束后，她柔美地说道：这位盲孩子，正是乐队老人“心中的希望”。

临了，还有两件事怕要忘掉，不妨写下来：

一九八四年，霍洛维茨出访伦敦。是夜，皇家老小首相政要来了一大群，起立鼓掌良久。老头子鞠够了躬，等大家坐定，一抬手弹下去，是《上帝保佑女王》。那是英国国歌？我不确知，只见皇族领头，全场又赶紧站起来，瞧老霍一个人坐在那儿弹。

我看的是电视，自然坐看坐听。一九九二年在洛杉矶露天大场子听音乐会，一上来就演奏美国国歌。瞬时，上万男女老少风吹草动般纷纷起立，照例右掌按在左胸，齐声跟着唱。我是在场的外国人，不会，也不必唱，只为入境随俗，入场随众，也便起立，垂着手臂，茫然环顾全场，直到曲终落座。

一个身在外国的外国人，听外国音乐，会有这么一段小插曲等着，这可是当年缩在蚊帐里叫唱《外国名歌200首》时万万想不到的。洛杉矶那夜的音乐会曲目，早忘干净了，闻歌起立的一幕，也是走笔收束时才记起来。这又怎样呢，我想了一想，结论是：其实没有怎么样。

一九九五年十一月

曼哈顿第五十七街的卡内基音乐厅对过，是这座施坦威琴行，上百年历史。上海“文革”时期抄家风潮中，想必有不少施坦威钢琴遭殃。

音响、唱碟、听音乐

小时候，我指的是六十年代，上海街面上不大见得到小汽车的。小汽车里的乘客，则不是“高干”就是“外宾”，平民百姓，谁家有部自行车，就相当于那时的“中产阶级”了。但路经闹市，或比较像样的石库门弄堂口，你要是遇到街沿上下围一大堆人，多是男士，并不喧哗，静静地向人圈子中心探头呆看，待挤进去，瞧见一辆德国蓝苓牌老式脚踏车，或者竟是一部摩托，那可就很稀奇了。车主呢，那位明明晓得众人看他，看车，他却谁也不看的，就一定是。他衔着烟，假装四处瞭望，又故作烦闷吐一口痰，只是拖延着并不离开。渐渐地，人丛中就有神色老成的“同志”趋前与他搭讪起来。

此情此景，只在落后国家才有么？我在纽约读到过一篇意大利短篇小说，写战前小镇有位地主的公子，帅，豪爽，拥有全镇唯一一辆美国跑车。他每天当街停好车子，将长腿（穿着锃亮的皮靴）往前车挡上那么一搁，任由镇民围观。小说中的“我”就此倾倒，后来去了罗马，比那公子出息得远了，心里也还是忘不了他。

不知为什么，听发烧友们谈论“音响”之类，我总会想起上述这档子事。这档子事，同音响何干？真的，我也不知道。直到“我国”在“改革开放”的前夜，即七十年代末我到北京上学时，甚至从未听说过“音响”，连日后最起码的所谓“卡式录音机”，也才初次见识。

一九八〇年秋，某日我去东四八条访友。记得折进巷子，猛听得阵阵低音渐强渐近汹涌而来：无线电，哪有这等洪亮？高音喇叭，又岂能如此丰富、厚重、细腻？顿时灵魂出窍。循声觅去，“低音”来自巷左一户小宅，虽然，中国的家居生活常是裸露着的，但那户人家的门板分明故意敞开，在一目了然的粗陋家什之间，俨然供着黑闪闪一组机器，体积比收音机大几倍，造型莫可名状。再看，机器内还牵延出一堆电线，分别通向门外砖地上两只半人高的黑匣（这玩意儿就是“扬声器”，也事后才得知），低音，就在黑匣子里一波波往外、往四周震荡。有位工人模样的北方汉子来回踱着，想必是音响主人，他显然踌躇满志，留意着路人的反应，和上海蓝苓车主不同，他接住我惊异的目光，竟笑嘻嘻迎上前来，开口说道：“怎么样，咱自个儿组装的！”

那天是我的耳朵的受洗日。晚上钻进宿舍双层铺，一闭眼，满脑子低音弥漫。可是奇怪，我完全不记得乐曲：听收音机，记得乐曲，听音响——那还用说吗，难怪人们管它叫“音响”啊！

一九八六年，当我在纽约买回第一套音响，勾头耸背将那些剪不断理还乱的线路插头一一接妥，坐下来，点上烟，瞧着音量显示器那束苍翠闪光一阵乱抖，说实话，我心里没觉得半点自豪之感。在美国，您有音响？有车？有“自个儿”的房子？谁稀罕哪！要说稀罕（让我想想），譬如，您可养得起马（我指的是私人养马，高薪雇用马师，只为自己骑骑玩玩的）？养得起，而且是纯种？那可妙极了，您必定早已拥有自己的庄园，在自己的庄园遛自己的马，平畴远眺，风和马嘶——可谁来围观呢，这儿的私人领地，是连总统本人也不得擅自闯入的。

英文“show off”，同我们的“招摇过市”大致一个意思。我是说，美国境内也有得是不忍心兀自闷玩的人与物——不过，老牌蓝苓和自组音响至于引来路人围观，倒其实是咱中国可爱的地方。贝托鲁奇拍完《末代皇帝》，被人问及中国印象。“最叫我震撼的是人们的脸，”他说，“这些脸反映出一种前消费时代的朴素。”这么说吧，初到美国，最叫我震撼的不是人，是物，是每周两次垃圾车开到之前被家家户户弃之街头的家具、电视机，还有簇新而已过期的精印杂志。消费时代！至于洋人心目中中国人的所谓“朴素”，自可直译为“落后”，使中国人大不高兴的。好在国中目下将要或已经欣然迈入“消费时代”了吧，时过境迁之后，我们的人心人脸将会变得如何，大家不妨记得再看一看。

何况贝托鲁奇君是一位共产党员。他父亲还曾是意共的头头呢。

中国可爱、可看。“蓝苓”时代远了，但九十年代我在北京路遇几位外地来的军官，显然还不到有车级别吧：他们乐呵呵地在进口小汽车前合影留念。在王府井麦当劳正厅，我还看见有位漂亮的东北女兵神色庄重捧一份汉堡包就餐。好笑么？不，是我被吸引。（当我归国返沪，翌晨在街沿摊头叫一碗阳春面时，表情如何？）在我弄文艺的朋友中，家有音响的已不在少数。“要不要听听？”我喜欢看到他们说起时眼睛一亮：新日子刚过不久，人都会生出这种表情。每季出版的音响广告或唱碟目录，在纽约，是搁在店家入口供人随取、随看、也就随手扔掉的，京沪两位发烧友家中的玻璃书柜中，则给我瞧见将这类目录整齐有序地摆好，收藏着，当一件宝贝。

我爱东看西看。挤进人堆，我留心的是围观者的表情。Show off的潜意识显意识有没有呢，我往往连自己的画也不好意思给人看。当然，我是“音乐爱好者”，但既不是音响，也不是任何高科技物事的发烧友。私心妄想占有的物质，有倒也有一项，那就是上好的古董油画镜框，意大利、西班牙真货，背面还留着十五、十六世纪作坊徽号或标签的那种。（在美术馆张嘴傻看，我常发现自己的目光停在镜框上。）可是除非倾家荡产，我绝不可能从古董行扛回一枚手工雕花老镜框，所以这份情结只算是非分之想，不配当发烧友。发烧友，不必真阔，第一却得狠心攒一笔大款子，略略出于、或远远高于自己的收支状况，而锁定目标，咬牙花了它，抱回那朝思暮想的玩意儿。

据称，按照音响使用的种种规矩：功放怎么放，放哪儿，喇叭又该怎么放，放哪儿，收听时又该落座在哪个最佳方位，如此这般才能收到最佳音效云云，同舍命讲究、精玩此中学问的发烧友比，都算小儿科的。你得专备一间房间，单只为了搁置音响，收听音乐。墙面、地毯之类，都得配套，安置时，还不能自己动手，厂家有专业技师亲临安置。好比德国货（恕我无知，不能提供厂家、品牌、型号、功能，尤其是价格），那就得请德国佬专程飞过来一趟，不消说，机票、开销，您掏钱。这类音响，可不是成批生产搁在店里卖的，那整个儿就是一项工程。有人这么干？有。听说（这种事总是“听说”）一位朋友的朋友，住在伊利诺伊州，特意在自宅花园掘出个大空间，装修好了，钻进去同古典大师们做听觉的神交。发烧，得要发到这份热度，那些个超级音响超级科技，这才肯使出浑身解数，同你朋友一场啊。

前年在洛杉矶阿城那里玩，有一天，他上会计师那儿办交税，回寓后，神色有异。一问，原来给他撞上这位会计师是个超级发烧友，还请他听了一耳朵，果然：专辟一室，平日锁着，不作他用。进去后，阿城给请到一张特制的椅子上，接着灯就全熄了。忽然，主人将座椅怎么一弄，阿城就“唰的一下”给弄得平躺下来。“吓我一跳！”他说，“就跟给摁倒在剃头铺的躺椅上一样。”

音响效果呢？没法说，也不必问。阿城，是出了名的会讲故事，我常故意问他：这是文学呢，还是事实？其实我信。就说这一段，虽则不闻其声，也当如临其境，之后，两个老知青纳头抽烟，好久不说话。

我爱看围观者。对“音响事件”，我所折服的是发烧友们，好比共产党员，他们是一群由“特殊材料制成的人”。他们有的是绝不轻言罢休的欲望，敢作敢为的勇气，还有天经地义的享乐哲学。音乐，音响，究竟哪一样才是他们的福祉？总之，那是一种人类才有，又被人类赋以艺术的名义而能永不疲倦的物质热情。

一九九六年六月

上图：曼哈顿大型唱碟连锁店倒闭后的门面。十多年间，我的几乎所有碟片都是在这里买的。下图：莱比锡圣约翰教堂对面的巴赫音乐书店。

再谈音响、唱碟、听音乐

遵编辑嘱，他说，自己的CD收藏，也无妨写来荐给大家听。

我的CD，量少、面窄，谈不上收藏。少，因为不是发烧友。窄，一是因为少，二是买了的，未必见好，没买的，也并非不喜欢——少年时，我想听，甚至想去偷唱片，可是想到脑仁儿疼，也不知上哪儿偷得到。如今，每次在纽约唱片行瞧着密密麻麻层层叠叠千万张CD，无从下手挑，还是脑仁儿疼。“收藏”近十年，卖掉送掉过半，我的取舍只为两个字：耐听。目下，自以为值得推荐给“爱乐者”的版本，不过如下几枚：

卡尔·伯姆（Karl Bohm）指挥，贝多芬第九交响曲。

里卡多·夏伊（Riccardo Chailly）指挥，勃拉姆斯第一、第二、第四交响曲。

卡拉扬指挥，苏菲·穆特小提琴独奏，贝多芬小提琴协奏曲。

尼科劳斯·哈农库特（Nikolaus Harnoncourt）指挥，莫扎特歌剧《后宫诱逃》、《女人都如此》、《唐·乔万尼》、《魔笛》。

克劳迪奥·阿劳（Claudio Arrau）钢琴独奏贝多芬朔拿大作品第二十七号之一、“热情”、第一〇九、一〇六、一一一号。

塔里赫四重奏乐团（Le Quatuor Talich），全本贝多芬弦乐四重奏。

我的趣味，自然远不止这点曲目，以上，是我听到现在仍然无话可说的版本。

自从有了音响、CD，你钟爱的音乐家、音乐曲目、音乐类别，同你最满意的演奏家、指挥家、录制版本，就此分成两回事。在绘画世界，每件经典都是各自称王的，印刷品再忠实，再精良，也不敌那独一无二的原作、真迹。音乐无形，有形的，只是乐谱和手稿。我曾在大英博物馆隔着玻璃细看从巴赫到瓦格纳的手迹，它们历历在目，一声不响。

什么是音乐“原作”？又该如何定义？这里的电台常有新版CD广告，记得有套伯恩斯坦专辑，广告一播，先是贝多芬“第九”第四乐章的首句，随即就听一位男子昂然念道：“由于伯恩斯坦，贝多芬才具有伟大的力量！”

怎么办？倒好像贝多芬先得留下红利分给日后的伯恩斯坦们。现在老伯死了，贝多芬的“伟大力量”又该记在谁的账上？录音设备？还是发明、完善录音技术的一代代技师与科学家？

我不喜欢伯恩斯坦，只收藏他两枚CD，一是柏林墙倒塌后他指挥的“贝九”，看在历史的面子上，作文物收着。另一枚是他指挥的莫扎特《安魂曲》，给封面设计诱惑片刻，买了，听了一遍就送了人——好在我不是音乐家，不怕担“臧否人物”的罪过，又好在我是唱片行的消费者，有权取弃。直话直说：CD市面上当红的指挥家，听了又听，如克劳迪奥·阿巴多，里卡多·穆蒂，小泽征尔，祖宾·梅塔，帕尔曼，斯特恩，海菲兹，布兰德尔，我都不喜欢，不收藏。卡拉扬、海廷克、丹尼尔·巴伦博伊姆、柯林·戴维斯、阿什肯纳齐，我佩服，有保留地喜欢，选择时很小心，很犹豫，他们次品较多。当红的明星，有当红的道理，某一曲，某一段，好的，但我取弃的原因，是耐不耐听。

为什么不耐听？这就是评价CD的难处：音乐无有“原作”。或者说，凡曲目上演，CD上市的，全是原作。贝多芬在手稿上断然批示：“必须如此！”我猜，后人亦都在诚心遵从他的“必须”，结果呢，仍有许多截然不同的“如此”。我常在唱片行手端同一曲目的三、五版本，逐一查核诸乐章时速差别，从未遇到哪两个版本分秒一致。从作者、演奏者、听者三面看，恐怕没有比音乐更为主观的对应关系。人人拜倒的名曲，难以设想一个人人拜倒的演奏版本；一曲经典，又会出现许多版本，各有各的好。这情形，倒是可以叫做“一花独放，百家争鸣”，不必，也不可能获得结论、定论、公论。

我不信任CD的文字介绍，也不信任年度获奖CD名单。就因为张张CD都是“原作”，我非得自己听过，而“自己”也难信任的。购买CD，其实是个无止境的上当过程。你不可能拆开封套，听过，再付钱，即便回家初听尚好，再听，乏味了，弃置了。比较稳妥的办法，我以为一是收听无线电，好版本响起来，赶紧备好纸笔，等曲子结束后听播报指挥家、演奏家是谁，乐团又是哪家。然而年复一年地听，好东西还是可数。另一办法，即由自己格外信赖，趣味品鉴均十分投契的朋友介绍版本，既听且聊，尔后买下，私人的口碑，永远比商家的广告可靠。

好。绕了半天，来说说以上几枚我所得意的“收藏”。不过对挂一漏万的这么几枚，我只能提供一份偏见，一组形容词，一个音乐外行的絮叨。

先说“贝九”。我有六个版本，听过的，不下二十个版本：问题可能出在这是如雷贯耳的“贝九”。多数指挥难免指挥得过于用力，结果，我们听到的是企图“伟大”、“崇高”的诸般挣扎和努力，而不是伟大，不是崇高。伯姆的这版，是临死前的录音。怎么说呢，他中规中矩，让“力量”自己发生。伯姆是德国派指挥家的老姜，诸位发烧友该比我更知道的。我有他指挥的莫扎特交响曲第三十八、第三十九号，也好。

对于叫做“风格”的那种东西，对于个人才情和表现手段刻意张扬凸显的作品，我敬而远之。再举一例：指挥勃拉姆斯，也极易刻意为之。勃拉姆斯已经是个“刻意”的“贝多芬”，我们可别再刻意对待他。勃拉姆斯式的恢宏博大，兴高采烈，以及日耳曼人的盛怒与威严，往往在明星型的指挥家那里被夸大其词，而词不达意了。年纪很轻的夏伊不然。他也懂得，并精于让力量自己发生。他并且很懂得勃拉姆斯委婉的一面。

夏伊的版本极少，没有次品。罗西尼的序曲，我以为他指挥得最好，罗西尼的喧哗热闹，在他手里变得镇定、纯粹了，剧场性转化为音乐性，而且仍然十足罗西尼。

浪漫派的歌剧，我只能听选曲。我偏爱全本歌剧的均衡与整体感。哈农库特驾驭莫扎特歌剧，把握均衡与整体胜于其他指挥家。明星如詹姆斯 · 莱文、里卡多 · 穆蒂、乔治 · 索尔蒂，歌剧版本多，声色富丽，全局却每流于涣散，更在巴洛克歌剧的精神传达上见绌。

海廷克也善把握整体，气势连贯，但他的强度与巴洛克气息，略逊哈农库特。

歌剧的临场观看与在家静听，效果大不同。凡给我“看见”的歌剧，都好，因为眼睛很忙。

在家静听，最计较是室内乐与独奏。拿破仑说：“大就是美，足以掩盖一切瑕疵。”对不对？交响乐仿佛如此，独奏不然。浪漫派的独奏小品多珠玉之作，但市面上有太多不忍卒听的版本，全是名家弹奏的。比如肖邦作品的CD，我至今不敢贸然买，巴洛克的东西，“个人”、“才情”不易介入，海顿、斯卡拉蒂、巴赫的大部分独奏就像背书朗诵般过一道，好听，那是原曲好，十八世纪之前的作品，同浪漫主义美学比较而言，那时的人，还无所谓“风格”之说。所以儿童弹奏巴赫，我都爱听，儿童不晓得什么是“个人”，什么是“风格”。

阿劳死了，我有时会想到他。在我，他比霍洛维茨耐听。老霍那是星宿下凡飘到音乐厅，他的琴声琴艺，那是风流精辟，而台底下有人围着听。昆德拉讨厌他（兼以讨厌拉赫玛尼诺夫），有道理的，虽然我疑心其中或有捷克人对俄国人的宿见。阿劳弹琴是给自己听，沉静内向，周围是空旷的。叔本华谈音乐，以为即便没有人类，宇宙间也会有音乐，这话，先就是人在人间说的，但点出音乐的神性。独奏珍本，听来僻静、安详，全然的孤单，仿佛只是音乐自己在听，你正好悄然在场，也听到了。

阿劳八十年代的版本，苍老浑朴，有跌宕断续之美。晚期弹贝多芬朔拿大，乔里尼弹出伟人的性格，阿劳弹出大师迟暮的境界。柯林·戴维斯指挥，阿劳独奏的贝多芬钢琴协奏曲，尤其是第四阕，我以为是同类版本中最厚重的。这种厚重感，倒是二十世纪的演奏美学。

想到明星演奏家，就想到舞台，及台下满满当当的人。电视播放帕尔曼访问前苏联，前呼后拥，他呢，借张爱玲的形容词，是“做张做致”。他奏帕格尼尼，不二人选，但在俄国人面前拉柴可夫斯基第一号四重奏慢板（那段把托尔斯泰惹哭的民歌调子），简直轻佻。另一位美国小提琴明星伊萨克·斯特恩，七九年访华而有纪录片《从毛泽东到莫扎特》，我看了生气：他动不动就叫音乐学院的孩子停下弓弦，自作聪明地说：“要有表情。”于是花枝招展示范一番。后来，他听一位年仅十岁的男孩用大提琴以毫无表情的方式演奏巴赫，老头子不吱声了。镜头直指他那张肥脸：分明是妒嫉的表情。

前几年在乔治湖一场晚会上听那已经出国的男孩演奏，他长大了。我告诉他，我以为斯特恩妒嫉了。他咧嘴笑道：真的？！

现在我要郑重介绍捷克塔里赫四重奏乐队，那是阿城郑重介绍给我的。那四个人的演奏，不是好，精彩，而是厉害，凶狠，不得了。大概因为关在铁幕里吧，中欧、东欧的天才们只好将性命全般寄托给艺术了。我自以为在该乐队找到了“原作”：四重奏的原作。纯粹的素描，素描中的极品，干净、清澈、牵动神经。欧美四重奏名团也听过不少，同塔里赫比，散漫浑浊，修饰的，软绵绵的，太生或太熟，有欠雕琢或过于雕琢。听塔里赫，既是弓弦的语言，又是心灵的语言：全然自在自为，音乐与音乐的对话，或生猛决断，或甘冽温存，以至气若游丝，塔里赫转换语气呼吸时最是令人吃惊而折服。而且塔里赫版本音质绝佳，发烧友不是苛求音质吗，听听看，那是直见性命的质感。

塔里赫只出了贝多芬、莫扎特、巴赫的全本四重奏，包装简陋，甚至连份该团简介也没有。只知该团的灵魂人物，即塔里赫先生。

卡拉扬、穆特，大家熟悉。穆特长成美人了，每奏完一段，立刻抬头朝着指挥憨笑，美人加天才的憨笑。美国，还是奥曼迪的费城乐团过硬。美国有一件孤零零的大师级作品，八九分钟，是塞缪尔·巴伯的《弦乐上的柔板》，我听过十几个版本，奥曼迪最好。七二年他率团访华，指挥钢琴协奏曲《黄河》，唱片上有他和江青的合影，我居然听过这枚陈年唱片，很好：正派、真挚。

才情功力，有时不及真挚要紧。哪怕刚好获得一片真挚的“背景”，甚至真挚的假象。贝多芬“第九”我还偏爱一件早

上图：布拉格西岸通向皇宫的台阶。下图：布拉格旧城区北端靠近犹太区的一处宁静门庭。不知塔里赫的四位乐手住在哪里？

已被遗忘的老版本：严良堃同志一九五九年国庆十周年录音。它比西方许多“贝九”版本，比小泽征尔一九八一年来京指挥中央乐团的“贝九”，都要好得多。为什么？因那时我们的大神话还在，我们不知道自己多么真挚。

一九九一年，我听纽约合唱团出演“贝九”，简直业余水平。合唱起来后，声部溃不成军。这就不是真挚的问题了。我常在想，也许非西方文化的国族在朗诵西方文化语言时，有种天然的真挚足以哺育奇特的功力，焕发充沛的才情。不少亚洲演奏家在此间独具一格，是不是这缘故？二十世纪是个演奏的世纪，演奏，是技巧加上领会，因此演奏这片天地遂天然地开放给西方文化以外的人。

然而明星如马友友，近来我不那么喜欢了。他是“教养”上的而不是“本质”的“西方人”。我听过两位欧美大提琴家（忘了名姓）演奏巴赫，听出一项区别：前者是卓越的表达，后者是自然的流露。

说来说去，言辞而已，总之还得坐拢来听。可是听得越多，可取的越少。这是不是雅文化的尴尬（流行音乐无所谓好不好，只看你要不要听）？记得在中国，只要是古典乐，所有版本我都欣然认同，没有意见，怎么现在弄得这样子挑剔。

忍不住又要说到消费文化。当今西方音乐，不论古典、流行，这样地繁荣昌盛，不是音乐文化使然，而是投资运作构建而成的艺术景观。“文化工业”走到今天，早已不是“为消费者而制造商品”，而是“针对商品而制造顾客”。捧角儿，争场子，古已有之，莫扎特小小年纪就戴着假发满欧洲“走穴”去了。问题是当年维也纳与巴黎伦敦的“听众”，和今日西方的“顾客”，有什么不同？当今顶尖的乐评“家”与音乐“人士”，和当年作为歌德音乐秘书的门德尔松，和亲手撰稿办刊物的舒曼，又有什么不同？

大陆有一出电视连续剧《武生泰斗》，讲的是民国时期的夜夜京剧，那时，军阀警察，市井无赖，都爱戏懂戏，一位长年“蹭戏”、站在过道暗角落里喝彩的清末遗民穷死了，老主角长叹一声：“您这一走，真懂戏的人可就没啦！”但戏班子上上下下还是没人敢轻忽：一句唱腔走板，半个筋斗翻错，台底下的倒彩，可就喝起来。九十年代的北京京戏看客中，懂得喝倒彩的爷们儿不敢说绝迹，但吉祥剧院一拆，便是在新场子里那么一喝，味道也异样。

你看西方的CD评语，全是说好话。乐评家、经纪人，有时只是同一个人物在不同年龄际遇中的权宜之计。古典音乐早已从宫廷沙龙里解放出来，还诸民众了。民众拿什么还给古典音乐？我看大概就是唱片行每年每月的利润吧。上当？消费者就是冲着上当来的。

大陆中国终于抖擞精神步入消费时代了。朋友——上海人现在作兴叫“朋友”——您上过几回当？

一九九六年六月

德军包围列宁格勒（1990年复名圣彼得堡）期间，肖斯塔科维奇在聆听他的交响乐的排练。

三谈音响、唱碟、听音乐

上回杂谈CD，意思是咱们别去轻信名牌，其中对几位所谓“世界著名”演奏家指挥家出言不逊，有欠恭敬。最近在台北买到尼可拉斯·柯瑞奇写的《流行阴谋》，则他简直是在拆人家世界名牌时装大生意的台。他历数纽约、巴黎、米兰、东京诸位超级大牌服装设计师如何如何会同媒体、商家、模特、名流联手炒作，在“国际”时装界呼风唤雨的种种肮脏内幕。我边读边想，假使没有芸芸消费众生的趋之若鹜，“流行”岂能闹得起来？“阴谋”也未免说得太重，中国俗话，这叫做“愿打愿挨”。

我倒想问问柯瑞奇先生：听说过“阳谋”这句话么？

英文没这词，便是告诉翻译此书的台湾书生，也得解释半天出处来由，解释了，对岸的同胞怕也未必弄得明白。

就算这阴谋阳谋被一道道识破看透，爱美者要打扮，爱乐者买CD，究竟如何是好？所以我每进唱片行，总是头疼。老办法，是蹭到朋友家听，几回一听，最近又得知几位真人，如指挥家加德纳（Gardner），平诺克（Pinnock），小提琴家斯坦奇（Standage）等等，都不凡。只是选购CD，置办音响，到底还是个经济问题。最近本人也听了一回超级音响，是勃拉姆斯《第二钢琴协奏曲》，首句圆号吹响，一时真所谓“气象澄清”，危坐着，听着，我不禁动了俗念：这声音可就是大堆的钞票啊！

然而敌不过现场演奏。今年开春，得朋友赠票，我在好几年没去过的卡内基厅听了一回德累斯顿乐团的专场。散场后，我打定主意写给诸位爱乐者一项顶顶朴素的忠告：暂且关起音响，收起CD吧。假如您果然在乎音质，还是老老实实坐到音乐厅去，支起耳朵听。

票价60美金，折合人民币近500元。票主是一位美国雕刻家，临时两口子要赶去西西里岛看一处新出土的文物，于是票归了我，套句北方话，是天上掉下块馅饼（小小的），刚巧砸在我头上。其实六十美金一票，以此地收支，不算贵的，去纽约夜夜开张的音乐厅，也不尽是阔佬。实话实说，美术馆七八元的门票，我也尽可能捡每周一次学生场时段才去瞻仰几小时，那几小时，票价随意给。所以真抱歉，刚才的朴素的忠告，只好收回，作废，回家拥抱音响和CD，同那些个阴谋阳谋讲和吧——以音乐的名义。

以音乐的名义，近来我是连CD也不愿多买。东西一旦归了自己，就此冷落，满架画册，一年难得翻几回，看来我到底不是发烧友。大而言之，写家写书，画匠涂抹，都不能作“发烧”解，爱音乐，玩艺术，同音响、CD，甚至同音乐现场表演，并不非得是一回事。怎么回事呢，这就不是说不说实话的问题了。要说，我得借一个陈腐的词：音乐，艺术，端看在不在“内心”。

霍索夫斯基（Horszowski），波兰钢琴家，活到九十多岁。我听他两枚独奏CD，听到异样的杂音，拧响一点，原来是老头子自己哼唱手下正在弹奏的旋律，喉音，沙哑，不成音调。他得意了，忘了正在录音（谢天谢地，录音师没有叫停）。

再举个例：柯罗，十九世纪法国风景画家，酷爱音乐，有一回，巴黎上演罗西尼四重奏（“这是我晚年不可饶恕的罪过”，罗西尼如此笑称他的小品），柯罗有票，但他送了朋友了（大画家杜米埃暮年的居所，也是柯罗偷偷赠送的）。到了开演的那天，他在家兀自作画，一边哼唱罗西尼，一边自言自语：是的，他们该出发进城了。他继续作画，直到天色暗下来。哈！老先生又自言自语：他们进了音乐厅……现在，演奏开始！

霍索夫斯基为什么失声哼唱？他在不在听自己演奏？至于柯罗的那个欧洲，当时还不知道什么叫音响、CD。

我，我们这些出身中国而稍有岁数的音乐爱好者，经历过不许听古典音乐、没有音响的时代。近年我常在想，那时，我们倒是有过音乐生活的。那也能叫做“音乐生活”么？真的，我以为能。

其实，我根本没法子证明少年时借来的那几枚唱片在当年转动时，演奏、音质究竟怎样。实在说，我仅止以全部的音乐感受，靠记忆拼命默诵。不是古典音乐（何其有限的几首曲子），而是空口为凭的默诵，一路照亮我青少年时代的“内心”。

说“灵魂”也可以的。俄国人甚至在上世纪以解剖人体来找寻灵魂，结果自然是没有结果。

我无法形容如何被“照亮”。我记得，二十年前插队苏北，有一天在风中反复默诵贝多芬《第九交响曲》第一乐章，并终于自以为背出第二声部的一组迅速推进的旋律时，心中狂喜（人生总有零星片刻的狂喜，经常会被想起）。自从播送古典音乐在中国被“恩准”恢复，自从我被“恩准”出国，眼界耳界大开，我心里知道，这样一种愚蠢的狂喜，从此逐渐地、不知不觉地失去了，或部分地转化为另一种状态。记得那年去意大利，归程中我若有所失。那个由我的想象苦心营造的文艺复兴国，就此被真的意大利（当然，美不胜收）大规模纠正、覆盖，找不回来了。在意大利导演帕索里尼的影片《坎特伯雷故事集》中，他自己饰演大画家乔多，领一群弟子为教堂画壁画，大功告成那天，钟声齐鸣，脚架撤去，“乔多”仰看壁画，忽然说：“为什么要画出来？梦岂不好得多！”说完，电影就结束了。

可是梦中（或记忆中）的画面是不能随口哼唱的，而我们与艺术品的往来，仅只短暂渺茫的一瞬。音乐好在倏忽，所谓时间的艺术，灵界的艺术。电影散场，书页合拢，你赖在经典面前不走，美术馆是要关门的。逛美术馆多累啊，大部分画作（呕心沥血）我们看一眼就走过去了。中国人爱说“眼见为实”，比如王右军手迹，芬奇的真本，你是指眼见的那几分钟（至多几个时辰）？还是指确凿记得你曾见过？我常会扭头去看那些在名画前伫立良久，被催眠似的观众。

请暂且关掉音响，收起CD吧。深巷的琴声，即便是初学者的练习曲，也动听的（不过可别是上海我家隔壁那对男女大白天叫唱卡拉OK）；很久很久没有音乐，终于听到了，你会在乎演奏版本么（一位北京女作家自述：出狱当天，她回到家就放听《培尔·金特》组曲中的“黎明”）；在意想不到的地方、场合，听到你意中的熟稔的音乐，又是何等惊喜（想想看，谁没有这种经历？）；没有音乐也无妨，在一群半生不熟的朋友中，有一位与你聊起音乐，趣味相投，“音乐”即已在场。电影中的音乐（当然是指好的配乐）会使你神旺，骗你下泪（因种种理由，或毫无理由），但不少中国电影中的主题曲却使音乐为音乐本身所损害，并殃及电影。高明的纪录片绝少配乐，但能听到记录现场的音乐，或仅仅是声音。那是什么音乐、声音，不重要的，在日常“情境”中，音乐有时比音乐会更有效地呈现音乐，表达音乐。是的，音乐需要情境，有时，音乐就是情境。但音乐并不分分秒秒需要台下的听众。

可是耳朵永远醒着。你所痛恨的音乐（想起被侮辱、批斗？），别人的葬礼或婚礼上的音乐（只是路过、听到），别离时火车站激越吵闹的音乐（现在火车站倒安静多了，少了什么？），还有如今无所不在的广告音乐（并不都难听的）。那不是在欣赏、品鉴，那是生活中的音乐。生活中的音乐也能转化为音乐生活，甚至艺术。电影《阳光灿烂的日子》，晚上八点半，新闻联播结束，国际歌，胡同少年分头会齐，大打出手。

任何音乐都可以被再度倾听，再次确认。音乐不知道自己的命运，不知道谁在听。超级音响却在一开始就被赋予明确的任务，即层层唤醒耳朵的功能。器官是需要验证的，然而再灵的耳朵也难参与音乐的想象。指挥家演奏家在台上所听到的乐队的声效，必与我辈不同，帕瓦罗蒂、卡拉丝又怎样倾听自己的歌声？我们的耳朵尚有许多永难测知的境界，音响、CD，不过是音乐的诸般境界之一。狗、驴，或一匹兔子对人类的音乐作何感应？它们也是生灵，耳朵比我们大而长，还老是竖着呢。

最后，乐曲的诞生用得着耳朵么？海顿在自己的音乐会中忽然站起来叫道：“这不是我写的，这是天启，上帝的通知！”你、我怎么没有听到？“音乐”，在一位散步冥想的作曲家耳中（抑或心中）究竟如何发生？因为最后，我们的贝多芬是个聋子。

万籁俱寂。

前天，我刚读了博尔赫斯文集。他是瞎子，所以其中一篇谈到失明。他心平气和地说，失明对于文学家并不如人们想象的那么悲惨，他居然列出一串文学匠师的名字，都是先天或后天的瞎子（乔伊斯则是个独眼龙）。我想起可怜的奥斯特洛夫斯基，那位化身为保尔·柯察金的苏联红军青年，想必在西方没有名气，他，也是个瞎子。

在文章中，博尔赫斯还说了这么一段话，大意是：早先希腊人将那个很可能子虚乌有的荷马说成是瞎子，乃是经过深思熟虑的。

聋子贝多芬，确有其事，确有其人。是命运、上帝，还是音乐女神存心使他双耳失聪？顺着瞎子博尔赫斯的意思，能不能说：那也是一件经过刻意安排，并由贝多芬合作完成而万世流芳的阴谋？

一九九六年九月

十九世纪晚期的一尊贝多芬雕像

纽约，曼哈顿，时代广场：百老汇大道、
第7大道、第45街交叉口,一九四五年。

浮光掠影百老汇

上海《音乐爱好者》最近又来催稿了。这回写什么呢。手边有一册北京版的《爱乐》丛刊第六期，其中张佺先生的《美国音乐剧纵谈》，资料颇多，我读了，要么就跟在张佺先生的“纵谈”之后，“闲说”美国音乐剧吧。我原以为关于音乐剧——美国人俗称“百老汇秀”（Broadway Show）——的文字，应该投寄到《戏剧爱好者》去，但不晓得国中可有这么一册戏剧丛刊。

也巧，我的画室，就正在纽约音乐剧剧场集中地区附近，差不多天天经过那一带的。

“百老汇”，英文路名，南北向贯穿曼哈顿全岛。上端经第116街哥伦比亚大学西门，下端与华尔街接交，全程毗连两百多条东西向横街，是全市区井字形街阵中唯一一条斜向的长街。此外，纽约各岛，乃至全美国各大都市，几乎都有这么一条大街名叫“百老汇”——何以美国音乐剧却以“百老汇秀”口口相传？

纽约上演音乐剧（不是歌剧）的几十家剧院，全集中在第42街至第57街之间。百老汇，只是穿过这十多条街口，而百老汇最热闹最著名的段落，也就在这一带。大名鼎鼎的《纽约时报》报馆，就设在第43街，从十九世纪起这里就叫做“时代广场”（即“时报广场”）。

这“时代广场”的面积，不及天安门广场百分之一，也不及上海人民广场一角，但在纽约却是名胜。每年最后一天，几十万纽约人就挤在这儿守岁，只等零点钟声敲过，全体狂喊“新年快乐”，胡乱拥抱，扔一地酒瓶子。国中留心摄影的朋友，可记得一幅著名的历史照片：一九四五年宣布盟军胜利那天，一位凯旋的美国大兵在街头拦腰抱定一位陌生女子，俯吻香唇，弄得那小姐腰腿都弯下去了（早年间守岁的风习，凡不相识的男女是可以在时代广场接吻的）。此情此景，正是在百老汇街、第7大道、第45街交汇口最开阔的街面拍摄的，细看背景，还能找到当年的路人。后来，曾有几十位男女登报辩称自己就是照片中的主角，直闹到八十年代末，此事才有了定案：两位年华老去的男女，有名有姓见报了，在那一抱、一吻之后，他们既没相恋，也未联络，各自在外州成家立业。详情我记不得了，反正在那张照片上，他俩一直吻到今天，还得吻下去，弯着身子，而且永远停在时代广场的百老汇街、第7大道、第45街交叉口。

一出百老汇音乐剧的故事大纲，至少，也凑得成欧·亨利式的短篇题材吧。

时代广场的题材，似乎都沾点戏剧性（有一出演了几十年的百老汇秀，就叫《第42街》）。同咱中国人有关的，就我所知，远者，三十年代梅兰芳博士来访纽约献艺，即在此地。那年代，我们的父辈还是儿童，所以几次向当地人或华侨打听梅先生出演的剧院，均不得要领。近者，就是一九九一年八月十八日晚上，旅美中国画家，曾被浙江美术学院除名的林林同志在时代广场西侧好端端给路人画像，被一个歹人用手枪打死了。距林林中弹地点十余步，是Milford Plaza大酒店，专程来看百老汇的外国、外地游客们，常在那家酒店下榻，每到华灯初上，看戏人就打扮停当，在酒店偏厅用过晚餐，又在大门口呼朋引类站过一站，七点半左右便朝向几十家剧院灯火通明处踱过去。八点整，一场场百老汇秀就开演了。

林林殒命的时刻，据说是凌晨一点钟前后，那会儿，时代广场街区就跟白天一样热闹的。

记得那年九月我随一伙中国同行去祭悼林林。到达时，已经有一只纸板箱搁在他遇难的墙角，箱面上是死者遗像（复印的，很模糊）和几枚点燃的蜡烛。时在六、七点钟之间，下班人潮和酒店进出的千百双皮鞋、高跟鞋、衣裙下摆，及人手一只提包，掀起阵阵疾风，把烛火煽得来回直抖，几几乎给吹灭。林林，是那年纽约市一千三百多名死于非命的鬼魂之一，虽说因为他来自中国，又是艺术家，报刊电视早为此案发了显著的消息，但见多识广的纽约人，还有那夜兴冲冲赶剧院的游客们，谁会格外动心呢。而况纽约人走路是出名的快，有一出百老汇秀某场启幕，就只见几十位男女演员扮成纽约路人在台上来来回回风风火火足足暴走一分钟。

祭悼一过，就游行。路线是早经申请并规定好的，从第44街拐到时代广场兜一圈。由于是“少数民族”，又事关命案，这一带“片警”特地出动二十多名摩托骑警在队伍外沿（其实游行者不过五十来人）排成一线，头戴钢盔，一路靴跟点地，随同我们的步行速度缓缓蹭着，伴着，严防意外。口号是随你喊，但效果形同那几枚风中的蜡烛：途经上演《歌剧院幽灵》的Majestic剧院，正是入场时间，人都漫到街上来了。再走不远，Astor Plaza电影院适才散场，人又漫到街上来了。队伍还成什么阵势呢，而且用英语喊口号泄公愤，既不顺口，又叫不齐整，偶有侧目驻足的洋人，只为习惯性地让让道，兼看一眼警察的摩托车阵吧。一转弯，时代广场到了，游人如织，灯光大亮，这儿是全纽约超尺寸广告牌和霓虹灯最集中的地段：CK的内衣内裤，SONY牌电子屏幕，柯达胶卷荧光看板，闪烁灼目铺天盖地，再就是刻下正在上演的百老汇秀巨幅广告海报：《相见圣路易斯》、《维克多与维克多利亚》、《西贡小姐》、《猫》、《悲惨世界》……这世界索性一片“悲惨”，也叫痛快，可以成全一本书、一出戏，可是入夜走在热闹喜气的时代广场人流中，又在为亡友祭悼游行，这时，你倒给“世界”来下个定义看看！

言归正传。不过美国音乐剧的“正传”，张佺先生已经“纵谈”过了。我能向诸位报告什么？

譬如《猫》剧剧场，整个儿是用仿制的街头大件垃圾组构的，扮成众猫儿的演员就从观众座席的各个角落夹道蹿上舞台，正像是猫的随处出没。《西贡小姐》中美军撤走一幕，一架真的直升机轰轰烈烈降落在舞台中央，机头螺旋桨的疯狂旋转声震耳欲聋，前排的看客头发都给吹得疯子似的。而冉·阿让步出监狱，一路在《悲惨世界》看到的景观，是由巨大的圆形旋转舞台载送农工士绅一截截掠过聚光灯下，随后没入黑暗，你以为阿让在“走”，其实他一边昂然唱着，一边在旋转台的旋转中迈着肥腿反向逆走，一刻也不曾离开舞台正中投射在他身上的灿烂光芒呢。

但这些玩意儿同音乐剧的“音乐”没关系。说起《魔笛》、《卡门》、《波希米亚人》，诸位即便没看过，也或许能着即唱几句剧中的名曲——那年，一位从前苏联迁来纽约的罗斯托夫男子做了我近邻，他英文说得吃力，索性唱起古典歌剧段子，我也居然应声跟着，双方“谈话”立即“畅通”——百老汇剧在英美固然家喻户晓，但不像古典歌剧中的“歌”可以脱离歌剧“母体”，在“世界”范围传唱的。中国传播过美国音乐剧吗？又可曾传唱开来？即或年轻人当作流行歌唱了上口，是否知道出处？一九九三年，我请一对北京画家观赏《猫》剧，出场后，他们惊喜地说：“啊呀，原来是这首歌！我们早就会唱的。”哪首歌呢，就是剧中的主题歌——众猫儿之中，有只最丑最脏，连猫类也要嫌弃的老雌猫，临死之际，她可怜兮兮唱起来：先是轻吟低诉，逐渐放声，最后呼天抢地一迭声哀号：“Touch me! Touch me! ”（抚摸我，抚摸我！）我听着，毛骨悚然，隔座传来像是噎着呛着似的剧烈咳嗽，偏头看去，一位纽约胖男人正在洪亮地抽泣呢。接着，舞台上方降下一个金光万道的巨大物事，那濒死的丑猫（其实是个美丽的女演员）浑身披挂着褴褛破衣（像极了从泥塘或阴沟里捞起的猫儿），歪歪斜斜登上去，融化在金光中，缓缓“升天”了。

打住，又扯到视觉上去了。

我是个“音乐爱好者”。准确地说，一个古典音乐爱好者。除非亲自坐在剧院里，我从未独自倾听百老汇剧的音乐，更不会收藏这类唱片。再好的电影音乐，一散场，我也没想到过要去买唱片。是百老汇剧音乐不好听？说实话，听那只“雌猫”用美声哀号，还有《悲惨世界》里那位为单恋所苦的穷姑娘在月光下唱的咏叹调，我都给鼻涕眼泪弄出来。我所看过的七八部音乐剧，没有一出是不动听，不动人的。但凡国内朋友来访，我都劝他们看一场音乐剧，假如我打定主意花闲钱，也宁舍古典歌剧而取百老汇秀。知道吗，当《歌剧院幽灵》在洛杉矶巡回时，据说一位太太订足了四个月期间的每一场票，天天晚上去她的包厢报到呢。

在家静听古典歌剧，我从未想要特意地去看。此地什么歌剧都在上演，每周六下午电视电台就有歌剧专题节目，全本转播，连同幕间的名角儿访谈。歌剧，巴洛克时期的我要看，可能因为宫廷服装满足了我对巴洛克古典油画的情结，但美国人演欧陆的剧情，听唱可以，观看，却到底大欠气质。浪漫派的大部分歌剧，以我的偏见，不要看，普契尼的《图兰朵》，简直灾难。纯就可看性，歌剧比百老汇音乐剧差得远了——再补一句：这是我的偏见。

古典歌剧可以不看而听，百老汇剧却能且听且看，什么道理？两者相较，怎样不同？张佺同志的“纵谈”均已有所诠释，但我自有一堆问题无法当面请教，此刻稿子还得写完，姑且先自胡说下去：

同古典歌剧相较，百老汇音乐剧算不算是给大众看的俗剧？不然。十八、十九世纪的歌剧，多半就是当时的俗剧，二十世纪归入阳春白雪一路，那是文化上的变迁，俗众雅众，是人也换了，雅俗的概念也在换。今天美国的平民百姓打扮停当去看一场百老汇音乐剧，算是风雅的情事，要说当下的通俗文艺，该是电视肥皂剧和好莱坞的季度电影。

说百老汇旨在娱乐，也不尽然。“纵谈”指出三十年代以降音乐剧内容已涉及伦理与政治，主题相当严肃，是大实话。在五光十色的音乐剧背后，其实充满美国意识形态，同中国文艺自古“寓教于乐”的传统如出一辙：劝善、报应、大团圆、英雄美女、人生无常之类，都有一套美国式的说法，逗得你哭哭笑笑，好不动心。百老汇剧向来还包括我们熟知的传统话剧，那可是正派极了，一路秉承易卜生、契诃夫、萧伯纳，以及美国二十、三十年代社会批判剧的余脉，一旦上了百老汇舞台，我们就得以高于北京人艺话剧经典《茶馆》水准以上的演出效果去想象之。八六年达斯汀·霍夫曼还亲自主演阿瑟·米勒的《推销员之死》，场场爆满，一时成为演艺界盛事。法国大导演路易·马勒最后的一部电影，就是在百老汇老剧院用百老汇名牌演员拍的契诃夫全本《万尼亚舅舅》。

此外，百老汇更有前卫、实验的一面。西42街和下城西格林尼治村那些通称“外百老汇”（Off Broadway）和“外外百老汇”（Off Off Broadway）的小剧场，是美国，包括欧陆演艺圈人士赏析和献艺的地盘，半由国家资助，半由私营，并不以大众票房为取舍的。当年布莱希特的先锋戏剧，及一次大战后同欧洲戏剧运动遥相呼应的美国新潮戏剧，就先是在这类外百老汇小剧场面世的。这样的舞台表演，我也去领教过几回，最小的场子像是家居客厅，观众可数，有时干脆沿墙放一排椅子，形同彩排，无所谓台上台下。邻座的观者，到某一场某一段，忽然就上前演将起来，原来他或她根本就是导演或编剧者，自己也兼一角色的。音乐，则就地搁一枚小型音响，配乐早已录制好了，免去乐队的开销。英、德、法、苏的小型实验剧，我都看过，实在有意思，有的好到叫人吃惊，吃惊这么好这么精的作品，几十个人看，市面上的百姓全不知——什么叫一个国家的“人文水准”，这情形恐怕就叫“人文水准”。所以百老汇之能够历演不衰，迭出新意，在创作理念、舞台设计、表演风格、音乐配置诸方面，往往就是外百老汇小剧场在暗中输送新血——可惜了是我这外行混在里头瞎看西洋镜，我猜，要是国中的戏剧专家来转转，会在这些昏暗简陋的小剧场内赫然见到当代前卫戏剧的大腕儿呢。

也可惜美国经济连年不妙，联邦政府狠心削减经费，弄得外百老汇的天才们筹钱无着，只能游行抗议，抗议游行。上个月到西42街尽头中国领事馆办理探亲签证，路过一排老字号外百老汇小剧场，门庭萧条，封了好几家，新戏广告也就格外显得触目，有一出叫做《飞翔的小猪》，海报上的小肥猪烫着小鬈发，还画一对小翅膀凌空扇乎着。

“俗”极而“雅”，寓教于乐，集大众喜闻乐见和实验精神于一炉的百老汇音乐剧，同国内的戏剧音乐爱好者至今缘悭一面。为了维持票房——总是客满，总是赚回票价——凡在大型百老汇音乐剧剧院上演的名剧是不准播映的。单说舞台效果，以我们在国内的观赏经验比附，则当年咱们的大型音乐舞蹈史诗《东方红》，庶几近于百老汇剧。

《东方红》是什么？什么都有：民歌、咏叹调加大合唱，秧歌舞、芭蕾舞加集体舞，连续不断的场景，片刻不停的激情，激情的波浪型公式是悲愤加伤感加崇高加赞美加豪迈加狂欢……统统加起来，就好比每一出百老汇剧所能密集提供的兴奋功能。怎么做到呢？现在想想，了不起的是那位（或好几位？当时是讲集体创作的）将一堆现成的中国近代歌曲、乐段以变奏方式贯穿调动起来的音乐家（或者应该叫音乐总监？当时是不作兴公布作者和职衔的）。不是有句叫做“戏不够，音乐凑”的土行话么？以六十年代中国准官方音乐实力论，《东方红》确乎是无产阶级革命歌舞大手笔。此后，八十年代开办迄今的一届届“春节联欢晚会”，也有点百老汇的意思，但面子上搅拌的是港台夜总会的声色效果，骨子里仍然沿袭革命歌舞剧《东方红》的老套路。然而虽经改头换面，似乎总归两头不像，而且不及。那原因，窃以为一半是我们的流行文化娱乐事业毕竟处于半生不熟、又大欠自在自为的阶段，舞台后的文化来源政治背景仍属单元的、国家的、官办的；另一半，则反证了《东方红》何以盛况难再、无以为继的原委：说是《东方红》式的革命文艺成果是为日后“文革”教条和动乱政局所断送，并不全对，其实倒是因为“五四”以来中国新音乐新戏剧可供借取周转的创作资源实在有限，既经《东方红》搜罗殆尽，倾力而出，手段自不免用完。十年浩劫后，虽造次再三，脱不了旧套，拿不出新招，又明明失去了那一代“革命文艺工作者”的激情与狂热。平心而论，《东方红》、“联欢会”，都算是国内歌舞人才的一时之选，歌舞水准的一时之盛，好看好听，可看可听的，只是轰轰烈烈一过，我们可以从当代中国的戏剧文化、音乐文化和舞台美学中，看出我们自己的深浅厚薄来。

我们有自己的戏剧传统、舞台传统。齐如山称作“无声不歌，无动不舞”的京剧（这八个字，移来形容百老汇剧的形神，倒也有几分贴切）。以我的浅见（或误解），京剧达于盛期时，乃成为一种“名角的艺术”。名角一代代凋谢，京剧便一步步失色没落。京剧有导演吗？导演对京剧有多少分量？齐如山不是导演，也好在他不是，否则便没有他与梅兰芳的美谈——如此说来，京剧的兴衰运命，名流、名角的存殁也该算上一笔，虽则在台湾，京剧至今还被俨然称作“国剧”的。

我还有个浅见（或误解）：作为美国“国剧”的百老汇音乐剧，姑且可以称之为“导演的艺术”。但不是我们通常所说的“导演”（出色的导演，在今日世界范围的“文化工业”中也可算是名角、明星），而是指一种“导演意识”——每一出百老汇剧给我同一的印象：它似乎与《东方红》一样，也是庞大的集体创作。《东方红》式的集体创作，服从于一个高于其上的党政领导与革命意识形态；百老汇式的集体创作，则服从于一种高于其上的“导演意识”兼商业集权。这话怎么说呢？每一出百老汇剧自然有它的灵魂人物：编剧、导演、美工、音乐创作者。一年一度的“托尼奖”，百老汇音乐的最高荣誉，就是颁发给他们的。在美国戏剧圈，这奖等于是好莱坞的“奥斯卡奖”，了不得，所以名角儿也有的是，好莱坞不少超级大牌，如茱丽·安德鲁斯（《音乐之声》女主角），尤尔·伯连纳（电影《蛇》与音乐剧《国王与我》的男主角），达斯汀·霍夫曼（《克莱默夫妇》男主角），就都是百老汇舞台剧出身，或成名之后，还上百老汇舞台证明功夫，自己也过过戏瘾的。可是百老汇即便名角儿换人，票价也不减，照样满座。我就看过A角B角演出的同一出戏，并不因换角而触目影响演出效果——怎么会呢?

我们谈论罗西尼、威尔第、瓦格纳，就等于在谈论歌剧，一如提起莎士比亚、莫里哀、田纳西·威廉姆斯、阿瑟·米勒，就在谈论英国、法国或美国的戏剧，今天，经典歌剧戏剧上演的水准、票价、剧评，又取决于出演的角儿是谁，导演又是谁——百老汇音乐剧的情形正好相反：似乎所有剧作者、音乐家的名字都被故意忽略了，忘记了，除了圈中人或研究者，老百姓谈论的总是那些脍炙人口的剧名。张佺先生的文章列出不少百老汇音乐剧历史人物的名姓，但在中国，这些名字即便对于欧美戏剧专家行家，似乎也仅是“资料”，而不是“名气”。甚至上演了十几年几十年的音乐剧剧名，也无关宏旨：音乐剧只有一个响亮的声名，那就是“百老汇”，一条街道的名字。

“百老汇”剧，认真说来不是世界性的，它真是美国的“国剧”，是纯粹的美国文化。大而化之地说，这大概就是所谓民主文化、流行文化的要义：它所要突出的，不是个人、作者，而是观众、票房；不是境界、风格，而是效果、功能。它是百分之百“为人民服务”的，具体地说，为人民服务的百老汇剧存心什么都要，又决定什么都不是：它融会、搅拌了歌剧、话剧、舞剧、杂剧、活报剧、街头杂耍、黑人音乐、酒吧娱乐，以至电影电视的种种招法。它是难以辨认作者的，因此每一出百老汇剧都是“相似”的，它像是大杂烩，五味十味俱全；它又不是大杂烩，因为当它走过一个世纪的历史（老美国、老纽约告诉我，它的黄金时代是在三十年代），终于成熟到判然有别于任何经典歌剧舞剧音乐剧的大型演出，并反过来影响、塑造所有英美舞台艺术时，它就同伟大的好莱坞一样，赢得了自己唯一的响亮的声名：“百老汇”，一条街道的名字。

那么前述“导演意识”究竟是指什么？看来我得赶紧改口称其为“制作配方”——所有百老汇剧的编导只是各尽其能执行并完善这一配方——然而这配方正是我无法回答的。在我遇到一位“百老汇”文化的专家指教之前，此刻只能借助于自己急不择言的三则比喻：

> 高雅的艺术，好比是酒。
> 民间的艺术，好比是水。
> 流行艺术呢，好比是饮料。

酒、水，难免有清浊浓淡、精酿粗制之别，所以高雅的艺术、民间的艺术，水准与品质往往相差很大。尝闻现今的中国艺评家每将雅文化或俗文化刻意渲染，强调前者的高明，或后者的生命力，其实这两类艺术作品中，好东西真东西并不多，一如劣酒和坏水，比比皆是。流行艺术呢，却又并不如正派人所鄙薄的那么不良、不行，或者反倒比高雅艺术民间艺术的普遍水准整齐划一得多。那理由，说来简单，因流行文化的性质，是做生意，目的是消费，对象是大众。大众不来，不买，不欢喜，文化生意就砸锅，而大众的一面，则并不求以“酒”解渴，又希望略胜于“水”，所以今日的美国大众，或简直可以说全世界摩登大众的文艺胃口，是天然地亲近于“饮料”的。那么，就来说饮料的品质吧：您可曾打开过一罐不堪入口的可口可乐？

然而可口可乐的神秘配方，向来是高级商业秘密，我扯了半天，对百老汇音乐剧的门道、底牌，还是茫然无知，只好请读者诸君多包涵。反正百老汇音乐剧乃至美国流行艺术的大宗买卖、上乘商品，您要上一回当还真不容易。假使哪位朋友一朝亲自看过，以为不佳，那我可有言在先：勿将饮料错当美酒是也。

好了。再说两件有关百老汇音乐剧的当地新闻：

其一，我画室所在西41街，有家废弃多年的老字号百老汇剧院“尼德兰”，最近修缮一新，公演最新剧目《房租》，风评大好，是讲曼哈顿下城穷艺术家和大学生租房生活的悲喜剧。去冬迄今，我每天看见青年人自带卧具，隔夜守候当天廉票，正价门票，则早已预订到九八年尾。上年度的“托尼奖”，《房租》击败所有竞争剧目，一举夺得十二项大奖，原先最被看好、由纵横剧坛近半个世纪的六十高龄茱丽·安德鲁斯担纲主演的《维克多与维克多利亚》，因此只获得一项个人奖，气得老太太借故不要了。今年初，《房租》的精印海报劈头盖脸贴满地铁车站，看这气候，证明票房大有盈余，已无须靠报纸或杂志上的广告，铁定威名在榜，可以稳演稳赚了——倒退二十年，我也会去漏夜等票的。倒退三十年，我常在黎明前的寒夜揣着我国的鱼肉票据，到上海老家附近的大沽路、巨鹿路菜市场排队买菜呢。

其二，是《纽约时报》一九九六年十二月一日新闻，摘录如下：

几十年来，这些被偷的钱包一直被藏在时代广场一家剧院的通气道内，一周前才被拆除的工人发现。十几只皮夹塞着褪色的照片、身份证和注有日期的文件，显示被窃日期在一九五九到一九六一年之间。从钱包中看出当时人们的生活比现在简单多了，没有信用卡、保险卡、银行提款卡或作为职业用途的东西，多半只是个人喜好之物，及亲友照片等等。有一只皮夹内是某人领到的周薪支票226元3角，带有一张电话月份账单，才7元多一点。

（如今纽约的周薪与月份电话费起价，是当年的三至十倍。如今，至少在我居住纽约的十多年间，从未听说小偷行窃。现在作兴抢，而且用的是枪，而且用枪打死人往往根本不为钱。林林的冤死，就是例子。）

您瞧，时代广场的题材，似乎都沾点戏剧性。

一九九七年二月

盛大的百老汇音乐剧

希腊雕刻。公元前四至前三世纪。柏林帕格蒙美术馆藏。

赴死的演奏

一

今年奥斯卡年度颁奖盛会一过，电影《泰坦尼克号》的话题凉了下来。据说，中国各地正在放映这部好莱坞巨片，老百姓看了，不知有什么说头。

大灾大祸，中国人领教得多了。花亿万美元拍摄千百生灵奔窜逃命的景观，到底还是西方人的文化。中国当代电影也在学样：表现大规模的死亡，刻画死亡的惨状。不过我们总会给死亡披上意识形态大旗，使活人对死的感想转到另一面去。例如《南京大屠杀》是为记取日本人的血债，《大决战》里拍摄了烈士入殓的大批棺木，自然是为“革命教育”，近日看连续剧《水浒传》那宋江率部打方腊，血肉横飞，已算是用武打式的写实主义从古典作品中刻意来提炼死亡主题，但毕竟还是为了烘托原著的一个“义”字——就死论死，不管死者为谁，为何而死，只是死盯着死亡来看个明白，说个究竟：咱中国人不作兴那一套。

话说远了。我看《泰坦尼克号》，是看它呈现海难的物理过程：海水怎样一舱接一舱侵入，好几层楼的资产阶级无产阶级怎样向船尾狂奔，而船体终于全身竖起，断裂，船尾倾倒，又复笔直竖起来：观众是安全的，坐在一排排椅子里，少年人则照样是此地看电影的习惯，买一杯爆玉米花嚼着。船沉没了，美国大孩子们惊叫，哭泣。据报道，有那心眼好的少男少女挂着热泪大骂身旁没哭的看客"冷血"，更有回家就跨进澡缸作冰凉的水浴，体验海难丧生者的体验。这些美国好孩子！咱们想想看有什么物理性的安全办法让他们体验一回血拼贼寇、淮海战役、南京屠杀的死亡体验？不过死亡就是死亡，不好来比较的，一比较，意识形态乘隙而入，不是吗？常言道，人同此心，心同此理，瞧着人家英吉利溺死鬼，中国孩子的心可真善良透顶：朋友告诉我，杭州某电影院放映此片，到片尾救生船在满浮尸体的海面呼唤生者时，眼看女主角一时无力应答，座中两个小男孩急得在漆黑的电影院里颤声叫道：还有人！还有人！

又说远了。看题目，爱乐者就猜到我要来讲那几位临难奏乐的乐手。

二

我们看电影时，各人被吸引的部分会出于各种理由。小时候看《冰海沉船》，我就只记得那段情节：大家都完蛋了，怎么还有人不慌不忙地拉琴？这次看过《泰坦尼克号》，不期然又回想这件事。倒也不见得怎样的被感动，而是被吸引，是对人在绝境中所作所为的一种——怎么说呢——固执的好奇心。

人之将死的种种心理终归要被死神收走，活人永不会知晓的。我们不曾经历过海难，那几位乐手镇定如常的原因，更是谁也难替他们解说于万一，要解要说，总是活人的意思。不过生还者目击死者命丧黄泉的过程、行为，事后说出来，就毕竟是关于死亡的活消息，由这活消息，我们也还有话可以说说。“泰坦尼克号”惨剧再怎样为电影所渲染，依据的是真人真事，不少细节，作家想象不出，而观众是能够相信的，诸位同意吗：我确信当时真有这么几位从容赴死的家伙。

我的还在想下去，一面固然是关于人性的种种“意料之外情理之中”，一面，其实倒是关于音乐。

例如船长，船体设计师，还有豪富古根海姆先生，论身份都有资格坐救生船逃生，又都毅然拒绝了。前者誓与大船共存亡，后者向拉他逃命的侍者大叫：“No，No，No！绅士当盛装而死！”后来果然盛装而死了。真人真事俱在（那位豪富确有其人，日后他的遗孀即在纽约和威尼斯分别创建了著名的古根海姆现代美术馆），这几位资产阶级分子可谓高风亮节，不愧英雄。其他人呢，当然都是“人”，虽各呈人性的复杂，但不到船沉不撒手，又同出于人性的本能。问题来了：几位乐手是英雄还是人？说是“英雄”，他们除了奏乐如仪，并无壮烈举动；说是“人”，他们始终方寸不乱，比周围各色人等的惊恐万状，不知超越多少。试想人在魂飞魄散的时刻，能像船长、豪富那样强作镇定于一时，固然是大义大勇，几位乐手的若无其事——假装是装不像装不久的——在海难全过程全景观看来，岂不显得突兀而费解：怎么回事？凭什么修行？

理性（且看船上众生怎样一步步丧失理性）？教养（其中好几位英国人的教养可圈可点）？道德（舍己救人的好汉更是为数不少）？但与奏乐何干？要么再加上信仰？当船尾危然倾侧，一群人爬跪在神父身边听他祈祷。天可怜见！那是鬼门关前的最后一根稻草了。精神的稻草。然而人总会去抓揪一把。黄泉路上能够稍稍安定魂魄的还会有什么？我猜，要不就是几位乐手每人手里的那一把琴。

可谁有心思听？中提琴手沮丧地说：没人听我们演奏（因此可以假设起初那几位乐手的意思仍是为众人演奏）。领头的小提琴手遂与同事握别。但他原地站着，拧了拧脖子，随即又独自拉起来，另两位闻声，回转加入——这时，请同志们注意：就从这时开始，他们仅只为自己演奏了。身后是船头没入海中的凶相，致命的大骚乱就在他们贴身边爆发（那段安详的慢板是谁的作品？），此刻最最无济于事的行为就是居然还有人顾得上拉琴（对了，就为一切无济于事才索性拉琴）！音乐不知死。音乐不知发生了什么，而能留住并制伏他们，使全船仅有这几个人死到临头却能置身事外的，正是音乐，只是音乐。

音乐打哪儿来呢：他们每人手里握着一把琴。

不消说，他们全死了。但比其他丧生者幸运。在赴死的途中，奏乐使他们幸免于失态。是的，这就是我要说的意思：使乐手们免于失态的正是音乐，但我接着要说，那不全是由于音乐的艺术性，而是奏乐的习惯与纪律性。

三

读过一本名为《临终之言》的书，录数百例，其一：法王路易十六皇后被推上断头台，不意踩到刀斧手脚面，脱口说道："对不起，我不是故意的。"是为她在阳世最后一句话。

我不解，但记得了这句话，及至在外面待久了：原来此地各色人等即便万般忙迫，若与人肢体接触不当都会分神道歉，条件反射说声"对不起"，何况死者贵为皇后，久在宫廷，礼数早已成了她的生理机能——人到了生死交界，竟依旧活在无数言行习惯的细节之中。

我们玩弄艺术的动机，小半或是出于灵感或情热吧，大半则恐怕是积习使然。作文、吟诗、画画、奏乐，能至于成为积习，由积习而内化为本能者，势已十二分谙熟此中技艺，技艺，会者不难难者不会，所谓章句韵脚运笔指法者，亦即一整套习染既久而能欣然遵从的操作纪律。柴可夫斯基自称早起后每强迫自己写一些旋律，以便渐渐进入创作状况。晚年鲁迅避祸客栈，追念亡友，自称在沉痛中因“积习抬起头来”，吟成七律。那样的时刻，诗兴之说，诚不如“积习”二字来得中肯。古人的即席赋诗口出成篇，未必个个才气高，而是精熟于诗律，曹植同志生在今日，从小学白话文，七步之内一定逼不出煮豆诗，只好去死，但曹丕兄也就不会以赋诗相逼：他得另想一出坏招。

纪律，即意志的形式。艺术纪律亦然。艺术技巧中，纪律的网络严密精致，鬼使神差，密码般转化为艺术家的意志，在生命的极端处境中，“艺术的意志”自会跳脱而出，有所表现，足以使人叹服惊异的，只是外人往往不知，不察，不会去揣想与艺术的潜在关联，即便当事人也未必全然自觉的。此刻想起两个例子，不说“人”，只说“事”：革命英雄瞿秋白就义之前，正在刻印章；日伪奸雄陈公博正法之日，正在写条幅。刑警在侧，看他们平静地刻完写完，尔后牵出就刑。若取其他说词，两人的镇定自可有许多种解法（不必赘述，我们耳熟能详），但“艺术的意志”会被考虑进去么？篆刻、书法，一撇一捺刻写下去，从神志到动作到脉息，在在牵连贯穿自成循环，即便心思已乱，手下笔下也会积习难改而顺从纪律于一时，这意志的回馈，是死前的片刻镇定；这意志的证据，便是片断遗迹。李叔同先生的绝笔影印“悲欣交集”，气息已弱，然而局势不乱，一笔不苟。或谓此例与就刑不可比拟，则我在台北见两三位辛亥烈士绝命书，就书法尺牍论，照样局势不乱，一笔不苟，并无显著的异状的。

人生积习太多，危难大限之际何以取舍？我的一位远房长辈因“托派”获罪死，他好京剧，临刑要求唱一曲，准，遂引吭高歌。像他这等无名的革命冤鬼多得是，著名的古例，是东市就刑前弹奏一曲《广陵散》的晋人嵇康——这就要来说说音乐的纪律。

古希腊一位大数学家欧几里得在敌兵冲进书房时大叫：且慢！让我算完这道习题！兵痞子哪管得这等事，一刀将他杀了。这桩公案，不是数学家厉害，是数学厉害；不是人在维护数学，是数学的意志主宰了人。

音乐的纪律——这道理其实不用我这外行来讲——最接近于魔术般的数学，一生二，二生三，凭几个数字几个音符可以玩不尽地玩下去。人在数字音符的迷魂阵摸得久了，玩出境界来，竟变得不是人在玩，庶几是数字、音符在玩人。是的，音乐神性。但与数学魔性几几乎相邻的音乐纪律音乐积习会演出各种出人意料的“反常”行为。不是吗，要不大难临头的数学家怎会在一道习题、一条性命（自己的性命）之间不能如常人裁断自拔？在电影《辛德勒的名单》中，德国兵驰骋杀戮冲进民居，一位显然习练过奏乐的年轻士兵见到钢琴顺手熟练无碍弹奏巴赫的段子，楼上楼下屠杀继续进行。还是在电影里，莫扎特病成那副昏样子，居然口授乐谱写出《安魂曲》。这是凭空捏造的吗？贝多芬失聪而作曲如故则是不争的事实，他不是说过：要是我能像调遣音符那样调遣军队，定能打败拿破仑！

习惯。纪律。人生大事凭桩桩件件小事小节连缀而成。或谓以上公案的主角都是非凡之辈，不错。诗律书法之类，大概只能给精通艺术的雅人一点点临难镇定的特效吧，没法子惠顾别样的生命，粗人、党人被拉出去枪毙，无非喊几声口号，或干脆破口大骂，然而亦“壮烈”。为什么呢？因为发出声音。人在大喜大悲大苦大难大不得已时，非要从喉咙里发出声音来（另一面，也就害怕听到声音：不是有过将死囚切了喉管再处决的好主意好办法么？），何况音乐。音乐，好比是意志的兴奋剂，声音的组织部，唯音乐作用于所有人——甚至作用于畜生。用古典音乐催雌鸡生蛋母牛挤奶的现代饲养法早在西方启用，自然科学研究中关于动物与音乐的关系的试例，不胜枚举。医学研究则指出胎教须尽早，因胎儿长到四五个月时，在母腹中即对乐音有所感应，以至“手舞足蹈”。人呢，走夜路的唱曲，劳动中的号子，战场上的击鼓，都是人类无师自通假音乐壮胆助威的古例、惯技。英国电影《巴里·林登》拍摄十八世纪两军交战，队伍前列的乐手打着鼓吹着英格兰短笛穿红戴绿在枪林弹雨中大踏步挺进，有人中弹乐手前仆后继直入敌阵一路只顾奏乐仿佛事不关己，那是有效的虚张声势，无形的致命武器：那才是军队的魂魄，战场的精灵，他们来了，手中的凶器不过就是乐器！

玩乐器吧。古代中国人将音乐家称作精通“音律”的人。

我不会得玩奏任何乐器。要是我在战场冲锋，在海难中逃命，会支着耳朵听取音乐而浑然忘死？所以我说那几位乐手幸运。性命交关时，与音乐纪律息息相关的不会是听者，到底还是奏乐者，那是他的“命”。

看过几回交响乐的排练，演奏家个个都是严格执行音乐纪律的兵丁，说起就起，叫停就停，整场排练的时间为纪律所支配，所有乐手的意志一律转化为乐器的意志（指挥家呢，像不像警察或法官？）。独奏家没人管所以更了不起：他既听命于一寸寸音律节拍，又必须同步判断随机应变。不同风格的独奏，乃是指不同演奏家与音乐纪律相周旋的特殊方式。鲁宾斯坦弹肖邦，帕尔曼玩帕格尼尼，再怎样出格，也不敢离谱，演奏家该叫做纪律家才是。看演奏家兀自表演忘乎所以，我偶尔会孩子般突发奇想：他要是忽然腹痛、内急、打喷嚏怎么办？然而没事。在演奏过程中，无知无觉无情无义的音乐纪律已经收取了演奏者的人性，生理的种种忙碌均暂告中断，正如那位全神贯注的数学家无法中断思路和智力游戏。不，犹有过之，在演奏中的演奏者恐怕既没有思路也谈不上智力，音符节拍步步为营纪律严明，演奏家的临场状态是因高度紧急而能高度自由，极度疯狂其实极度冷静，这时，演奏家不是人，而是一具机器——同时又是一位神。

四

现在我们回到泰坦尼克号乱成一片的甲板上来：在全船逃生者里想必另有不少艺术家（那位男主角美少年就是一位够格的画家），他们何以不曾“积习抬头”，动用艺术的纪律免于失态，潇洒赴死？

所以我又要说乐手幸运：烈士就义，战士出征，是有所准备的死。灾祸突然降临之际——除非是那位正在一心演算的数学家——要启动艺术的纪律密码求取镇定超越惊恐，什么举动都不如奏乐来得奏效：其他艺术，比神性远不如音乐，论纪律远不如奏乐。想想看，在沉船致命的一小时内，有人安详地画画、写诗？拼命地唱歌、跳舞？前者意态从容但难以安顿心绪，可视的文字和画面哪里及得上乐音无形竟能转移视听夺取神志；后者动用肢体浑身亢奋又岂能镇定，而奏乐动作幅度有限乐音又来自身外，天然成全了精神的外求与内省。呜呼！假如奏乐果然是从容赴死的偏方灵药，那么，Gentlemen！准备好了吗，请举起琴——

弓弦发出声音：瞬息，音乐的神性魔性于焉降临。旋律接踵而来，乐曲乐谱早已烂熟于心，一句句势所必然奏下去，奏下去，声声在耳，感官神经魂魄意志不由自主凝聚归顺纳入音乐纪律的无形轨迹，乐手只顾奏乐只在倾听，奏乐必须镇定而镇定奏乐就能专心，倾听必须专心而专心倾听自然会镇定，天哪！手指耳朵真天作之合，我命休矣！但不能停，停下来只见海水涌进船舱听众生尖叫逃命，慢板还有几个音节即将完毕，施特劳斯舒曼罗西尼，快板赶紧跟上，好极了！士绅自当盛装而死眼下我们正在奏乐谛听天籁啊音乐多好听那就倾听吧这是今生最后一次听取音乐手指不能停，此刻手指仍活着动着飞快拨捻琴弦居然灵巧如同往日音符音准半句不错精彩绝伦简直不可思议，上帝啊！我命休矣！

——好了。事情大概是这样的吧？“今夜的演奏乃是我们的殊荣。谢谢诸位。”那位首席小提琴手最后向他的同事们这样致辞。同这部电影一样，那赴死的演奏仪式到底还是西方人的文化：在这场没人倾听的演奏背后，还有许多别的什么，是我们中国人不易理解而可以继续追问的：欧洲人的理性传统？英国人的绅士心理？抑或终究归结为西方音乐在西方生活中至上至深的渊薮？谁愿指引我：我既没有经历过海难，也不会玩奏任何乐器，但愿以上全是胡说。

临末再扯几句关于音乐的记忆功能：

初春回国教学，辗转京、沪、鲁、浙四地，其时《泰坦尼克号》即将放映，各地电台已作势宣传播出该片主题曲，新朋旧友买来盗版音带家中车里镇日价放。我听着，起初倒还会想起这部电影，想起救生艇一节节下降，女主角仰望留在船舷的情人，满脸是诀别的神情。五月回到纽约画室作画如故，塞一盘朋友送我的《泰坦尼克号》电影歌曲听，一听，京沪鲁浙回忆纷纷细节种种汹涌而来，诚始料之所不及。

看来无情无义的音乐纪律包括掌管音乐记忆。为了不弄错每位听者的私人记忆：你在哪里听，在怎样的情形中听，当音乐再次响起，就规定了你的记忆图像有如加盖封印。现在，“泰坦尼克号”海难与《泰坦尼克号》主题曲留给我的记忆内容失去联系了。真对不起，英伦海底诸位冤魂，我不是故意的。

一九九八年六月

今年夏天陪母亲坐大型游轮自纽约到巴哈马一带海域度假，来回八天。出纽约港，海面展开，母亲想起宁波人过去一句老话，叫做："大海洋洋，忘记爹娘。"摄于二〇〇九年九月。

维也纳贝维德雷宫出口走道的一尊雕像

瓦格纳问题

年初在中央美术学院代课，难免有座谈会之类情事，座谈之后，又难免有三五同学走拢来继续说话。这类场合的问答杂乱而易忘，事后还能记住的，可就是意料之外的发问，例如有这么一句：

您怎么看瓦格纳?

在三月的北京，美院操场，在诸如“中国油画的前途”、“艺术教育的将来”这类让人头昏脑胀的问题之后，忽然出现瓦格纳的名字！我看定两位发问的同学：开口的一位面目清秀，笑容羞涩像个姑娘；一位络腮胡剃青，神情执著，是那种提前长成壮年知识分子模样的大学生。两人都是高个子，七尺男儿前程无量，而且一人一副深度眼镜，证明“瓦格纳问题”确有来历。从镜片后他俩也看定我，带着那种在班上远离众人出双入对的优秀生的自觉，对这个问题出言不凡的自觉，还有求知的青年在等待回答（并将考验回答）时那种事关重大的表情。

我喜欢看到这番表情——那就是青春的意思吧——但我不知该怎样回答：

要命！怎么看瓦格纳？我边走边想搜肠索肚，情急中反问（为了拖延时间）：“常听瓦格纳么？还喜欢谁的音乐？”秀气的那位极礼貌地说，只想了解您对瓦格纳的看法，络腮胡子原句重复一遍，镜片厚得看不到眼睛。

不知怎么一来我们走散了，好像是有谁叫了我去吧，几天后又在操场遇见这二位。他们走上前来，居然还是不改口：“老师，瓦格纳——？”

见到年轻人，就会想起自己年轻的时候。我在这岁数，仅止大约地听说哪位大师——譬如伦勃朗或贝多芬——就巴不得拽着街上的路人说说。看来眼前这两位艺术学子最近被瓦格纳大名落了枕、中了邪了。我说：关于瓦格纳同志的什么呢？二位既是专来问到他，想必已经听过不少，我可不是音乐专家。

但两位大小伙子单是咬定“您怎么看瓦格纳”，仿佛那是一道考题。瞧着他俩隔着镜片心诚意正的目光，我想，我也该去配副眼镜才好。

那阵子我常遇到让我一时语塞的发问，要么尽是些“国家”、“民族”、“世纪”之类大字眼，好像外交部开记者会；要么就是该用哪种调色油，使唤几号油画笔，好像我是画材部的掌柜：漫天的大话题，好的，说明心胸大，具体的小问题，也好的，说明心眼细，总之，都不该一口回绝。就说这“瓦格纳”问题，如雷贯耳，不可谓不大，有名有姓，不可谓不具体，美术学院一年级新生的佼佼者到底两样，然而我还是一时语塞。

许多事情、人物，若非有人格外问起，平时不会去想到的，连自己常在想到的人事，不与人交谈，不写出来，也只是模模糊糊存在心里。不久前写成《回顾展的回顾》，扯了五十来个展览谈观感，写完读过，这才发现自己原来竟是这样的看待那些画家、那些画：这大概也就是人要交谈，还要写作的缘故吧。

现在又冒出来一个瓦格纳。我自知答不了，也不该答的，那在我浅陋的知识之外。可是单挑“瓦格纳问题”，倒是触及我们常在面对的问题：

该怎样对待我们着迷、崇拜，以至发昏的艺术家？

要我说，若是艺术学生，只管一无所顾地着迷、崇拜、发昏：那是人生的礼物，有这样的礼物，人生也才像个人生的样子吧——艺术史，原是一连串人名、地名、国号、年代，加上作品的长串账单，我是不耐烦去查阅的；艺术品，则是一片无边的乐园，不免迷失其中，见树而不见林，见了林子，又遮蔽了远山。可是一个个都要去了解，哪里顾得过来？初入门墙的艺术青年，可不就是盯着某一位大师，凭着蒙昧热情一头撞进去，而这蒙昧，可不就是艺术家的赤子之心。

艺术的“初民”不必了解所谓“艺术史”：那时没有艺术史，他们手下的图画，日后就是一节节艺术史。后来的艺术家，譬如到了晚近的时代，也是各自认定一位两位崇拜的先师摸自己的路。人家问塞尚最喜欢哪位画家，他只说一个：鲁本斯；问他最喜欢哪位音乐家，他也只说一个：韦伯。可是后来塞尚被封为“现代艺术之父”，归宗在他名下的“子孙”就有一大群，马蒂斯说：我们都从塞尚那里来。这一说，就已经是美术史。

中国当代的艺术家，既于中国古代的艺术史隔膜生分，又不在西方的文化谱系艺术家世中，怎么办呢，不必怎么办。每当我们撞见一位西方的名师，心里一动，头脑一热：爱上再说！

不过既是爱上了，怎样爱法？怎样爱得有意思呢？

以下就是我结结巴巴权充回答的意思——小半是当时说的，大半是此刻的补充：在操场上同这二位公子郎君才说不久，我又被人叫了去了。

瓦格纳的重要作品，我大致听过，他的传记文字、传记电影，也曾读过，看过，只是淡忘了。怎么说呢，要从音乐上了解他，恐怕先得返回去重听贝多芬。譬如那《第九交响曲》，据说瓦格纳大受其影响，日后作为他自己风格的起点和要义：一上来就回旋往复翻江倒海，直朝崇高伟大处走。但从贝多芬晚岁到瓦格纳崛起，好几十年间企图崇高伟大的英雄不止一个，前有舒曼，是瓦格纳尊敬的长辈，同期有勃拉姆斯，是他头痛的对手，要到再后来的西贝柳斯、马勒、布鲁赫之流，这才确乎见到一种“瓦格纳式”的伟大崇高的遗风和流变，同贝多芬式的伟大崇高，早已判然有别了。怎样有别呢，那就得暂时收起瓦格纳的唱片，重听另几位大师的好许多作品才能比较，才能聊得起来。

单论“崇高伟大”，我偏爱勃拉姆斯；单听歌剧，我宁取威尔第。在我，仅是体力上就吃不消瓦格纳音乐剧的极尽铺张。但我喜欢他的所有序曲，那序曲中有那么一种意思，这意思，套用我们如今的时髦辞令，就得从“文化”上了解他，这一了解开去，麻烦事情还不少：北欧古典神话的传统、哥特式宗教精神的渊源、叔本华“生命意志”的学说、尼采同他的几十年恩怨（尤其是那本与他宣告决裂的著名小册子《瓦格纳事件》），都得稍事了解。瓦格纳身后在西方音乐文化中的位置更是宽广的话题，据说他的音乐语言音乐精神对二十世纪的性心理和法西斯主义都发生如缕不绝有迹可寻的影响，而这些影响在八十年代德意志新艺术（包括绘画）运动中再度发生作用——我说“据说”，就因为我对以上提及的“文本”（又一个时髦辞令）到目前为止仅涉一鳞半爪：我怎样看瓦格纳？我也想找谁问问呐！

所以我只能背诵粗浅的常识，不能算“看法”。谈论一位历史人物而能有自己的看法，我想，最好的法子是先得具有关于这位人物的常识。谈瓦格纳，就不免扯出一串其他人的名字，动用其他的常识。自然，要想获得关于瓦格纳的最直接最感性的办法，即坐下来安安静静听他的作品。然而作品也是常识：先听哪一件？早年的《尼伯龙根的指环》，还是晚年的《帕西法尔》？只听序曲，还是全本？说起这些，我就想到我这一代人眼界耳福极度匮乏的少年时期（算了，不去说它），如今中国的音响店家总算也有一排排古典音乐CD在那儿卖了，还有不少音乐专书，但此刻在操场上空谈总不是办法。

现在我还记得两位青年诚挚而失望的目光：他们终于没在我这儿听去关于瓦格纳的看法，悻悻地走开去了。

那么，非得要这许多常识我们才可以谈论艺术和艺术家么？其实不必。要谈，我可以谈谈自己的“感觉”，这一说虽然其实是回避“看法”的托词，但在我却是真切的：我们对于经典的作品，不论懂不懂，只要欢喜，看过听过，多少总会有点自己的感觉吧：在铺张以至乖张的瓦格纳式的“崇高伟大”中，我听出大面积的亢奋、激越、颓废、狂喜与近乎谵妄的所谓“意志”，听出叔本华和尼采这两端的哲学神经被瓦格纳所调和发挥熔于一炉的音乐表态。这话怎么说呢——我已经说得太多了，我倒是想把话题扯开去，回到中国来。

记忆不很可靠的。就我的记忆，在中国，在民国时期，好几部左翼黑白电影的电影配音，似乎都偏爱采用瓦格纳序曲。在赣南山中插队时，夜里躲进蚊帐偷听海峡对岸的“反动广播”，两段节目之间的配乐也是瓦格纳的旋律：何以总是瓦格纳？

中国的电影音乐创作，在民国时代还处于少儿时期吧，因此索性截取现成的西方音乐：但不记得用过巴赫或海顿，而后，两岸的外国音乐节目也多取浪漫主义盛期、晚期比较轻型的，软性的，优美好听的，尤其是易于“懂得”的作品（柏辽兹、门德尔松、李斯特、肖邦、约翰·施特劳斯等），结构较为严谨，作法较为理性的作品如舒曼、勃拉姆斯等辈，鲜见采用。

那年代，录音、播音的技术都很简陋，乐队的“交响”一律给逼得尖锐嘈杂，不辨声部的宽广与器乐的质感。然而任何声效自会传达一种情绪，本来就铺张、亢奋的瓦格纳遂得其所哉，由尖锐刺耳的简陋声效而亢奋得近于昂扬，浪漫得过于激越了。

正好。那时的中国，中国人，中国的文化体质和神经末梢——对于西来的新乐音，对于时局的大不安，对于国族的总前途——似乎正好是处在一种全体的昂扬激越的情绪中，谁是瓦格纳？瓦格纳前后左右的音乐文化又是什么？都没关系，都不要紧的，要紧的是我们找到一种新的乐音（而不是音乐）来宣泄并寄托我们集体的精神骚动——浅，表面，偏颇，情绪化，神经质：世纪末的瓦格纳，也正好就是一位煽动情绪（不管是什么情绪），营造气氛（不论何种气氛），将激越与狂喜、颓废与崇高在他滔滔不绝的音乐中恣意倾泻的音乐伟人兼文化巫师。

为种种理由骚动亢奋了半世纪一世纪的中国人，在截取瓦格纳的例子中反证了我们民族的善感、雄心、脆弱、张狂。相对于古老的中国，正当盛世的欧罗巴在上世纪末的瓦格纳的音乐中忽然颓废虚弱了（尼采似乎就为这一层意思，对瓦格纳大不以为然），而暮气沉沉国事蜩螗的旧中国，却在瓦格纳尖锐回旋节节升高的高音区焕发出少年般的情热，幼稚而可贵。

艺术的传播与接受，向来是出于误解的吧——这大概就是我要说的话题：误解，尤其是对于艺术的误解，正是一股情热，一份情结，一种不由分说为我所用的一厢情愿。民国时期遗留给我们的（在电影中是黑白的，在广播中是尖锐的）似乎就是这样一组残缺的，被扭曲的，似是而非的文化记忆。当我在民国老电影中一次再次遭遇瓦格纳片段时（稀少偶然的机遇，以致我难以引证哪几部电影，哪些片段：我确知是瓦格纳，但有谁会留心并附和我、纠正我？），我模糊而清晰地感受到那个时代的中国和中国人，与西方大有关系，又毫无关系。

说开去，我们在接受所有西方艺术时不免都戴着我们自己的“眼镜”，在绘画、雕刻、文学、诗歌诸领域，都各有那么几位“瓦格纳”在：格外地为我们所偏爱，截取，引申，以我们的情绪、情结来塑造他，以简化的方式将他弄成神话。不是吗，假如细细排名，可以就此问题专写一本书。不过，连两位同学的问题也答不出，我的东拉西扯，应该就此收束了。

目下我们中国人的民族情绪，看来又在新一波大规模的亢奋激越之中，我们还需要瓦格纳么？那位百年前为尼采又爱又恨斥为“戏子”的德国人，在今日中国的彩色影视中无论如何是过了时了。但我们民族的集体情绪似乎仍在过度的，以至更大规模的亢奋激越中，不是么？神州大地所到之处，如今都是“卡拉OK”歌舞厅、“练歌房”，那像不像是千万所现代中国的迷你型“拜罗伊特”剧场？我们心里的千头万绪（当然，别问是什么头绪）是不是终于找到了最理想的宣泄之道、宣泄之所？

难为这两位戴眼镜学画画的年轻人，他们居然还在挂念瓦格纳。

一九九八年八月

波恩，位于贝多芬广场的贝多芬铜像。

贝多芬故居

旅游旺季已近尾声，时在九月，从欧洲飞往中国的单程机票迄未落实。此行欧洲原为比利时展事，顺道荷兰一游，九月初必须赶回北京上课，德国并不在旅行计划之内，但取票登机均须到法兰克福，当地两家旅行社同声致歉：月初机位全部满座，上旬机票必须每天电话询问。九月八日，我决定提前进入德国，停留科隆，就近等票。黄昏，火车开出阿姆斯特丹，不久夜色降临，沿途报站是男中音，德语铿锵，一时恍若置身纳粹时期。八点，抵达科隆。

九日晴，大风。旅行社回说今明两天机票无望，仅十一日有座，看来，我得在德国待上两天了。

此来科隆是为拜访路德维希现代美术馆，馆址与著名的科隆大教堂毗连，进出巡看，教堂正在做礼拜，管风琴次第起奏时，我眼见中世纪木雕《耶稣受难》前的好几位欧洲青年直勾勾盯着成阵的烛火，神情哀痛，哀痛得好像耶稣才刚从十字架上放下。美术馆正在布置新展，大半空间被遮蔽着，楼梯正墙排开李希特以黑白两色绘制的《四十二幅肖像》，作法谨严，望之肃然，认出其中的人物，有马勒、柴可夫斯基、海德格尔、本雅明，似乎并没有一位画家。在出售图片的小卖部徘徊良久，买了盟军轰炸

五十年代的科隆大教堂，右侧大桥战时曾被炸毁。

科隆的历史照片：断墙残壁，炸裂的铁桥倒在莱茵河中，晴空下唯科隆大教堂巍然屹立。步出馆外，有位须发蓬乱徒手乞讨的中年醉汉，像极了格罗兹笔下的浪荡子，以奏乐取讨钱币的青年则用手风琴表演巴赫的赋格，竟有管风琴般层出不穷的声势，在风中传得很远：我已身在德国。明天一天，柏林、莱比锡、慕尼黑是休想去了，波恩就近科隆，贝多芬的故居，就在那里。

翌日是被附近教堂成片的钟声唤醒，醒来，又复睡去。起身后，早餐厅堂只我一人用餐。壁上两幅无名的老油画：一位农夫扶犁耕田，一位小老板在油灯下数钱，十九世纪德国人的绘画，画得不好，也不坏，这样的油画，在中国或可入选全国美展，在欧洲，适可挂在小城旅馆的餐厅。十点，火车开往波恩，每站都停，是慢车。想象的事物总是错的，我“想象”中波恩的方位是在德国北部，现在知道是在西南；少年时在哪本书中凝视过贝多芬老家，是旧版彩色照片，记得墙头有玫瑰和绿色的百叶窗，还记得凝视照片时静静地起过一念：我要去那里看他——怕是近三十年前的事情吧，而今波恩终于在望，我却全然忘记自己曾经有过的微茫的心愿。半小时后，波恩站到了。德国人都能说点英语，略约问过方向，我即朝一座砖砌的大教堂走去。从教堂转弯，豁然展开小城的广场，老远就看见广场中心铜铸的贝多芬先生高高地站在那里生气，头顶停着一只鸽子。

这里刚下过雨，广场密匝匝鹅卵石缝的水迹映着青天的光。欧洲到处是旧时的石铺地面，半月前在罗浮宫游荡，那大片的宫廷广场仍是当年走马的沙砾，照片看过多少回，从未注意地面是怎样的。现在我走向贝多芬，细看基座四面满布铜锈的浮雕，是美丽的音乐女神，鸽矢斑斑，青灰的鸽子在雕像上下起落栖息，咕咕轻叫，石座四边围着盆栽的鲜花，每一花瓣水光晶莹。铜像背后是当地邮局，没人抬头看他，我停在风中，抽了一支烟。

转弯，转弯，转弯。小城的小街正是午间的热闹拥挤，尤在雨后。首饰店，家具店，钟表铺，花房，面包房，从前上海西区也有这样的面包香飘散街沿，也是这样的卵石地面雨后滑亮闪烁。在一家礼品店橱窗呆看彩色的色情小雕品，是用坚硬塑胶做成的那种：笼中裸女，持鞭裸女，披着大氅的裸女，倒是便宜，一问，竟是中国制造。隔壁是烟具铺，各种尺寸的雪茄烟斗，烟盒银质，雕饰精美，贵极了。又下起微雨，又是一座广场，花贩与菜农支起彩色的篷帐。欧洲有许多不知名的水果，极小的，不像葡萄，不像草莓……付钱时，问身边一位老太太：贝多芬的家？她打量我，指指广场北侧一条小街街口，笑着，随口说：你知道，他不在家。我说是啊，但他在这里，随手指指我的心口，这动作，西洋人是常用来指说艺术的，忽然今天就又想了起来，随即自己觉得有点做作，老太太却收起笑容，看定我，缓缓地摇头，这摇头，在西人倒是赞许的意思。

寻访胜景总会失望的。十分钟后我立在贝多芬故居门口——十八号，忘了查看街名，一幢普通的三层民居——完全不是那幅小照片上的模样，那一瞬，我想起早先看过的小照片，但实地景观当即淹没了照片的模糊印象：十八号隔壁两三间铺面，有家中国餐馆，不远是一家麦当劳，贝多芬家正对面则是床具商店，一堆折价的粉色被单枕套正叠在店外的台子上贱卖。有什么错吗，贝多芬的家只是贝多芬的家，别的人家照样吃饭睡觉过日子，去年在上海寻访鲁迅先生在虹口的故居，弄堂里家家户户门口停满自行车，窗户阳台晒出床单衣裤，风日妍静。所有名人故居的楼面只一样与其他民居不同：每个窗户都关着，表明这里并不住着一家人家。是的，贝多芬不在家，我知道他不在家，为什么我要来呢。踱进入口，照例是所有纪念场所必定设置的小卖部，货架上下放满了尺寸不一大大小小贝多芬胸像复制品，一律在生气。我已不再对欧美当代粗糙拙劣的礼品雕刻失望沮丧，美国法国意大利的古代名人礼品雕像莫不粗劣。三十多年前，杭州表舅送我一枚贝多芬胸像，比这类产品的做工好得远，那是大战前欧洲写实传统尚未失落时期的复制品，流入中国，我记得自己怎样郑重地抱回上海，怎样郑重地每天看它，不久红卫兵抄家，当面砸碎贝多芬。现在我端详贝多芬故居的贝多芬胸像，都是他，都不像他，我怎么知道他到底长什么模样呢？礼品中只有死亡面模复制品一定很像他：分黑色与石白色两种，面颊凹陷，人中突出。死亡面模不是艺术品，然而比艺术品珍贵而确凿，一时我起念想要买下，这时，小卖部设置的室内音响响起来，是《第五钢琴协奏曲》第二乐章：对了，这才是他。我伫立聆听，一时柔顺无念，曲毕，买了进馆的门票。

一位年迈的馆员指引我从小卖部边门走进后院，门开处，豁然认出了记忆中贝多芬故居小照片上乳灰鹅黄的门墙，那是在街面看不到的——说明书上说，当整座房屋面临拆除的威胁时，十二位波恩市民于一八八九年建立了贝多芬故居协会，他们将两座房屋买下，打通，设立了纪念馆——原来如此。绿色的百叶窗！墙头的玫瑰！玫瑰枝叶如今比照片上茂密多了，在雨后的太阳光下湿漉漉的。楼的尽头，有一座宁静的花园，不大，草木碧青，浓荫散布，老墙爬满常春藤，一座至少是十九世纪雕刻家制作的贝多芬雕像隐在挂满水珠的森森绿叶间，他俯视草坪，也在生气，但多么像他。当我移步踏进贝多芬先生的小小家门，脚下年代久远的木板地吱嘎作响，我微微地高兴而满意了。今天的访客仅五六人，此后一小时楼上楼下的走访，那老木板地在每一步移动时发出过于响亮的吱嘎声便是这位乐圣故居的唯一音响，此外，整座宅子安静极了。

乐谱，书信，文件，演出合同，演出预告，大师用过的钢琴，墨盒，羽毛笔，镇纸，虽然古旧，很可能是复制的；友人们在年轻贝多芬离开波恩前的题赠手册有瓦尔德斯泰的钢笔题词，墨迹已经枯淡，末一句是：“您孜孜以求，假手海顿而得到莫扎特的精髓。”他的父祖亲戚的肖像，师友的肖像，爱人的肖像，他的幼年少年青壮年时期的肖像，全是原作，全在书中早已看过，现在知道挂在这里，近在眼前；最精美的是那些十八世纪彩色铜版画，波恩、柏林、维也纳，天空澄澈，人迹稀少，那时的人，在版画中活得多么认真而安适。他家的起居室，琴房，书房，餐厅，也是真的，但一定不再是当年的模样，踏上十八世纪回旋狭窄的楼梯，木板更其吱嘎作响。在三层楼顶，朝里一间面向花园的小阁楼空空荡荡，仅只竖立着一根石柱，柱顶，是迪特里希一八二〇年为贝多芬制作的玉石胸像，瞪着墙角，还在生气。说明书告诉访客：一七七〇年十二月十六日或十七日，路德维希·冯·贝多芬就在这间阁楼诞生。

阁楼梁木粗厚倾斜，迟午的阳光斜进来，射及墙根，小窗外树叶葱茏。有丝绒绳拦在门口，这是全楼唯一不能进入的房间。我倚门站定，走廊的橱窗安放着贝多芬死亡面模的原件，墙头的图画是两万多维也纳人为他送葬的场面。馆方不准摄影，一位执勤的老太太就近监视着，我试着与她攀谈，她在守望的寥寂中显然乐意说话："从北京来！哈，我前年刚刚去了中国。伟大的国家，你知道吗，我喜欢庄子和老子。"于是用英语念出"道"的发音。听说德国人爱读老庄，果然——此刻三楼只我一位访客，我能拍照吗，我指指阁楼。老太太可爱地缩起肩膀，压低声音：你快一点！我按了快门，在幽暗僻静的阁楼，快门声响清亮得令我张皇羞惭，我谢她，老人又缩起肩膀："我在西安也要拍照，他们收钱，可是一位年轻人说，你快点拍！"在阁楼门口我们相对言笑，身后是那尊贝多芬昂首瞪眼的玉石胸像。

我久已不存刻意寻访大师遗迹的情热。青春期的向往、崇拜，心心念念，已如我的青春，退为遥远的记忆。一旦到得大师的家国，却像是来熟的地方，自然而然寻过去，好比看老朋友——我到底不能如魏晋人那般通脱潇洒，乘兴而来，望见友人的家门，掉头回转。此行巴黎没去拉雪兹公墓，那里有许多墓碑前的空地应该去站一站的，肖邦、德拉克洛瓦、马拉美……不为祭拜追念，只算了却一桩谈不上心事的心事，而且墓园总是极美丽的，许多老树。才在前一周，去看了伦勃朗在阿姆斯特丹的旧家，也是临街的三层石宅，他可比贝多芬年长一百多岁吧，楼顶他的画室的画架边，特意放着据称是他用过的调色板，小瓶子里居然注满调色油，边上的画笔颜料斑斑……今天来过波恩了，为等票潜入德国，何处可去呢，想到贝多芬。来过了，自己也惊讶并未泛起怎样的感触，唯在他诞生的小阁楼门口，心里动了一动，想下去，却怎样也难以同“贝多芬”的名字作成亲密切实的联想。他在我抽屉里。我所收藏的CD录音要算是他的最多，也听得最多，到了经年熟习的段落，就像听到这个人的心跳。他真的在我心里，根本不在家，他讨厌波恩，二十二岁出门，再也没有回到故园。

十一日，晴转多云。中午打电话告知家人我今将要飞返中国，纽约时间尚在清晨。午后两点，火车开出科隆，再次经过波恩，昨天我还在这座小城，今天它显得陌生，只是沿途一站。不久，莱茵河浩浩荡荡在车厢左侧延绵展开。五点抵达法兰克福车站，迎面撞见大群德国人在候车大厅凝神仰视巨大的电视屏幕，趋步转向屏幕正面：纽约世界贸易中心姊妹楼烟尘暴起，轰然倒塌。

二〇〇一年十月八日

上海石库门住家的门廊——老家拆了，这是老家对过“大中里”弄堂中将要拆去的一户，人去楼空，任由出入。摄于二〇〇八年。

石库门弄堂里的欧洲艺术

上海图书馆二〇〇〇年十月二十五日讲演

谢谢诸位捧场！今天上海图书馆主办这次活动，给我这样漂亮的厅堂，真是不敢当。

我第一次走进上海图书馆是在三十多年前，一九六七年吧，我十四五岁。“文革”初起，全国学校停课，小孩子整天野在外面玩。那时，图书馆紧邻人民公园和体育馆。我幼年爬树翻墙不在话下，有一天从人民广场翻墙进入人民公园，横穿过去，又翻墙跳进图书馆。正在猖狂得意，可是还没立稳脚跟，就被一位工人师傅当场捉牢。他的捉法实在是高明的，只见他一个箭步抢上来，叫声“小赤佬”，并不抓我的衣衫胳膊，单是一把摘去我的绒线帽，捏在手里，就往楼里慢悠悠地走，一路还同别人打招呼，看都不看我，料定了我会乖乖跟过去。那时的小孩子的一顶绒线帽，好歹也是私人财产呀。两小时训斥，我将年纪、学校、爹妈姓名，还有阶级出身，全都招供了，于是帽子扣留，我被释放。后来呢，是我妈妈亲自出面请假领我去，道歉、认错、听训，这才帽子还给我，我记得就是在现在上海美术馆的铁栅栏大门口，哭兮兮看母亲乘车去上班。

我第二次进上海图书馆，一九七一年，还是在大铁门前，我路过，看见里面闹哄哄，一帮红卫兵或造反派之类，有给小姑娘老阿姨裤脚管量尺寸宽窄的，包得太紧，当场剪。又有“老克腊”头发太长，居然真给好几个剃头的在那里一个个摁住了动手剃。我看得起劲，忽然后领子就给拽住了，拖进去，有人叫道：“呶！又来一个！”原来我忘了自己也留着团团转的“螺蛳头”[1]，半小时后，我的鬓角和后脑勺给剃得凉飕飕的，推出来，顺着南京路垂头丧气走回家。早晓得那时我就剃个现在这样的平头有多好呢？可是那年头我这样的平头上海人叫做“庙头”，“庙”，即公安局的意思，“庙头”，就是刚刚从里面放出来。

所以我的两次进入上海图书馆，跟书籍一点关系也没有。

今天，因为书，而且是因为我自己写的书，我有幸第三次走进“擦刮拉新”[2]的上海图书馆，看见上海的新朋友、老朋友坐在这里，还看见我自己也坐在这里，这真是莫名其妙。我是又兴奋，又紧张。从前说是“近乡情怯”，现在当真在家乡抛头露面，怎么不紧张？

好在我的亲属和师尊也在场，算是给我壮壮胆吧，让我来介绍给大家：

我的父亲，陈兆炽，是第一位引导我热爱文学，热爱艺术，教我文艺理论，最初给予我文艺立场的老师。原上海第六十一中学退休美术老师章明炎，是他在“文革”初年亲手教我画油画，亲口告诉我世界上伟大艺术家的名字，他是我在绘画上的启蒙恩师。我的妻子黄素宁，同我患难与共二十多年，就是她当年扯我去到西藏画画的。还有连环画大师贺友直，我一直以为四九年后中国最了不起的绘画既不是国画，也不是油画，而是连环画。说

1　螺蛳头：上海话，指男子留长头发并胡乱抹成同一方向旋转的发型。

2　擦刮拉新：上海话，“崭新”、“簇新”之意。

起贺老师，忍不住又要讲个段子：我在纽约每年都要给贺老师寄贺年卡，有一年我的贺卡迟寄了好几天，他又正好听人说我在美国想不开，自杀了，给他急得一塌糊涂，待见了我亲笔签署的贺卡和信，完全不像是绝命遗书的样子，知道上了谣言的当，赶紧回信祝贺我总算没有寻短见。我只得又回信说，真不好意思还活着，真不好意思。

真的，我真不好意思坐在这里，又要签名，又要售书，又要做报告。

当年，鲁迅先生笑说上海滩的文艺青年，说是当不成作家就去当画家，当不成画家呢，就放大领节、留长头发了事。有一天我把这话说给老婆听，她就说：你是画不好画就写文章，写不好文章就穿唐装、留和尚头了事。我以为她说得很中肯。可是我画不好画，照北京人的说法可以“自个儿臭美”，但出书是出版社的生意经，得讲市场，讲经济效益，我不免要逢场作戏，上个月在南京书市签名售书，出版社发行科的一串官儿人到了南京，从头到尾躲着不露面，因为他们不看好这本书，印了3500套，上市了，还要观望，直到见书卖得挺火，晚上立马好酒好菜请我下馆子，眉开眼笑，说是社里发货发完了，加印5000套。

说起签名售书，很好玩。我们给安排在书市露天一张桌子前，大太阳晒着，背后一块大红绒布上是五位签名作者的名字，全部竖写，台湾林清玄在最左面，我在最右面，当中夹着三位女作家。好，坐定了，我想偷看几位女作家的仪容，可她们谁也不扭过脸来。签完了，我走远回头一看，看见在我姓名旁边是一位女作家叫做“皮皮”的，上一个“皮”同我的“陈”字相连，下一个“皮”与我的“青”字相连，横过来读，正好是“陈皮”、“青皮”——从前天津人管无赖就叫“天津青皮”的。

也巧，我在上海茂名北路小学上学时的绰号，就是“老丹皮”。

我是老知青、老盲流，在国际江湖上单干、流窜太久了，无组织无纪律，不用开会，不用发言，更不会做报告。近年回国给各地院校连哄带逼弄去作讲演，渐渐面皮老了，上台就信口开河，没有讲稿。这回可就不同了。张爱玲说：到底上海人！我今天不能讲豁边，老相识老哥儿们会想：这家伙，出去兜了一圈跑回来，像煞有介事，看他今天讲点啥！所以我既是粉墨登场，不能语无伦次，不要出洋相，特意备了讲稿，老老实实照着念，就像那年老老实实跟着我那顶帽子走，一点潇洒不起来，真是给诸位见笑。

好，现在来讲我所谓的“石库门弄堂里的欧洲艺术”。我不会作所谓学术报告。这个话题，是因为上海出去的人，回来讲上海，诸位或许有点兴趣听。我为什么要说七十年代的上海呢？原因就比较地多一点。

一是因为七十年代正是我的少年时代，“文革”学画，上山下乡，此后到北京，去纽约，上海的事就生疏了。二是因为我当年“人生模仿艺术”，不知道怎么一来，以艺术的名义，死心眼崇拜北方的厚重，描绘西藏的粗犷，嫌上海的一切琐碎渺小，自己看轻自己在上海的那段成长经历。后来出去开眼，懂事了，又人到中年，这才明白上海的可珍贵，前年我重游苏州，多么成熟的庭院文化，真是独步世界，可我少年时哪里看得懂庭院呢？真是个畜生！

第三，是画了《西藏组画》以后，总有人问，怎么能忽然一下子用欧洲的传统反拨苏联式的创作模式？最近我刚在学校里办了一项个展，选了三十一年来画的一百六十多幅画，从十五岁直到去年的作品。我发现观众或评论家除了对出国后的画很好奇，有争议，对我少年时期临摹文艺复兴大师的素描、十九世纪欧洲的油画也格外感兴趣。为什么呢？因为读者从中看见了同官方美学和学院教条中非常不一样的东西，发现原来在我少年时代就有那么一点点欧洲绘画的影响，他们说，看了这些画，这才明白《西藏组画》能够与当时其他创作不一样，并不是凭空冒出来的。

人对自己走过的道路，往往是半自觉、不自觉的。我在个展的说明文字《展墙告白》中写道："'文革'期间，以至四九年以后，苏联绘画是全国官方画家的公开追慕与集体记忆，而我的私人记忆，也就是我少年时代的绘画记忆，反倒是所谓欧洲的。"这个所谓"欧洲"，同法兰西意大利毫无关系，这个"欧洲"，根本就在上海。一句话，上海，是我的艺术的根。

但不是今天的上海。今天的上海，同这图书馆一样，是个"擦刮拉新"的新上海。小时候常听大人说：旧上海旧上海。这些年的"上海热"，"怀旧热"，大家热衷于怀的"旧"，不论是景观还是文化，还是解放前那个旧上海，我这一辈是没有资格怀那个旧的——其实呢，我以为有两个"旧上海"，一个是解放前的旧上海，另一个，就是我要讲的那个上海，那个解放后，直到一九九二年左右拆旧建新之前的"旧上海"。我是那个旧上海的上海人。

那么，我所谓第二个旧上海是否有旧可怀？如果有，是哪些旧？今天来叙这些旧，又是什么意思？这是我的难题。近年来，上海是个时髦热门的话题。诸位一定比我更了解这些话题的各个方面，我插不上嘴。我只能将范围划在七十年代我学画这一段，但那不是我个人的经历。我要说的，很可能大家早已说过听过了，一个离开上海太久的人谈上海，很可能自说自话不知所云，以我向来讨厌听人开讲座的脾气，我会半当中走掉的。

但我已经坐在这里讲了。结结巴巴讲下去，我大约有这么两个意思：

一、“文革”浩劫前后的上海虽然是上海文化最昏暗的时期，但上海文化仍然在那个年代，以一种极其扭曲、荒谬、可怜的方式，但却是相当戏剧性地传递到我们这代人。

二、我可以用自己的亲身经历，说说它怎样的扭曲、荒谬、可怜，又怎样的戏剧性。说漂亮点，是借此给上海的文化研究添一点细节，说得平实一点，无非还是招引大家一起怀怀旧。

我在中央美院有位老同学叫巫鸿，在哈佛修了博士，现在是美国美术汉学界的权威。他今年在北京举办了一次国际研讨会，专门讨论各国历史上乱世期间，而不是盛世的文化艺术，譬如中国的魏晋时期，五胡乱华时期，文化艺术到底发生了一些什么事？怎样发生的？

我不懂历史，但这个命题非常有意思。我常想，“文革”这段历史其实是比再乱的乱世还难形容，更难定义。那不是乱世，而是文化艺术自古未有的大荒年。五胡乱华，真有胡人铺天盖地骑着马冲进中国来乱。“文革”呢，是文化交流也好，文化冲突也好，全部停止。魏晋期间，王羲之、谢灵运这些文化大腕，根本不知道什么叫批斗会，写检查，靠边站。嵇康杀头之前可以弹个《广陵散》，用今天的话说，还有言论自由。“文革”呢，是文艺圈内的老牌资产阶级艺术权威也好，无产阶级文化名流也好，统统没得玩，统统玩儿完了。

那么谁在玩呢？反倒是我们这些小赤佬。

“文革”起来，我正好十三岁，是人的记忆力、求知欲和好奇心最密集最旺盛的年龄，你看小狗，扔它一块剔净肉丝的骨头，它也叼过来衔过去玩半天，我在美国就见到专有卖给主人赏小狗啃着玩的塑料小骨头。可是今天，全国主掌艺术教育，引领文化风潮的艺术家，全是“文革”一代过来人，我们当年叼着“文革”废墟中残留的文化艺术骨头片骨头渣，怎么玩法呢?

这就是我今天要来回忆的一些往事。这些往事，以及背后的意义，我在《纽约琐记》中极零碎地起过话头，在另一本随笔集《多余的素材》中试着略微多说一些，但总是铺不开，讲不透。为什么叫“多余的素材”？就因为那是一些记忆的遗漏物，历史的边角料，是一个几乎不成话题的话题。

美术界的弄潮儿栗宪庭跟我说，他早就想写写那几十年艺术“正史”之外被遮蔽的故事。我们谈起北京几位至今不为人知的老艺术家，他们在国家美术学院和官方美术界以外，曾经长期影响，直接教过许多年轻人，这些年轻人后来成为相当重要的官方画家。他问我，上海有没有这样的人物。我说有啊，各地都有。我就曾听罗中立说，当年重庆有一位业余画家的大腕，影响很大，人称“山城列宾”，我甚至听说在五十年代的上海有位画家被人戏称为“城隍庙拉斐尔”——类似的人物、情形，一定很多，也可能被谈论过，但我们需要的是细节。

要说七十年代的旧上海，大家知道，别说欧洲来的帝国主义分子、资产阶级艺术，早已扫荡干净，就是留在上海的资产阶级也早已打倒靠边，夹着尾巴在做人。石库门弄堂固然还在，一条也没拆，挤满了上海的“老甲鱼”和“小赤佬”。到了六十年代末七十年代初，“文革”闹起来，政府、社会几乎完全解体，连四九年闭关锁国后的那点革命艺术也都扫荡干净了。差不多所有“文革”前的革命电影都变成批判电影，所有书店只有毛泽东选集，所有电视节目都是公审大会，枪毙人，所有音乐都是样板戏和《大海航行靠舵手》，所有美展和宣传画都是工农兵，所有艺术学院都关闭、砸烂了——哪里来的欧洲？哪里来的艺术？

然而文化的命运，文化自己不知道的。这也就是文化艺术的厉害。

譬如我们这代人当时的知识、教养，我们所读的世界文学，欧洲画册，古典唱片，都是从哪里弄来的？说来很简单，统统是从弄堂里各种小赤佬那里弄到手的。那么小赤佬们又从哪里弄来呢？也很简单，就是“打砸抢”的结果：红卫兵大规模抄家，文化艺术的残片碎片，如同飞扬的灰烬，飘散到社会上来。

我举一个例，有天晚上，我路过隔壁弄堂，一伙红卫兵刚刚抄完家，打过人，蜂拥而过，忽然，其中一位领头唱起歌剧《卡门》的主题歌《斗牛士之歌》，随即队伍里的小赤佬用才刚发育的喉咙齐声应和，连吼带叫唱起来。我怎么听出是《卡门》呢？因为“文革”前在电台里听过，记得。我怎么知道他们是从抄家物资里弄到，学会的呢？因为那帮小赤佬有我认识的，有名有姓告诉我说是从哪家家里抄出的旧唱片，旧唱机，天天在红卫兵的什么司令部里放着听。

今天我们看表达“文革”灾难的电影，多是粗暴破坏的镜头，假如有个片段是拍红卫兵高唱《斗牛士之歌》，恐怕匪夷所思，但那是真的。电影《辛德勒的名单》，德国兵一边大肆屠杀，一边有位士兵就在民家的钢琴上大弹巴赫，我以为那就是历史的真实，我相信。

那时的抄家，说来无奇不有，有人特意请红卫兵进来抄，表示革命，又表示已经抄过，可以清白免罪的，更有红卫兵今天去抄别人的家，明天自己的家也被抄的，但最多的多数，是在来到之前，半夜里偷偷将一切有罪的物件扔进垃圾箱。什么“罪”

呢？就是大量民国时期的国内外书报刊物和图片，多到什么程度呢？多得从垃圾箱边缘铺开来，摊一地。后来我到美国，发现搁在古董书铺里的高价文物级书刊图片，尤其是三十、四十年代的，许多都是我在“文革”初年垃圾箱旁边的老相识：玛丽莲·梦露、凯瑟琳·赫本和格里高里·派克的明星照片，罗克威尔的油画画片，《生活》与《时代》杂志，美国早期的色情图片、照片、招贴画。一位小赤佬夸耀说，他拣回家的图片上的女人“全部赤屁股”[3]。至于民国时期的出版物，更是多不胜数，电影画报，流行小说，良友杂志，民国报纸，我都见到过，比今天模模糊糊印在老照片集册中的要清楚多了，因为都是原版。我记得有一幅一九三〇年中国女子的裸体黑白照片，胳膊扭到背后去，身子很挺地斜靠着，旁边还印着一句诗，十分“香艳”，叫做“明明如月任郎看”。

我所临摹的哈尔拉莫夫的画片《意大利女孩》，就印在我父亲从垃圾箱给我拣来的一张扑克牌反面。另一幅同一作者的双人构图，我也临摹过，三十多年没见这幅画了，这次翻出来挂在个展上，忽然醒悟：那情调和构图，干脆就是我日后《西藏组画》的雏形。

接下来一串名单是：我所见到的第一本米开朗琪罗的画册，拉斐尔的画册，提香的画册，第一本俄国艾尔塔什米尔美术馆欧洲经典的收藏本，第一本黑白珂罗版世界美术史，以及大量欧洲古典油画画片，都是从各种弄堂里偷偷传阅借来的，几乎全是民国版本，印得要比今天最考究的画册还要考究。多年后我在纽约古董店二战前后的老版本画册中，认出了我在“文革”初年见到

3　赤屁股：上海话，即“裸体”。

的许多画片，区别是印着由民国人翻译的中文说明，有一幅英国人画的海景画，画一群船夫在滔天巨浪中搏斗，标题是典型的民国词句："若辈所获，唯此而已。"

那时，部分抄家物资曾在许多场所廉价出卖，其中包括多数是俄文版德文版的古典音乐唱片。老朋友林旭东就买来亨德尔的《水上音乐》、莫扎特的钢琴协奏曲与圆号协奏曲、贝多芬的钢琴朔拿大和交响乐、舒伯特的五重奏《鳟鱼》等等，我俩一块儿边听边画，那是我青少年时代最难忘的时光。为此我专写过一篇散文《外国音乐在外国》，登在上海的《音乐爱好者》杂志上，在散文里我说，因为去国的思乡，我到处寻找并挑剔当年在上海听熟的同一乐曲的不同演奏版本，要来寻回少年时的音乐记忆，而聆听外国音乐，竟可以聊解中国的乡愁。

我甚至在上海妇女用品商店对过的旧货店买到陈旧的，但是保存良好的欧洲绘画材料：一种小瓶装的由黑白两色调和的灰色水粉画颜料，色质纯正，法国货，商标还很完整，另有盖着法文印章的上等素描纸，至今我没见到比那更考究的纸张，美国也没有，二战后，现代欧洲人不会制作这类好纸了。我珍藏着，直到因珍藏而遗失——那一定是哪位留法的前辈从欧洲带回国的，也珍藏着，没有用，结果被陌生人抄走了，又辗转到了陌生人家里。

我所读过的欧洲古典文学，也几乎都是民国版，我读过三种译本的《安娜·卡列尼娜》，郭沫若翻译的《战争与和平》，姚文元父亲姚蓬子翻译的高尔基小说集，戈宝权先生编纂的《普希金文集》，当然，还有傅雷先生的译作。最近，丰子恺先生民国时期翻译的通俗本《西洋美术史》、《西洋音乐史》又再版了，这书的老本子我都在"文革"期间读过。五四时期中国作家的作品也很多，连当时唯一准许发行的鲁迅著作，我所看过的也多数是民国旧版，今年在鲁迅故居见到仿旧的再版本，真亲切，又买来作纪念。民国版郭沫若《访苏纪行》，记述抗战胜利后他代表国民政府去苏联参加和平大会，行前接到蒋介石慰问电报与几百大洋，怎样感激，怎样致谢，这让我非常惊讶，他怎么同人民公敌蒋介石这么要好呢？我记得当时是在赣南的稻田里拔秧，将这本书靠在稻秧上，毒日头照着，一边拔秧，一边读。

最近我在讲演中遇到提问，说是你们这代人在那样粗暴的环境里，怎样接受知识？感受美？我答不出来。我只记得七十年代上海滩大有这么一伙年轻人在“文革”喧嚣中过着另一种，怎么说呢，简直可以说是风雅的生活。上海图书馆封闭了，瘫痪了，而我们读的都是好书。在美术馆的工农兵画展外，我记得我与林旭东在他淮海路寓所里谈论，并临摹鲁本斯、伦勃朗、库尔贝与米勒，同时又画着准备参选的革命主题画。没错，那是文化的荒年，但正因为匮乏，所以如饥似渴，因为年轻，所以刻骨铭心。我记得我们一群小子在春天的下午聚在哪家花园洋房的花园里，听肖邦《第一钢琴协奏曲》，支着脑袋，从头到尾一声不响，头顶上飘着四月的柳絮和花粉。

现在我愿意说，这就是七十年代在上海发生的事情。在这么一群活在乱世的风雅青年中，有一路，好比是我，后来当了知青就学画苏派的作风，学画全国美展式的主题创作，另一路，绝对不参加任何官方展览，只画风景静物肖像画，对任何苏俄或中国官方的绘画嗤之以鼻。真的，事实上，后来全国第一项在野画展是上海黄浦区文化宫举办的“十二人画展”，要比北京的“星星画展”早得多。在外地的同行那里，我被认为是了解欧洲艺术的，一九八〇年，一位全国知名的四川画家拿着伦勃朗作品的印刷品要我说说，说他看不出这些画有什么好。而七十年代初一位杭州艺专老先生的隔代弟子那么鄙夷而怜悯地审视我的油画，说："就算你学得再像列宾，又怎样呢？那根本不是艺术！"我听着，羞愧难当。

这就是七十年代的上海画家。虽然绝不是全部，但上海人，上海艺术家，似乎天生地、天然地同官方主流文化艺术不是一条心，他们以这种仿佛是上海独有的"文化人权"，躲在弄堂的客厅、厢房、阁楼、亭子间——即鲁迅所说的"且介亭"——里自行其是。这种上海人的活力今天仍然远未在文化艺术上获得展开、发扬、实现，但九十年代以来上海的所有变化证实了这种活力。而在三十多年前，即便是张春桥姚文元坐镇上海的年代，上海的青年仍在小弄堂里细声细气用上海话争辩法国人与苏联人的优劣。民国一代留欧前辈带回国的美学之争，门户之见，在他们的弟子，或弟子的弟子之间继续传递着，俨然天经地义，理当如此，并以这种争辩证实这里是上海，我们是上海人。

多年后，有位江西青年远道来北京找我学画，在校门口分手时他忽然鼓起勇气，几乎是恨恨地对我说，陈丹青，我们没办法！我承认你们吃过很多苦，可是我们永远没有你们的条件，因为你生长在上海。他说着，眼泪哗一下子涌上来。

他将我称为"你们"。不是么？在江湖上我听过一千次"你们上海人"！近年，上海的文艺人一再提出要"重振海派"文化的意思，那真是好极了。可是怎样重振？谁来重振？市政管理，市民素质，今天的上海无疑领先全国，但文化艺术呢？民国的旧上海之所以成其"海派"，因为你可以列出一串民国最优秀的文化人物，我愿意说，包括黄金荣、杜月笙、吴四宝那些与艺术毫无关系的角色也该算在里面，有他们在，就构成文化的生态。当我长居所谓世界艺术中心纽约，知道，甚至眼见得纽约五花八门三教九流的人物事物，这才认识到当年的旧上海就像是亚洲的纽约，那时，亚洲文化艺术的风流韵事轮不到东京、香港、台北。准确地说，那是民国年代真正的新上海——而我所生长的上海，同民国比，同今天比，都是不折不扣的旧上海。

在我生长的第二个旧上海，许多民国人物还活着，老了，打倒了，靠边了，好像幽灵。但一个城市的文化，端看什么人住在那个城市。仅就画圈子说，我没有荣幸拜见过刘海粟、林风眠、丰子恺、吴大羽、关良，但直接或间接请教过的老先生有颜文樑、张充仁、俞云阶、蔡上国、陶冷月。他们每一位身边都偷偷聚拢着一伙人，散布着一种类似前朝遗老的气息（虽然很微弱），一种关起门来的生活方式（当然很隐蔽），他们的熟人或弟子常常是骄傲的，谨慎的，神经质的。老教授蔡上国，留法留英，是名画家蔡亮先生的父亲，他为我解说塞尚或毕加索，用巴黎带来的玻璃咖啡壶煮咖啡给我喝，我对片刻之间凉水会自行沸腾而百思不解。俞云阶先生送给我颜料，但一再关照叫我不要对别人说，以免传出他厚待一位右派的儿子，而他自己也是一位右派分子，他还说千万不要将自行车在他门口停得太密集，否则“里弄居委会认为里面在秘密开会”，那在当时是危险的，犯忌的，但这些老先生的家门口总会停着我们的自行车。

我记得他们的样子，记得他们的客厅。用马克思的话说，他们是一个阶级，用毛泽东的话说，就是“人还在，心不死”。

此外是中年的，无名的，说得耸动一点，就是“地下”的艺术家。我记得一位姓顾的老师，躲在虹口区，每次都紧张兮兮先从窗户口查看到访者是谁。他曾因与女友放听唱片《天鹅湖》而遭到派出所的传训，唱片没收。他家在苏州河北岸，那是武斗的年代，大喇叭随时叫嚣。在严密遮蔽的亭子间他给我看大量珍藏的欧洲画片，我记得他近乎于惨痛的幸福表情，那不完全是为艺术倾倒的表情，倒像是犯罪的表情，像是在吸毒，并怂恿另一个人吸毒。我来往的青年画友，很多，今天根本说不过来。大部分是资产阶级或所谓高级知识分子的子弟，这样的子弟现在见不到了，我至今惊讶在那样的岁月我们互相打听，介绍认识，然后两手插在裤兜里，晃着腿，见面坐下，谈的全是艺术，而且是关于西欧的艺术。我们之间没有一位是所谓艺术学院的学生，只是“社会青年”，没有希望，没有钱，谁也梦不到来日会走出国门，我们所能有的，只剩下艺术和谈论艺术，用上海话，用上海人的腔调谈。

就是这种广义的上海人的腔调，使我渐渐远离上海，在江湖上混得越来越粗粝。可能出于年轻人毫无根据的叛逆性格，三分故意，七分真心，我将自己的言行与艺术弄得越来越“非上海”化，在外地或美国，我很少被猜出是上海人，但真的上海人会轻易识破我。我竟在纽约长住十八年，又何尝不是因为我终究是个上海人——这么说吧：纽约，其实是个精力过于充沛，从未被侮辱、压抑、扭曲过的“大上海”，上海呢？像不像是个受尽一次次委屈伤害，又爬起来洗把脸，为自己好好整容、打扮的“小纽约”？

但我从未在自己的作品中画过纽约或上海。为什么？我与这两个居住最久的城市从未就此交换过意见。这是两个精明而大气的城市，一个孕育了我，一个包容我于无形。

“文革”结束后，俞云阶先生曾说，香港的、海外的老上海们陆续回来了，感叹道，啊呀，街道、房子，都没变，只是旧了，龌龊了。现在看来，第一个旧上海，第二个旧上海，其间虽然换了一个朝代，却还有千丝万缕的关系。我在《多余的素材》里试着说，我们小时候，其实马路上走的大人，都还是民国人。什么意思呢？我简直说不出什么意思，但其中大有深意在。在弄堂深处的亭子间里，在深更半夜的垃圾箱旁边，在红卫兵小赤佬的床底下，在当年扫荡一切的浩劫中，依然残存着种种西方的图像，莫扎特双簧管协奏曲的颤音间或在石库门弄堂传出来。这星星点点的欧洲艺术，只要被小孩子看见，听见，就构成所谓启蒙，我们在这珍贵而可怜的启蒙中，长大成人。

真的，就凭那么一点点可怜稀薄的所谓欧洲艺术的底子、影响，当我在“文革”结束后一九七八年上海展览馆迎来的“法国乡村画展”上，亲眼看见了库尔贝、柯罗、米勒的原作，这些画立即唤醒了少年时代我在弄堂里学画的全部记忆，不久，我就摸索着画出了《西藏组画》。

今天我不是来谈论自己的旧作。那些画不足道。我是来同上海朋友们重拾一个话题，一起回忆在我们的年代曾经被剥夺了什么，而我所谓的第二个旧上海又曾经给予我们什么。当年学画的朋友大多四散了，有的成为今天上海美术界的重要画家，有的出国，有的可能不再画画了。我曾拜见过请教过的老画家，差不多都过世了。前几年我回上海，骑着自行车穿过一条条当年寻访的弄堂，在那些门庭近处停下来，抽根烟，投去默默的注目礼。

今天，新上海的书店堆满了世界各国文学艺术的译本、画册和CD，今天要来学习艺术的上海小青年比我们阔气太多太多了。眼下正在展出的“上海国际双年展”作品，都是当今正在发生的艺术。我曾苦心向往的欧洲古典艺术就像大白天的月亮，苍白无光，当今的欧洲艺术，乃至世界艺术的太阳光，正普照生机勃勃的新上海。文化艺术的“海派”旧梦，不可能了，回不去了。为什么要回去呢？

从我妻子现在供职的新公司十六层望出去，我果然看见一个布满后现代高楼大厦的新上海，旧上海的标志物：国际饭店、大世界、中苏友好大厦、还有上海图书馆旧楼，变得很矮、很旧，一副又庄严又委屈的样子，缩在“擦刮拉新”的高楼大厦之间，很难被目力找到了，更其低矮陈旧的是拆剩下来支离破碎的石库门弄堂线，晾着随风飘扬的衣服和被单。我的老家早已拆干净了，但我属于上海的石库门弄堂——新上海的艺术弄潮儿理当属于新上海的高楼大厦，我仅以这篇唠叨而怀旧的报告，祝福新上海的年轻人，祝愿从诸位中间快快诞生上海新文化新艺术的大人物！

二〇〇〇年十一月二十三日

又一户行将拆迁的上海石库门人家。少年时代我们上下这陡峭昏暗的楼梯，到朋友家里听古典乐。摄于二〇〇八年。

维也纳勃拉姆斯雕像

音乐的立场

答《音乐爱好者》编辑部问

问：您是《音乐爱好者》的老朋友了，曾给我们开过专栏，读者都很喜欢。今天，我们的音乐生活从未这样丰富多样，也从未出现这么多的问题和困扰。在本社出版您这本音乐笔记之际，我们能否就音乐的各个方面，充分展开交谈？

陈：我不知道写给贵刊的稿子谁会读。去年冬天，给吉林一所艺术院校叫去开讲座，严寒，窗外积雪盈尺。座中有位长着络腮胡子的老师递条子，说他读了我在贵刊发表的稿子，感到“无比激动”，这真让我受宠。

好。假如读者不嫌啰嗦，下面我就试着给这本单薄的集子再添加一点字数。

问：一本好的音乐杂志对读者的帮助是很大的，您经常阅读音乐杂志么？

陈：说来惭愧，如今我几乎不看杂志。时间太少还是杂志太多？那么多美术杂志和文学杂志，我不知道该看哪一本。小说，中年后很少读了，经人推荐，看一篇。

我得说实话，我最难面对的就是音乐杂志：音乐杂志没有“音乐”，我读着，耳朵无所事事。

我真想当个音乐史课程的旁听生。人喜欢一门艺术，并试图好好地爱它，绝对应该知道一点它的常识。可是，譬如贵刊连载的《西方弦乐艺术史话》，我每次想读，片刻即罢休了。我得听。我的意思是说，音乐杂志不曾使我更理解音乐，更爱音乐。它甚至是“反音乐”的：捧一本音乐杂志，全是字，读到一半，我就想：音乐是这样的么？

这当然不是杂志的错，是我无知。假如我接受过少许音乐教育，恐怕不会对音乐杂志抱有这样愚蠢的偏见。

文学杂志美术杂志，直接或间接地“等同于”小说或绘画，后者是视觉经验的代用品，即便良莠不齐，也能解渴于一时。“文革”中我们靠可怜的几份过期美术杂志开始了可怜的启蒙。对了，就此而言，我的音乐启蒙比绘画好得太多：在我从未目睹欧洲或中国油画家的印刷品之前，在幼儿园，就从电台的外国音乐节目中听到欧洲古典音乐，以至“文革”中从英、美、韩国和海峡对岸的短波节目里再度听到“外国音乐”，我的耳朵立即“认”出了其中不少曲子。

在海外我没有读到过任何中文音乐杂志。《音乐爱好者》给了我很多“信息”——信息不是知识——譬如哪位中国作曲家原来是新四军出身，哪位怎样被迫害致死，还有徐迟先生辞世前寄给贵刊的文稿，等等。北京的《爱乐》，零星看过一两期，记得有瓦格纳“拜罗伊特剧场”的彩色照片，还有傅聪先生谈论肖邦，极中肯。我对富特文格勒谈论巴赫的文章印象很深，中国什么时候能有这样的音乐文字？

撇开“音乐”，我们只谈“杂志”吧。杂志有点像“菌类”。菌的滋生原是围绕着树木，如今，菌多于树。但杂志养着很多人。杂志给我稿费。今天，凡是识字的人谁也离不开杂志，不是么？

嵇康、陶潜、王维、苏轼的时代，既没有音乐杂志也没有诗刊。弗美尔或倪云林完全不知道美术杂志为何物。

我相信读书。但我读过的音乐书籍少得可怜。在台湾买过几本音乐译著，译笔不太好。我记得关于勃拉姆斯的那本摘引了他和瓦格纳的一次通信，两个对头礼貌而审慎的对话像是“君王之间的外交信函”。又在尼采传里读到他去瓦格纳家里做客，故意带一枚勃拉姆斯相片摆在钢琴盖上气气他，而瓦格纳果然不开心。少年时期读过丰子恺先生的通俗本《西洋音乐史》。那样深入浅出的音乐文字，现在不可能有了，他写到《第九交响曲》第四乐章的主题，怎样“千呼万唤始出来”。多年后听到“贝九”，想起这句话，白居易同志一定很乐意自己的句子这样地被引用吧。

我不怎么喜欢读单是谈论音乐或绘画的专书。我想了解艺术的“周围”。八十年代初出版的《十九世纪西方音乐文化史》（保罗·亨利·朗格著，张洪岛译）是对我最有教益的一本音乐书籍，那是老朋友林旭东寄给我的。翻烂了，只能用胶带粘起来。我从纽约写信给音乐出版社请代转译者，询问作者是否还撰写过《十八世纪西方音乐文化史》，有无译本。没有回音。十七年前的事了。我还在等。

问：您等到了。您说的是《西方文明中的音乐》，贵州人民出版社今年已将全书出版了，从古希腊、拜占庭一直到二战时期，是本音乐的好书。张洪岛仍是译者之一，还有顾连理、杨燕迪和汤亚汀。

陈：我认作者与译者。

问：您是画家，音乐于您是一种怎么样的关系？

陈：不知道。我平时不画画也在“画画”：看见人，人的脸，或好看的树木之类，手指就在裤兜里划——根本不是什么用功勤奋，只是习惯，本能，就像左撇子或口吃。另一习惯就是出声或默默地背诵曲调，随时随地。在许多糟糕难熬的经历中——处境艰难，心情恶劣，或忙乱到发昏，忽然，我发现自己竟在默诵一段旋律。我惊讶，止住自己，试图沉浸到“应该”如是的心境，譬如悲伤，焦虑，专心。但我旋即发现自己仍在默诵同一旋律，像是卡了槽的唱片。

这不合时宜的音乐默诵！奇怪，它一点不影响“主要”的情绪。假如我默诵的是莫扎特欢乐的快板，同时，仍然心事重重。

而且我弄不清是哪个部位在默诵。不是嗓子，也似乎不在脑袋或“心灵”。音乐总是在一个什么看不见的“地方”，在“那里”。即便我不哼唱，只是默想，也能“听”到音乐，历历在耳……音乐什么都不管的，只顾它自己。

不，我根本说不清音乐和我是什么关系。

问：其实我们就是想知道美术的修养，会给我们听音乐带来什么好处？

陈：音乐家的“美术修养”是怎样的呢，几乎没有资料说起大音乐家对绘画的兴趣。德拉克洛瓦很喜欢肖邦，他俩都是欧洲浪漫主义超级“标签”，但据说肖邦对德拉克洛瓦的画总是顾左右而言他。（谈到贝多芬《命运交响曲》的著名的首句，肖邦说，那是音乐吗？）

我听中央音乐学院的学生说，老师会带他们看画展，评析美术。我不确定那是否就算是“美术的修养”，是否就会给音乐学生带来什么“好处”。我平时不会想到“修养”这回事。我记得在纽约与瞿小松见面，他喜欢同我谈论中国古典绘画，尤其是石涛。可是我不怎么喜欢石涛。

隔了行，要是遇见一位音乐家或作家，我会询问音乐或文学的知识，可是要我谈绘画，会很难为情。不知道为什么。

我听音乐时几乎不想到绘画。可我画画时总是“想”到音乐。那可不是“音乐修养”。

问：记得你说你搬进纽约曼哈顿42街233号楼406画室的第一天，接通电源，音乐弥漫开去，你顿觉像是“开了新纪元”。那是怎样一种感觉？

陈：“开了新纪元”一句，是我从师尊木心先生的散文《竹秀》中顺过来的——但愿木心先生不介意——他写青年时代独自在莫干山休养、作文，点一支蜡烛，后来又添一支，点上，“开了新纪元似的”。

这写得多好啊！静夜的烛火，再添一支——这是不可言传的。

问：您作画时听音乐是为了“助兴”么？

陈：这也是不可言传的。“助兴”？好像不是。热闹的场合需要音乐“助兴”，酒会，舞会，仪式或典礼。我独自画画，听音乐，是要音乐陪着我。我要它在。

可是画到最专心时，其实没听见。此刻我正听着贝多芬钢琴朔拿大第111号，我特别倾心第二乐章中间段落的转调的叠句，我写着，在等那一段来——当我又听见琴声时，第二乐章已经接近尾声，我错过了。

“专心”之状也是不可言传的。我完全不记得怎样画出我画中最好的一些部分，但我清晰地记得当我画到某一处，我正在听哪段音乐，并立即“想起”那段音乐，事隔多年都会记得，像是加盖封印。

你看，我又在谈音乐的“记忆”效能。

说来你会不相信：画画用不着思想，画画时，头脑闲着，胡思乱想。音乐在，胡思乱想有所止息……也不对，听音乐时另有一套胡思乱想。而音乐并不传达我们所说的“思想”。

音乐传达什么呢？倒或许是“助兴”的“兴”。中国的有些词，真好：“兴”！我不喜欢在写作中引述诗词，但像“蝉噪林愈静，鸟鸣山更幽”这样的句子，作音乐理论解，倒是剀切允当，简直是“物理”现象的阐述。初到美国，听音乐，发现完全没有报幕这一套。最僻静的场合，其实是正在进行演奏的音乐厅。

我仔细想，我画画，音乐在场——“在场”这个词是不对的，音响在场，但音乐无形——可能是为了更安静。真的，真的，画画而能同时聆听音乐，工作就格外安静，专心。

耳朵与眼睛

问：您说过，耳朵总是醒着，最敏感。

陈：对啊，耳朵永远醒着，耳朵不睡觉。好像没人说起过这件事。

我记得那么几个早晨，很早以前，是从哪里传来的乐声，我缓缓苏醒，像是刚出生。不是被吵醒：市声，车辆开过，喇叭里的广播……不是的。那样地被音乐唤醒——乐声简直像是专为我飘来。多美的经验，想来失神。

那年我去加州，住在阿城家里，睡着了。是下午，太阳照在床沿，我缓缓醒来，因为一句一句的钢琴声，我起身寻出去，原来阿城在隔壁放听柴可夫斯基的钢琴套曲《四季》，写到秋天的那支曲子。

他说他买到了更好的版本，把我听到的那一枚CD送了给我。

此刻我还是在想你的前一个问题：为什么画画时要听音乐？让我们留着这个问题吧。

问：耳朵与眼睛，哪个力量大？

陈：小说《香水》的作者，写嗅觉，算是给他找到一个点。传神地描写听觉，就是说，描写声音，不多见。声音很难描写。

好几份回忆写到鲁迅先生的笑："很有意味的"、"明朗的"、"纵声地"、"震耳地"——究竟怎样呢？我熟读他的照片，自以为认识他，但"笑声"是回想鲁迅的盲点，我毕竟不认识他。

《阿玛德乌斯》，那部关于莫扎特的电影，神来之笔是莫扎特的笑——毫无征兆，冷不防发出尖锐的笑，超高音，头腔共鸣，响亮，短促，不像是笑，简直是爆发性的喘气，至多两秒，转瞬即逝，突兀，戏昵，率真，滑稽。我相信莫扎特终其一生带着这样的孩子气的痉挛尖笑，不分场合不论同谁在一起忽然不可抑制忘其所以笑将起来……那是笑的极致，天才！……这部电影的剧情、表演，都无法比拟这笑声的设计。导演绝对不可能见过莫扎特，即便有记载，他又凭什么断定莫扎特便是这样的笑法？

那位演员的脸像不像莫扎特完全次要，他的笑，直指莫扎特，比当年好几幅莫扎特的油画肖像更是他那个人——真的，最精确最传神的“肖像”，乃是人的“声音”啊！

问：那么，绘画与音乐的力量、感染力有哪些不同？

陈：要看是哪种“力量”，哪种“感染力”。电闪雷鸣，使你惊骇的是闪电还是雷鸣？纳粹用刑，有一种办法是将探照灯强光对准脸面，同时审讯。最近我听说北京哥们儿的一件“行为艺术”，是花钱雇一群民工，散开蹲着，用高音喇叭冲着他们连续播放：“我操你妈！”

当然，电闪雷鸣，强光高音，不是“绘画”，也不是“音乐”。

问：您总是提到儿时的“视觉记忆”对您画画的影响，音乐也是一样吧，谈谈您的“听觉记忆”？

陈：我的“油画”记忆是在小学。音乐记忆，早得多，是幼儿园小班，早晨，我们排好队被领进房间，老师当当地弹着钢琴，太阳光照进来，我大为震惊。

幼儿不会“感动”，只会“震惊”。去年我在京郊农村过大年夜，下雪了，鞭炮齐鸣，一匹草狗蹿出来，猛地停住，竖起耳朵听，显然不明白发生了什么事，随即仓皇奔走。

现在我还能背诵在幼儿园听到的那段旋律，很简单，重复地弹。要是我会简谱，写出来给你看。

假如父母亲喜欢收听沪剧、评弹、绍兴戏、滑稽戏、杨乃武小白菜之类——“文革”爆发前，上海电台整天是这些节目——可能我的“听觉记忆”完全是另一回事。父亲似乎只收听当时的“外国音乐节目”，他有上好的低音，热爱声乐，少年时在家乡广东由一位留学美国学西洋声乐的教师教过唱歌，那位教师说我父亲有真正的低音歌喉，比保罗·罗伯逊的低音还要低，“像木头发出的声音”。但他终于没有攻读声乐，来上海考中了当时的海关学院。父亲说，解放前，一个青年靠艺术吃饭会被家乡看轻的。

从我幼年，父亲即鼓励我当艺术家。

我记得父亲仔细阅读一位在全国声乐界很有名的医生撰写的关于声乐、发音的专书。他同我在上海人艺当演员的舅舅津津乐道“头腔共鸣”，谈论中国歌唱家：蔡绍序、温可铮、施鸿鄂、周碧珍、张利娟……

我是旧式石库门弄堂的孩子，最熟悉该是水龙头、评弹、井、大饼摊、阴沟洞之类，可是关于六十年代前后的上海的记忆，总是“西式”的事物：钢琴声，扭动的小提琴声，油画的凸起来的颜料，笔触，布纹，还有洋房，钢窗，打蜡地板，梧桐树，古董店里的油画和雕花镜框，民国版书籍扉页上普希金侧面的钢笔肖像，竖排的繁体字，铜版插图，等等，等等——我可能永远无法弄清为什么这些事物轻而易举吸引我，为什么那会是我追溯往事的第一记忆。那时我们根本不知道什么是“崇洋”。

要是我不生在上海？要是中国没有上海？

记得在外滩排队购买回江西插队的便宜船票时——不可思议，那时从上海到九江的三等船票似乎才七八块钱——在烦闷等待中，我独自背诵莫扎特的圆号协奏曲，同时分一只耳朵听黄浦江的轮船汽笛。

不消说，四九年以后的中国革命音乐也是我这代人的“第一记忆”。有一部“样板戏”在全国范围再没被提起过：钢琴弦乐五重奏《海港》，我记得好听极了，几把提琴只要是在“对话”，都好听，弦乐出声，像碧绿的树叶，斜着，舒展着，分布开来。

插队前夕，钢琴伴唱《红灯记》和钢琴协奏曲《黄河》相继出炉，是在大喇叭里初听，惊为天界的声音。多年后在纽约终于看见了殷承宗同志的演出，我由熟人带到后台，直勾勾盯着他看，不敢上前说话。他无法知道一个少年怎样在蚊帐里用被子裹住脑袋，屏着呼吸，在“矿石机”的耳机里收听他的琴声。是在赣南山沟，赤日炎炎，拖拽铁犁的水牛口吐白沫，屈腿跌倒，泥浆四溅，又被鞭子抽打着，屈腿爬起——我也踩在湿热的泥浆里，熬着，同时，像我前面写过的那样，喉咙里反复模拟《黄河协奏曲》的钢琴部分。

就算是黄河流域的“老根据地”，这首乐曲在当时也等于“外国音乐”，不会有哪个船夫会喜欢听，或者，根本没听过。是我们这些“知青”在听，我们被送到农村，并在那里接受样板戏的音乐“再教育”。这“再教育”甚至延续到海外——一九九五年，海外纪念抗日战争胜利五十周年，纽约华侨在林肯中心交响乐厅举办盛大合唱会。当扮演铁梅的刘长瑜穿着花袄走到台前，辫子一甩，全场长时间热烈鼓掌——台下的铁梅“追星族”都已办了绿卡了。那年刘长瑜该有五十多岁了吧，眉毛一抬，亮出酒窝，开唱“我家的表叔数不清”。

像所有这代人，我也能够背诵京剧样板戏唱段。记得刚到山村，轮流到乡亲家里吃“派饭”，我站在屋后树林子里谛听山雨落在一万片树叶上的响声，茫然忧郁，同时嘴里却嗫嚅哼唱杨子荣“除夕夜，全山寨灯火一片”，日后偶尔唱到这段，就想起那片雨中的树林。

知青时代很多愁闷的记忆都和大喇叭有关，尤其是村镇的大喇叭。流窜到江北落户时，那里已经有播音设备。隆冬日暮我在荒田疾走，四野无人，大喇叭里是苏北方言的革命叫嚣，还有童祥苓——照我爸爸的说法，他比意大利男高音吉里还要棒，去年，我被安忆夫妇带到他在法华镇路开办的馆子吃了一碗面，可惜没见到他——他尖锐颤抖的尾音被一根根旷野的电线杆子一句句拆开，传递，衔接，由远及近，由近而远，次第减弱：威虎山……威虎山……威虎山……

我在朔风中疾走，听着，心里好不凄凉。

一九七七年中央电台“文革”后首次播放贝多芬《第五交响曲》。那次聆听的经验庄严到荒谬。早好几天我们就得知播放时段，印在报端的小角落，大家纷纷相告，眉飞色舞，届时叫来好多人，床沿板凳坐满了。结果前一个多小时节目还是革命音乐。好容易等到《命运》。指挥李德伦。毫无道理地，我忽然跳起来，关了电灯。

音乐与解读

问：辛丰年最早提出“读乐”，这个“读”字，您认同么？

陈：也认同，也不太认同。我相信感官，不太相信头脑。看画，听音乐，还得无为而为。

和逐字逐页的“读书”不一样，看画，听音乐，可以心不在焉，“思想开小差”。“读画”，则似乎起于中国文人画“术语”，一笔笔体会着“读”：怎样起落，怎样转折，等等。读进去，是会有种种滋味、学问给读出来，有“内行”的快感，一种可以称之为“优越”的快感，因为“懂”。

古典音乐的狂热爱好者大抵是在“门外”吧，动辄“感动”，“流泪”，“汗毛竖起来”，还把手臂伸给你看，汗毛果然竖着——其实没听进去，只当乐曲是情绪供应器，泡桑拿似的，出汗就好。这样的听法，“读乐”，是一种理性的劝告，也是对音乐的真正的敬意。西方古典音乐，是哲学数学的大典，是庞杂繁复的精神建筑，张爱玲受不了，但她会说话，说是像“阴谋”。是的，你要上当，你要拆穿，是个读之又读的漫长过程。有些交响乐室内乐曲目，听不知多少回，十几二十年后，啊呀，忽然“懂”了，听进去了，以前像是白听。

读书，读画，读乐，是无尽的过程。勃拉姆斯收藏不少莫扎特钢琴协奏曲手稿，精读。据说弄音乐而成精，入了堂奥，是一声不响在那里读谱。

我连简谱都不识，所以见了“读”字，要拿“无为而为”这样的说法给自己的无知辩解。我总以为感官是不听头脑的，是两个部门。伟大的作品，超越美学，直逼感官。巴赫的朴茂仁厚，怎么“读”？莫扎特是等于有风吹过，太阳光照进来，又怎样去“读”？亨德尔、海顿给宫廷写的大乐，英气勃勃，精力弥漫，贝多芬《英雄》、《命运》，主题劈头盖脸，哪容得你去“读”它，你得将自己弄虚空了，交给音乐，由音乐来“读”你。我们真的在听音乐吗，其实音乐在“听”你，听听你是怎样一个“人”。

是啊，人的心灵，感官，肉做的，沉睡着，是要给音乐来“读”你，“读”醒了，人的内心，人的品质，从此不一样。“对牛弹琴”，是畜生没有被“读”的性灵——来世做牛做马，但愿我记得此生听过的音乐。

近时听布鲁赫、马勒、肖斯塔科维奇，大悲大怒大悟大惑，倒是大有可读之势，但我也只能是悚然谛听，有所感，大有所感，说不出，也不能说。

音乐不可说。越是具体而微地谈论乐曲，越是要谨慎。我写到音乐，绘画，尽可能不直接谈作品，更不去分析它，除非我与对谈者当场听音乐，当场看画——或者，我会将音乐绘画的分析审慎地“编织”成文字。十多年前我就想细细谈论塞尚，我自以为非常懂得他，可是至今不下笔，我怕说出来，他的，譬如说，那重重覆盖的绿色，覆盖时的重重用笔，就给我“说掉了”——像他那样“纯度”极高的作品，不让你说它，它拒绝语言和文字。唯在美术馆凝视塞尚，我与他了无滞碍，他不作声，我也不作声。

倾听，谛听，“读”，如音乐本身，当场发生，乐句走到哪里“读”到哪里，如火花一节节燃烧过去，感悟紧接着感悟，领会紧接着领会——全是朝向内心，全是自言自语。写出来，转成文字，入了文字的规律和效果，已不是听的过程，“读”的内容。

我总不太信任关于艺术的谈论或专著，偏偏我又是个喜欢说话的家伙，这真是没办法。相知，小圈子，气氛得宜，无妨十二分专业地谈艺论道。说出去，发表见解，我总愿审慎回避“专业性”。专业，止于自己手下的创作。

中国的文论与画论，都是“形容词”系统，什么“冲淡平远”、“苍润华滋”之类，说得实在漂亮，我每为之着迷。上海的蔡上国老先生，民国年间在欧洲学的是交通，业余画法国一路油画静物，他同我谈塞尚，快要三十年前，是“文革”中。我那时哪能懂得塞尚呢，记得他陷在他家的欧式老圈椅里，手指在塞尚画册的纸页上跟鸡啄米似的戳着，用四川国语吼道：

“这用笔！你看看你看看——多么苦涩！多么娇嫩！”

苦涩、娇嫩两句，拖长的重音，同时他用力向两边咧开嘴角，老脸的筋肉直扯到脖子根，勒紧着，抖着，佩服得要死的样子。

我到今也没听谁这样的解读塞尚，又讲得那么传神。而且我听他吼，眼睛赶紧盯着“塞尚”，这是画的好处，你看定它，它不跑，不像音乐的转瞬即逝。

问：读乐，还体现为大家常说的“爱乐精神”。

陈：“爱乐精神”、“爱国精神”……有首歌叫做《我的中国心》，一开唱，底下的情绪就给煽起来。你可听过《我的法国心》、《我的瑞典心》么？

我不会劝别人去爱艺术。爱艺术，爱一个人，是心里的事情。歌德说：我爱你，与你何干。

问：傅聪以前来上海讲学，他把莫扎特比作李白，把贝多芬比作杜甫，把舒伯特比作陶渊明，把肖邦比作李后主，又说亨德尔是“革命的浪漫主义”。用“比较”来理解西方音乐是个好办法。您看绘画与音乐有没有可比性，比如把毕加索比作斯特拉文斯基，把凡·高比作……

陈：我以为不可比，比则两伤。

似乎五四前后几代人特别喜欢作这样的联想或比附。蒋介石自比希特勒，徐志摩攀比泰戈尔，郭沫若强做歌德，刘海粟以为他是凡·高、毕加索……或者反过来，譬如，说鲁迅是中国的高尔基，其实鲁迅先生比高尔基同志不知深沉高明多少。

此外的比附还多，什么上海是东方巴黎，苏州是东方威尼斯……西方人岂有这样比法，说罗马是意大利的洛阳，伦敦是不列颠的北京？或者封巴尔扎克为法兰西的冯梦龙，称福克纳是美国的郁达夫？

有幸听过傅聪的三次演奏，果然风流，空白，破句，收敛，都有自己的用法。他将西乐与汉的诗风作比较，也的确经验之谈。他的教学谈话十分珍贵。只是我向来不太听信艺术家的夫子自道。我也写过创作谈，知道那和画画是两个表达系统，两种“骗术”。我要学生别太听信我谈论自己的话，除非听者善于将听来的话与他自己作最佳的沟通。如果我说的是对的，也只对自己有用，是同自己的私密的关系。

人不了解自己，人很难说出自己的创作。要说的，作品已经说了，作品，就是为了说那言辞说不了的意思。

在纽约认识一位年轻的女钢琴家，有才气，下手很猛，曾是殷承宗的学生。问起，她说殷老师永远教我们弹琴时心里想着“高山大海”，所以她要来纽约听听别的教法。可我听她，还是“高山大海”，近苏联那一路，因她已经给老师的说法“塑造”过了，但不如老师。“殷老师”的青春记忆是五十年代全国与苏联的热恋，是“文革”大规模恶性浪漫主义的豪情——这些，她都没有。傅聪有他上海文艺世家关起门来领会古典诗词的家风，有他流亡在外归不得的“心路历程”，今日京沪音乐学院孩子们即便从小给逼得背几句唐宋诗词，懂得李后主“无限江山，别时容易见时难”什么意思么？于右任有句：“站在高山兮，望我大陆。大陆不见兮，只有痛哭。”我虽非流亡，也是人到国外，才晓得老辈心里这点滋味。有次读报，是国民党“外交部长”钱复作报告，引李后主“别时容易见时难”一句，痛陈台湾无“外交”。

无限江山！如今音乐学院的孩子真想快点别了江山，奔美国参赛拿奖呢。

以中国的诗境诗意比西洋画家、音乐家，很好的。诗、乐、章句、画面，本来是各人的解读，各人自有各人心里的李白与杜甫。音乐的解读更是人言言殊。众人一块儿闷头听一支曲子，一说开，多是不同的领会与联想。记得“文革”中与影响我画画的夏葆元老师一起听贝多芬“第九”，到三乐章末尾那重复两次每次三响的号角，他说：“像吗……像夕阳。”我听了，大为佩服，虽然我自己心里别有联想，但说不出。

傅聪来把李白比莫扎特，一定有他私下的心得。但唐诗与欧洲古典音乐，都是伟大的“公共财产”，再怎样个人的解读，都不免“交付”给“公共印象”——李白世称“豪放”，那已是唐风的别称（苏轼的“豪放”，便大不同）；而莫扎特的“公共印象”殊难以“豪放”一语概括，即便时有“豪放”气，也非“拔剑四顾心茫然”、“明朝散发弄扁舟”这样纯然中国士大夫式的情怀，莫扎特大量段落的跳宕衔接运用洛可可宫廷音乐传统的“谐谑”手法，那种高贵的调皮相，也不见于李白的诗风。

莫扎特晚期作品，傅聪说近于庄子，倒有点意思的。但他说莫扎特“不说教，完全是爱”，然而庄子及道家的学说，哪有“爱”这回事：中国文化根本不讲什么“爱”，中国人讲“情”，但这“情”与西方文化中的“爱”，不是一个意思。

傅聪又从贝多芬那里听出杜甫同志的意思。这二位下笔，论沉痛厚重，略有表面的相似，但老杜骨子里是大儒，贝多芬则是盖世的英雄，老杜的诗句动辄悲悯含泪，贝多芬顶讨厌哭泣，他的酒神精神，日耳曼人的血质、暴怒，及所谓“资产阶级上升时期”的意气风发，莫说老杜，中国所有诗歌都没有，要说有，那是“狂”，但中国士子的“狂”，与西人大不一样，贝多芬对着王宫巨卿的人堆直走而过的“狂”态，老杜哪里敢。

说舒伯特像陶潜，也落得似是而非。舒伯特自有不少陶然欣然的段落。但舒曼说得好，不听舒伯特的《第九交响曲》，就不能了解他。他的“未完成”，悲愿交迸沉潜坚毅，大有贝多芬式的英雄气，而陶潜，以现代的说法，终其生是个“反英雄”的人物。

肖邦的部分段落，空灵自失，婉转出神，或近于李词的韵脚，两人都有流亡之痛，是故弹奏肖邦，语气心绪，或从李词可以有所借取吧，傅聪自己的处境，也正相似。但我不喜专说肖邦的沉痛一面，我听他最用力的两首朔拿大，那种明亮，刚毅，昂然赳然，义正词严，到底十九世纪欧人的一股子阳气，他的练习曲、马祖卡，听起来也是一股子欣然陶然，上海人叫做“轻骨头兮兮”，相传肖邦极善逗乐，模仿别人的言笑姿态，惟妙惟肖——这些，都与李词精致的浩叹不相干。

我倒是每听霍洛维茨弹肖邦，弹舒伯特，弹斯卡拉蒂，均极“主观”，而以我的耳朵“主观”地听来，也竟十分的“中国”——他同样精于破句，收敛，大胆的空白，几乎在所有句子的寸厘间隙，都能径自调度，纵意驰骋，但他不识中文，不懂唐诗。

唯傅聪说德彪西“错生法国”，与中国人气质最近，我以为比较地可以说得像。其实傅聪弹德彪西最拿手，比他诠释肖邦、莫扎特更“对”。但我还是不敢说德彪西怎样的“东方”——我看不出哪位西方艺术家真的领悟“东方”文化——他的境界，只能说十分的“非西方”，而在西方文化之外，又不会生出“德彪西”这样的人物。

近世中国的文艺家多愿比较中西艺术“相似”、“相通”之处，我在出国前也不免这样不知就里地相信着，待久在异域生活过来，由表及里，却是越看越比出中西文化的深刻差异。老庄学说、魏晋风度、唐宋诗意，再怎样恣意汪洋，同近代西方比，也多是老于世故，精于周旋的文化，根子里难有同西方文化相通处——也好在不相通，为什么要相通呢。凡·高那样的疯子，中国也有的吧，八大山人的“疯”是最有名的，旧说即是“佯狂”，“佯”，十足中国文化，老实人凡·高岂能懂得这苦心曲折的“佯文化”，他是真会取自己的性命，耿介得一塌糊涂。美国人凯奇，卖什么易经禅学，其实不玩也罢，一玩，反露了那股子美国人的愣头青，愣头青也罢，他还装不像地要来装“佯”。

中西艺术家不可率意比较，便是西方人之间也难比较。毕加索与斯特拉文斯基百年前是做的同一路事情，即解构十八、十九世纪的创作套路，可是老毕的性子是西班牙人的热烈诡谲，斯特拉文斯基则不脱斯拉夫民族愚鲁而奇幻的气质，不然他们二位怎样搬弄新招，也难自立门户。杜尚和波依斯同是观念艺术大玩家，前者喜欢拈法国人的“四两”，后者乐意扛德国人的“千斤”，此所以杜尚之为杜尚，波依斯之为波依斯。

话说远了。不管我这里怎样辩说唐诗与西乐的不相干，但傅聪的琴艺已然迥异于大部分欧美同行，我几次远远听他，丝帛质地，精瓷般洁净，原来是李白、陶潜的幽灵躲在琴盖子里悄悄成全他——我们尽可将各自的创作“插头”接蓄不同的“电源”。创作有规律，没有通则，凡说出的道理，不弄成公式就好。这意思，傅聪自己也预先说明的。

问：不同艺术之间的比较，好处在多一种参照，多一种通道。刘海粟就曾以京剧的音乐同绘画风格作比：谭鑫培是水墨画；孙菊仙是焦墨；杨小楼、言菊朋如大泼墨，但前者“泰山日出”，后者为“闲云老鹤”；盖叫天如版画绣像，俞振飞如工笔重彩；刘斌恩丑而不丑，风格近于关良的戏墨……这样的比附联想，是否有其可取之处？

陈：刘大师要这样子比，那就这样子比吧，也有点道理的，传统国画与京剧原理本来极通。旅居纽约的收藏大腕兼国画家王己千，九十多岁了，在洋人那里讲了五十年，说中国水墨画的用笔就等于西方歌剧。他每说“歌剧”二字，必用英文“Opera”，偏是他双唇极厚而鼓出，发这拼音时，常会有极小的吐沫喷出来。

前面说过，五四一代人都喜欢这样子作比，比着，有种快感。

这比法的渊源，根子，是在中国人谈论艺术，向来是个“形容词”系统，如用墨的“枯”、“焦”、“泼”、“戏”，用笔的“椎画沙”、“屋漏痕”，又如声调的“雏凤清音”，舞姿的“金鸡独立”，武术的“金蝉脱壳”之类，不胜枚举，凡自然界动植物的种种姿态都给拿来形容，又譬如说王者走路是“龙行虎步”，谁见过龙怎样行走？然而“像”，帝王听了，虽是给比作畜生，也每“龙颜大悦”。

西方文艺理论是一整套“名词”系统，什么“主体”、“客体”、“能指”、“所指”、“表象”、“本质”……也了不起，但我不懂理论，不喜理论腔，每蹭到“理论”的门墙边，我走开。

问：到了我们的年龄，越来越能够领会中国艺术，比如，中国的昆曲真要比西方歌剧好。光是“抽象”这一点，就不输西方。在大剧院看瓦格纳《漂泊的荷兰人》，逼真的海盗船占了舞台的一半，水手在甲板上合唱，好也好，还是有点笨了。而今日世界的歌剧成了“实景歌剧”，《图兰朵》在故宫太庙，《阿依达》在金字塔，大象、狮子、老虎，都上台。音乐会变成狂欢节……看逸夫舞台的中国“船”：《打渔杀家》、《伍子胥》（虽然这船非那船）什么都没有，只演员手中一把桨，舞得惊天地泣鬼神，而一把京胡，道尽人间沧桑。中国人更擅长“抽象”？以简单表现复杂？您认为中国艺术更高明吗？

陈：“抽象”是外来词语，原是讲哲学的表述。中国艺术没有“抽象”这回事。相对于文艺复兴以降愈形逼真的写实传统，到二十世纪，西方遂演出“抽象”绘画，排除可辨认的形状。中国绘画从未以西方那样的观念看事物，从未有过解剖透视比例那一套，故也从未根绝“形象”，所谓“逸笔草草”，只是“草草”，“不求形似”，“形”还是在。当代中国人见到西方抽象艺术，便赶紧说中国画早就有“抽象”因素，实在是不必要的一厢情愿，还有人说太湖石之类即中国的“抽象”雕塑，中国书法则是最早的“抽象艺术”，简直无从谈起。

傅聪讲学，说“西方音乐的境界，我们中国文化早就达到了”，遂以唐宋的句子比附而作解，也出于同样的思维习惯，看起来是民族文化的自尊、自知，以至自豪，其实不然——人家的境界，为什么我们偏要“早就达到”，这才是好？大唐大宋的诗人词客，从不谈什么“中国文化”。中国艺术不“抽象”，半点无损中国艺术的伟大。中国艺术的境界，西方永远不会有，西方也并不着急。

麻烦是我们现在评说中国艺术的词语，几乎全是从西方翻译过来的，想当然耳，概念混淆。三十年代的“前卫”写家说是中国京剧早就精通“象征主义”，鲁迅先生即著文辩难，说肩上插几面旗表示军队，手指做一套动作表示开门关门，那是“表意”，哪里是“象征主义”。

谁“更高明”呢？无所谓，根本两回事。以我们看来，相对于狮子老虎牵上台，中国舞台艺术的“表意”传统可能“更高明”——其实是更“巧妙”——中国人不玩“实景”，向来以少胜多。舞台上的布景道具，照江南话说，“意思意思”，就意思无限了。

其实欧洲十八世纪的歌剧布景，很简约的。今日的古典歌剧玩大众化，我在纽约看歌剧，是连电影与百老汇的实景装置也都学来用，其中有威尔第的一出宫廷舞会，台前一景，中段与深处，另有二景三景，装饰繁复，金碧辉煌，背景景深处各有一群人跳舞，颇壮观，玩儿真的，弄到极端，就索性真的畜生牵上台——西方人就是这样子，非要这样子，你怎么办呢。

至于《图兰朵》在故宫太庙，《阿依达》在金字塔，哪里是“实景歌剧”，那是今日西方音乐市场的“卖点”，纯属生意经。

问：中国音乐是“线性思维”，重旋律，不重和声，人声是扁的，不像西方美声那一套。绘画则是白描，也是“线性”的。泼墨又不同，可说是“柱式和声”？但现在中国艺术家在绘画或音乐创作中玩“抽象”因素，容易“走向世界”，被认作“世界水平”，您认为合理吗？

陈：我们没有和声，那就没有和声，声音扁，也有扁的好听。

我听俞振飞，那种虚弱，那种气若游丝，真叫做“曙色初动”。

“世界水平”，其实子虚乌有，多此一说。非要说“世界水平”，我以为音乐是西方的伟大，因为有和声，因为“崇高”；绘画呢，还是中国山水画伟大。倒不因为“线性”，而是中国山水画的“旷观”，有一种说法，叫有“远意”，并非中国画所谓的“笔墨美”，笔墨，是要到明人才当件事情讲，到清末民初，越讲越夸张，到了当代，简直成了画论家的意识形态和笔墨官司。宋元绘画用笔用墨，蕴藉内敛，宋人论画，并不单讲什么“笔墨”。而中国山水不应看作“风景画”，“风景画”一说，也是西方传来，斯宾格勒称欧洲十八世纪前的风景画有宇宙观，到印象派，“风景”的空间观念就没落了。我初读不解，现在想，极有道理。

现在的中国音乐家玩“抽象”因素，就被认为是“世界水平”么？真可哀。我们说“走向世界”，其实是在说“走向西方”。倪瓒、八大的时代，才不管什么世界不世界。古代中国人根本不讲什么“世界”。照胡兰成的说法（我不确知这是不是他独一的说法），西方人讲“世界”，中国讲“天下”；西方人讲“时间”，中国人讲“光阴”；西方人讲“社会”，而中国人讲“人间”——这是极大的道理，性命交关，我说不像，仅此接引几句，您想想这话的意思，仔细想想。

西方的词语，西方的理论架构，好的，挪过来套中国传统艺术，要审慎，弄不好，驴唇马嘴。我倒以为用中国的“形容词”系统形容西方艺术，用得好，可以很“高明”，如说塞尚“苦涩”，塞尚“娇嫩”，说给塞尚听，恐怕他也会恍然大悟，点头称是的。

问：您怎么看中国人演奏西方音乐的尴尬？

陈：不尴尬。别说中国画西画、奏西乐的艺术家，今日的国画家、国乐家、国学家、国医师，多半西装西裤，过着西式的生活，套间，空调，沙发，电视，坐小车，打手机……开口聊天，全是四九年以后的大白话：怎么样？哪个单位？搞什么活动？咱们交流交流？——我们天天说着听着，有谁尴尬？

倒是西方音乐恐怕会尴尬，莫扎特要是活转来，冷不丁瞧一群中国人在台上演奏他的曲子，台底下坐满了中国人听，保管一愣，不知此处何处，今夕何夕。

音乐与演奏

问：您曾谈到“二十世纪是演奏的世纪”，具体说说如何？

陈：我不知道说得对不对。我也不知道有没有专论告诉我们相关的知识。二十世纪的印刷技术不厌其详地翻印复制整个美术史图像，我在纽约逛书店，昔日大师的专集每隔几年，甚至每年都会有新版本上市。绘画的印制与音乐演奏的性质不可等同，但同样地，纽约音乐厅排得满满的全年演奏曲目，绝大部分是古典音乐作品，数以百万计的唱片和CD则复制这些演奏。

二十世纪以无穷精力苛求上几个世纪音乐作品的诠释，仿佛是“反刍”与“消化”音乐遗产的漫长过程，所有经典都有待二十世纪指挥家好好解读其中难以穷尽的“密码”：《命运交响曲》已经被演奏了多少万次了吧？没人能说哪一次是最好的。有多少版本的《命运》，即有多少种《命运交响曲》的诠释与效果。

十八、十九世纪会有这样的事情么？那是“创作的世纪”，想想看，所有作品初次演奏时，作者本人大抵在世，甚至在场。二十世纪仍有许多音乐家在创作，但是同二十世纪无穷无尽的古典音乐演奏活动相比，这说明什么？

当然，出类拔萃的演奏家在十八、十九世纪已经是作曲家的专宠。莫扎特的圆号协奏曲是专为他吹圆号的朋友所写，勃拉姆斯小提琴协奏曲专为约阿希姆所写。帕格尼尼，算是杰出的演奏家还是作曲家？

可能只有音乐派生了“指挥家”这么一种“人”。我仔细追想过指挥家要做的事情，揣度他们怎样倾听哪个声部的缓急、音质、量感，把握速度，决定起止。是啊，大师升天之后，二十世纪的指挥家真的有点像是，甚至应该等同于上帝。

但我常会惊讶西方的音乐界那样隆重地纪念诸如托斯卡尼尼、卡拉扬之流指挥家，好像他们是神。我宁可跪拜巴赫或莫扎特那些沉默的乐谱手稿：“演奏”不等于“音乐”，一如“音乐”不等于“声音”。音乐在“内心”，演奏在台上。我不觉得指挥家便是音乐家。

伟大的曲子一朝诞生，甚至不属于作曲家。要是给我面见贝多芬或莫扎特，怎么办？他们也是人，长着鼻子，像我们一样打哈欠，睡觉……也好，还是让指挥家代表音乐诸神吧。

问：您对“原本主义演释”怎么看？用古老的巴洛克乐器演巴洛克音乐，巴洛克的音乐果真是那样吗？

陈：有点类似哲学流派出现“诠释的哲学”，演奏的美学自然而然会走到“原本主义演释”这一步，重要的不是巴洛克音乐

“果真是那样的”——我猜，其实没有人知道巴洛克音乐究竟是“怎样的”——重要的是追寻诠释的过程本身。

不过，十九世纪浪漫主义潮流可能确实遮蔽了我们对古典艺术的认识。上溯十八世纪及更早的巴洛克乐曲，“还原派”是在追讨音乐的“正义”。伯恩斯坦、小泽、梅塔指挥的巴洛克音乐，简直“胡说”。“还原派”的猛烈、清晰、健朗与它的速度，使我确信两百年前的音乐是“那样的”。我在巴洛克绘画中分明看到同样的刚健明快。

演奏的问题终究是“诠释”的问题，今天的听者不能想象罗曼·罗兰那样的“行家”会在七八十年前说勃拉姆斯是糟糕的音乐家，劝人不要听，而出于他的立场和法国人的立场，他可能是对的……歌剧的同一首歌的唱法，也在持续的变化中，譬如，我不确定CD制造商不断推出玛丽亚·卡拉丝专辑，是因为她的传奇人生还是对她的唱法的重新认识。就我所知，在某一阶段，歌手会唱出真的悲哭之声，或完全排斥情感的渲染，而这些不同唱法，基于“广大听众”的“同意”或“怂恿”，是台上台下的“精神联盟”或“趣味场”，不是歌唱家的“风格”那么简单一句话可以解释。

关于绘画与文学作品的诠释，是没完没了的事情，但文学绘画的所谓“原作”、“文本”，不会因为不同时代、读者的不同趣味、解读而有所改变：莎士比亚或托尔斯泰的名篇从未因此，也不可能因此改动一个字，弗美尔或凡·高的原作也绝不会因为不同时代的评价，忽然改变尺寸。所有的变化只因读者在变化——难说的是音乐。音乐没有“原作”。一九八三年我在纽约卡内基厅领教过一次糟糕透了的贝多芬《第九交响曲》，但我没法子否认台上演奏的是《第九交响曲》。

问：我十分认同您的观点，多听现场音乐会，不论从“原作”来看，还是从“音质”来说，都是录音、CD这种“音乐的罐头”远远比不上的。所有录音唱片都是复制品。

陈：我不止一次听人说，现代人真幸福啊，我们有无线电、电影、电视、唱片、画册，还有空调、冰箱之类……在古代，连皇帝都没有这些呀。

这是很难反驳的。可怜的现代人。这就是我们的幸福观……古人看的是真画，听的是真音乐，看的是真的美女俊男在跟前跳舞。我读到过系列文章介绍古人取暖或保持阴凉的整套方法，比今人奢侈而享受得远。据说好莱坞有钱人开派对，学那宫廷贵族的点蜡烛，上百支，那种柔和与辉煌！

西藏人野地里歌舞狂欢，真的器乐，真的击鼓。我看上海人民广场男女老少就那么一架录音机，声音又闷又糙，还乐得团团转，我只能从旁替他们快乐。倒是北京老娘们儿在街头来回扭秧歌，总有傻老头从旁卖力击鼓打锣，一股子活气。

在北京听了几场国内交响乐演奏，声效音质还是粗糙。这同国内油画色调太火气，用笔太表面，如出一辙。这是对“力量”和“效果”的长期误解，以至成为“正解”，成了习惯。我们是看印刷品、听唱片长大的几代人。在国外听音乐会，声音很轻，音质纯净，轻重高低之间很多层次。

一九九九年，纽约唱片行忽然推出大量切利·毕达克的CD，真惭愧，此前我不知道这个人，听了他的录音，许多熟悉几十年的作品忽然像是初听，有些声部从未被耳朵听到过，而他的速度处理使音乐的“发言”效果出现惊人的改观，更为厚重庞大，也更精致，如中国书法的“笔笔送到”，“神完气足”。贝多芬《第七交响曲》的第三乐章，《第八》的首乐章，别的指挥常是处理得纷乱失序，语焉不详，可是切利的控制张弛有度，层次迭出，镇定而丰沛……最近很高兴读到贵社出的关于他的专书，真是个不买账的家伙。他根本不谈什么“诠释”，什么“原本主义”。他说他只为总谱“服务”。好一个“为总谱服务”，他毕生似乎在代替贝多芬坚持“必须如此”的专断之言。我问过几位美国人，他们不喜欢老毕。欧洲人的耳朵不一样。我听过一回慕尼黑乐团的演奏，多么正派啊，现在我知道那乐团是切利一手控制的顽固堡垒。格哈特科赫写到切利时说：“这个矛盾的人。他走了，音乐的世界贫困起来。”我倒庆幸在这个“识时务者为俊杰”的时代，音乐世界竟有过这么一位活的堂·吉诃德。

我在现场聆听演奏的次数太可怜了。要是经常领教真正的演奏，或有一套超级音响，我的谈论就不至于这么愚蠢……真的，我没资格谈演奏问题。

问：您很看重“原作”，临摹和原作不可同日而语。但正如您所说，音乐没有原作，音乐同其他艺术的不同就在于此，也可以说，音乐的魅力在于此。音乐的可塑性太强，它的完成有待于指挥家演奏家的二度创造，这是一；每个演奏家的处理完全不同甚至大相径庭，即使同一个演释家演奏同一个作品也不是每每分秒不差（这就是您找不到完全相同的版本的原因，因为不可能），这是二。这带来的好处是，一部作品有了不同的演释，提供了多种享受。加德纳的“贝九”多快呀，伯恩斯坦的又太慢了。而这只是速度之差，还有强弱、粗细、刚柔等等其他要素呢。就拿“贝九”作例子，真正的“原作”只有那次著名的首演，耳聋的老贝亲自指挥自己的作品，观众长时间的鼓掌风暴，他全然不知。但有几个人亲聆了那场首演？另外有一点是要质疑的，就算是原作，并不能说是最好的，因贝多芬的指挥技巧未必算最好，那时的乐器和音乐厅也不如后来的好。

陈：原作是指不可替代，独此一件，譬如《蒙娜丽莎》。本雅明在《机器复制时代的艺术》中说得很实在，他说，你得到某国某地某个房间才能亲眼看见的那幅画，才是“原作”。

中国人说得更好，叫做“孤本”。

贝多芬亲自指挥的那次，不能算“孤本”，说得肉麻一点，应是“处女演奏”，无可替代，不因为那是“第九”，而是“贝多芬只有一个”！——他同那位亲王闹翻出走，留条子说：亲王过去有，将来也有，贝多芬只有一个！

所以器乐好坏，指挥技巧，都不重要。女歌手扶他转身，面对鼓掌的观众，那才叫伟大。

伟大的演奏超越演奏。演奏、录音，可以不断琢磨重来，伟大的时刻不会重来。那年推倒柏林墙，德国人高唱“四海之内皆兄弟”，也是千年难遇，发生了，乐器、音乐厅，好不好都无所谓。现代战争，论武器，论战术，都比古代好，好得不能比，可是战役的伟大，伟大的战役：项羽，恺撒，拿破仑……又岂是武器可以比得。

二十世纪讲究演奏，是音乐的盛事，盛世，也可能是音乐的末路。“贝九”首演永不再来。台下那位克鲁泡特金听罢，说，世界起火，先抢救“贝九”乐谱。他所指的既不是乐谱，也不是“贝九”，更与演奏无关……世界不会忽然同时起火，起火了，抢救也白搭。

他所指的是什么呢？其实他说不出什么话，急了，找这么一句说法。当年达维特画完巨大的《拿破仑加冕礼》，拿破仑来看，负手踱步，一言不发，来回好几圈，然后摘下帽子向作者欠身致敬。

《第九交响曲》，还有米开朗琪罗的《创世记》天顶画，听了，看了，说什么都不对。已经发生了。就是这样。没话说。

《瓦格纳问题》的问题

问：我注意到您提到瓦格纳时常用一个字眼："崇高伟大"，音乐正是表现这些大概念的最佳手段，这又牵扯出另外一个话题，音乐最擅长的是说抽象的、巨大的、无可名状的事情，比如崇高伟大，比如死亡，比如灵魂，比如颓废，比如……

陈：西人有不少专书研究"崇高伟大"，颇有说法，与我们建国后意识形态词汇滥用的"崇高伟大"不是一个意思，似乎是指一种超自然的力量，用以震慑威吓人的灵魂。

我形容瓦格纳的"崇高伟大"，略有夸张之意，因他喜欢夸张。其实照西方人的说法，他的著名段落是表达"性高潮"，要死要活。用中文形容，近于"销魂"，大规模长时间使听众集体销魂。九四年我画了一套三联画取名《销魂》，出书时要配英文，居然有这词："ecstasy"，我不放心，请教人，说确是形容性爱经验，达于极境，"out of body"——"出离身体"了。

我们形容革命先烈"光辉事迹"，每用"崇高伟大"四个字，恐怕也用得不得当。

所谓"灵魂"，"颓废"，也是西方词语，说中国的人事与音乐，这类词用不好，也不好用。阿炳的《二泉映月》，句句到心，可你说他是“颓废”，是发自“灵魂”，就不知所云，他只是兀自在那里“苦”，苦得江南咸菜似的，碧森森暗沉沉……盯牢“死亡”做文章，更是西方的传统。孔子的“未知生，焉知死”，一句就给顶回来。陶潜的“幽室一已闭，千年不复朝。千年不复朝，贤达奈如何”，意思是墓门合拢，一片黑，接着是“死去何所道，托体同山阿”，自言自语，语气很轻，我是中国人，读了也还是感动的。这种态度同西方人追究死亡的煞有介事比，无所谓境界高不高，中国人不吃那一套，也好。

中国古典音乐另有一种大好，我不知以什么词语形容。听过今人演奏不知哪里的古民乐（好像是安徽？），蓬勃阳刚，不掺半点伤感与矫情，声音里姿态变化多极了。那年在纽约看连续剧《唐明皇》，有一段玄宗出巡，单是成排的大鼓敲了又敲，一路臣民跪倒，我听得神旺，它却是毫不煽情，镇定而猛烈，又极喜庆宽大，真是朝廷的恩威。后来我录下来连在一起听，听过了，好久不晓得该去做什么事情。这种内心的震动，听西乐没有过。西乐也是意气风发，但好像听过了要你非得去怎样：爱，革命，奋斗，或者死掉算了。那段唐的鼓乐的意气风发，就只是意气风发。

韩国有单是击鼓的节目，在纽约算前卫音乐的，也是听了不由得激昂，可到底不是汉风，总觉得太过郑重其事，又没有唐的古乐的博大宽厚。

问：您说接受瓦格纳感到体力不够？

陈：吃不消。以我这代人靠粮票油票活过来，体力吃不消。在纽约电视节目里看过哪个后期浪漫主义作家的大合唱现场转播，乐队给安排在崇山峻岭，底下一条大河，太阳照着，此起彼伏地唱，两三小时过去，我吃不消，上街买东西，一大圈转回来，电视开开，还在唱，坡面已经笼罩在夕阳阴影里，直升机旋转着，往下拍。

师尊木心先生说得最好，他说，西方文化是荤的，动物性的，中国文化是素的，植物性的。

问：您好像对李斯特不以为然，为什么？

陈：安格尔给青年李斯特画过一幅精美的铅笔肖像，不知是安格尔画得好还是李斯特长得好，那头金发是铅笔的铅色，看上去还是金光闪烁。不知为什么，他的精致的轮廓，我想象王勃、李贺也长得这副模样，当然，是汉人面相的那种精致，贝托鲁奇称之为中国人独有的“高贵的消极”。

我喜欢他的《第一钢琴协奏曲》，还有非常流行的钢琴短曲《爱之梦》，风流入骨的人才会写出这样的旋律。但我收藏的CD没有他的作品。浪漫主义晚期的作品我不怎样听。我讨厌普契尼的歌剧，尤其在故宫上演的《图兰朵》，那是听觉的灾难。

问：木心先生谈到莫扎特，他说莫扎特差一点就是个顽童，可就差那么一点；古尔德说，莫扎特音乐中的享乐主义让他不喜欢。您认同这两种说法么？

陈：我以为木心先生说得好。古尔德是加拿大人，北美人。北美白人文化到底年轻，即便享乐，也不太懂得“享乐主义”。我注意到八十年代以来西方拍摄的十七、十八世纪宫廷贵族故事片，大多渲染洛可可时期的享乐气氛，不再拍得那么严肃。我猜这是对的。古人绝不一天到晚板着脸，表明他是古人，古人在古代，全是当代人呀！

西藏人还留存一点古风。我看他们地毯厂男女工人上班干活也是一派“享乐”气氛，手不停织，一边扯着喉咙一曲接一曲唱，唱一头汗。其实没人要他们唱，也没人阻止他们唱。这样地唱，才是真音乐。

问：即使是享乐主义的莫扎特，如他的那些“嬉游曲”，比起时下我们耳朵里飘进的垃圾音乐，也是明朗向上的。

陈：我相信莫扎特的时代也有“垃圾音乐”。我们今天知道的经典，经过多少时间的淘洗。前几天我正在巴黎游荡，钻罗浮宫，逛协和广场，两百多年前，这皇宫墙下住满贫民，大革命之后，艺术家搬进罗浮宫居住画画，就地小便，弄得一塌糊涂。不远处的蓬皮杜现代艺术中心，当年是巴黎的菜市场屠宰场，喧闹血腥，堆满真的垃圾，而路易十六两口子就在协和广场给押上刑台，万人围观，看杀头。

问：记得您谈到莫扎特的快板，“像一个男孩子在跳跃奔跑”，说得好极了，说到了莫扎特所能达到的艺术的极致。而他的音乐里除了欢乐之外也有悲悯，并感人至深，像那些钢琴协奏曲的慢板，还有《安魂曲》作品626号……

陈：在艺术家接受订件的时代，艺术家必须“供应”任何感情。比如，订件是为葬礼或庆典，作曲家就在指定的日期内交出“悲伤”或“欢愉”的旋律，而艺术家自己不必真的悲伤欢愉。

在一部歌剧中，莫扎特要写出男女老少各色人等的种种喜怒哀乐，他可以从他的“口袋”里拿不完地拿出各种“感情”。

莫扎特所有钢琴协奏曲——包括早年的初作——的慢板，都美极了。那是男孩在“跳跃奔跑”之后，静下来，忽然发呆，出神了。记得八〇年在西藏搭卡车，夜行高原，我坐在前车座默诵莫扎特《第23号钢琴协奏曲》慢板，同时盯着车窗外雪花飞舞，巨大的扇形，不断不断冲着玻璃迎面而来。

问：《费加罗婚礼》的七重唱让人百听不厌；《唐·乔万尼》又是那样妙不可言。正如您的说法：好的音乐耐听。

陈：落户江西的头一年，夜里，我在台湾“敌台”第一次听到《费加罗婚礼》的七重唱，简直不知如何是好。空中电波的干扰后来冲散了播音，山乡仲夏的蛙鸣破窗而入。罗西尼的四重唱八重唱我也听得神旺。巴洛克音乐的传统：感官的，开心的，魔术般炫耀技巧的，都被浪漫主义音乐丢了。

我喜欢艺术中游戏的一面。我们这几代人的视听经验太褊狭太匮乏了，加上意识形态，总爱空谈艺术的所谓“思想性”之类。艺术是奇异的，艺术反思想。莫扎特的七重唱就是玩七条喉咙，玩得出神入化。贝多芬晚岁的四重奏或可看作是“思想深刻”吧，你得倾听，别去想，想也没用：那正是思想不能到达之所，是音乐至高无上的理由。尼采想了一世，提到贝多芬，说是听了“让我们哲学家心酸”，倒是老实话。

问：能否像您在《回顾展的回顾》中描述绘画大师那样，谈谈您最喜欢的音乐家和音乐作品：譬如维瓦尔第、巴赫、泰勒曼、亨德尔、海顿、莫扎特、贝多芬……

陈：我竟被这样地纵容着谈论音乐。凭什么呢？我很难说“最喜欢”谁。都好的。各有各的好。

前面四位，是巴洛克时代心情大好没完没了的絮叨。直到出了国，才大量听巴洛克音乐，打开收音机，正在播放的音乐十之七八是维瓦尔第、泰勒曼、巴赫、亨德尔。泰勒曼有些段子美得令人晕眩，像是暮春初夏的好太阳照在院子里。他们很多产。据说亨德尔的大部分作品还没给演奏过。纽约到了圣诞节，广播里都是他的“哈利路亚”，豪迈、狂喜，满溢崇敬与感谢。那年在伦敦西敏寺大教堂瞻仰了亨德尔墓，但不是抬起头来，而是俯首默看：他和所有葬在这里的伟人的墓碑都嵌在教堂大理石地面，任游人踩。

巴洛克作品太多了。有时会烦。可是听多了十九世纪煞有介事的浪漫主义作品，再听这四位，还是大好，丰饶清新，“思无邪”。去年在北京听青年交响乐团演奏《四季》，倒很不错，“冬季”那段轻捷颤动的弦乐齐奏，相当动人，年轻人的初演，像是穿新鞋穿新衣，格外清爽贞洁。

巴赫，没法子说他。那年到意大利看文艺复兴艺术，无不好，可是一见到达·芬奇和米开朗琪罗随便哪件作品，即远远高出所有人。巴赫也当如是观。傅聪说巴赫“就是一座教堂”，没错。欧洲遍地的教堂要是没有了，还是欧洲么？

我非常非常喜欢海顿。他晚年的交响乐多好！全是原理，倒是可比二王和颜真卿的楷书。他的弦乐四重奏多有珠玉之作，如同最正派的素描。写《赴死的演奏》时我尚不知《泰坦尼克号》乐手演奏的最后一支曲子的慢乐章是谁的作品，原来是海顿所作。他的《喇叭协奏曲》多么好啊！神秀英俊，少年气：不是他年少，是他的音乐时代正当青春，元气淋漓。

他的钢琴朔拿大也耐听，有一段很少介绍，那么温润出神，不像是他的。我爱听不太“像”作者的段落，因为“不像”，蓦然辨出：原来是“他”。

没有海顿，贝多芬便没有支点与起点……不容易遇到喜欢海顿的朋友，不然可以一节一节听，一起说说。

该怎么说莫扎特呢？上个月回纽约探亲，在飞机机座的耳机中又听到他《费加罗婚礼》序曲，兴高采烈，发疯一般才气横溢，我真想拽着他肩膀用力摇他，冲他喊：你这个人啊！你这个人啊！

我猜他会面色无辜，好像那不是他写的……今天下午我在布鲁塞尔美术馆，咖啡厅正轻声播送他的圆号协奏曲……唯音乐立即带你回到过去，又将过去置于此刻。我迷恋他所有协奏曲——钢琴、圆号、双簧管——的乐队部分，多么唠叨，青春，得意洋洋。

他是人类最金贵的男孩。据说他对人说话非常会得刻毒揶揄，给爹妈妹妹写信，简直撒娇。

到贝多芬，音乐开始发脾气。

问：贝多芬以后的作曲家……？

陈：我有点偏爱舒伯特。不知为什么，我觉得德意志性格中最动人的东西，在舒伯特那里特别多，您留心听过他最后那首四重奏（D9536）的慢乐章吗？还有他晚期的钢琴朔拿大，那种抑扬进退，一唱三叹！他的天才似乎是“阴阳同体”，极端男性处亦便极端女性，反之亦然。他的《未完成》与《第九交响曲》忽然又宏大雄强！《第五交响曲》头几句也是天性大好，像是莫扎特漏了忘写的旋律。

霍洛维茨说，他以为舒伯特的《圣母颂》是世间最动人的曲子。

门德尔松也像是莫扎特的来世游魂，他写什么似乎都若有神助。在江西仲夏，我从短波里听到他的《仲夏夜之梦》，魂灵出窍。“浪漫主义”浪漫到他那样子，正好，因为结构健在，我喜欢结构清晰的作品。他的钢琴曲，无字歌，实在预告了舒曼的思路。

听舒曼需要一点时间。我不懂音乐史，单是听，我以为他的交响乐直接影响了勃拉姆斯，是舒曼，而不是贝多芬，使交响乐完全摆脱了巴洛克句式。他与勃拉姆斯都是极度“耿介”的人，异常内省，对自己说话，同自己争辩，斟字酌句……他俩写到第四阕交响曲，自动停笔，似乎受命于同样的天启，因他们深通交响乐内在的律令，他们知命，命里只得写那么四阕。

交响曲，海顿写一百多首，莫扎特写四十一首，前面八九成似乎都是为了最后那几首作铺垫。音乐史的情形与美术史各有相似相异：丁托列托、委罗内塞、鲁本斯，不知画了多少“交响乐”式的大创作，可是卡拉瓦乔、伦勃朗、委拉斯开兹的大创作，数量有限，一件是一件，扳也扳不动。

那年在大都会美术馆临画，插着耳机听勃拉姆斯的《第一钢琴协奏曲》，到慢乐章一段钢琴独奏，我自以为分明听懂了他在说什么。勃拉姆斯有时过于厚重，像库尔贝的素描，局面极满，覆盖又覆盖，不透气。我猜贝多芬听他，会佩服的：交响乐可以这样的开展扩张！我非常非常喜欢他的《海顿主题变奏曲》。但勃拉姆斯到底有伤感的意思。到十九世纪末，由不得他不伤感——他偶或在乐句中开颜一笑，极多情——在贝多芬的时代，欧洲文化太健康太自信了。朗格谈他与贝多芬的区别，谈得好，大意是贝多芬一个主题一个主题向前涌动，而勃拉姆斯却是逆流的，反方向的古典主义。

上个礼拜我看到了莱茵河，多么雄浑浩荡的逆流啊。

说瓦格纳影响了法西斯主义，我以为有道理的。瓦格纳只是就近的例子，所有德国音乐家都该算上，尤其是贝多芬，照卡萨尔斯的意见，甚至莫扎特也得列入，并说那是一份可以不断追溯的名单……在世界音乐中，我不知道可有别的民族的音乐这样地渗透“意志”，高唱“意志”，德国音乐根本就是“意志的声音”。为这种“声音”所孕育的文化，总会不满这世界的污糟糟，要来整个地扫荡清理。今之西方所以是这样的西方，科技经济军事事事强悍，根子里，是因他们有这样的音乐文化，那是西方的精神法典啊。

我相信叔本华的说法，他说不同文明塑造不同的艺术，还塑造不同的生理系统、医药系统，每个民族甚至生不同的病……我常在留心：罪恶，一如美德，深深缘自民族的文艺。应该说说罪恶与文艺的关系。胜，败，兴，衰，在艺术中早已存了根由。德国音乐唯我独尊，德国音乐也每叫嚣死亡。抗战后期，日本兵唱歌，江南乡下人即听出衰相，说日本要败亡。

我还喜欢圣－桑。他的《管风琴交响曲》与巴洛克时期的管风琴语言完全两回事，那不再是献给上帝与天国的声音，倒好像是管风琴特意委托圣－桑写给管风琴自己听听的：听啊！我的声响多么伟大！……普罗科菲耶夫，斯特拉文斯基，都好，幸亏有他们，交响乐才像条大河，从山里流出来。我却不喜欢马勒，层次很高的造作，层次很高的刚愎而铺张，其实倒是“易懂”的，通俗的，不脱世纪之交的滥情与伤感主义。难为这代人，前面压着那么多大师。他被中国时髦的知识分子爱乐者说得太过煞有介事了，喜欢说马勒的哥们儿似乎都长着煞有介事的脸。我宁可喜欢布鲁赫、西贝柳斯。我只是偷偷地，不动情地佩服马勒，心里说，你好，你厉害。

肖斯塔科维奇比马勒凶狠，比马勒宽大。他下笔勇敢，一股子刀枪兵气，纯书生的那种兵气。我猜贝多芬若是坐在台下，一定惊异地倾听，然后勃拉姆斯凑过去问他：您觉得这位俄国佬怎样？

最近我听他钢琴协奏曲的第四乐章，想不到那么伤痛慈悲，那份伤痛慈悲，十足“二十世纪”，又十分“私人”……西方人忽然在音乐中软下来，精神照样笔挺。

匮乏与泛滥

问：现在各种音乐是很容易听到了，尤其CD的普及，改变了人们的音乐生活，音乐来得太容易了，甚至过于多了。

陈：不可能再像少年时代那样听音乐了：全神贯注，什么事都放下来，竖起耳朵听——现在呢，听着，心动了，欣喜了，一半因为音乐，一半倒是欣喜于自己还能欣喜，还在心动。

音乐厉害。是音乐在“听”我们，“诊断”我们的心灵。

似乎我现在的快乐是偶因旁人的欣悦于古典音乐，传染我，使我心中对古典音乐的敬爱重获片刻的“闪烁”——不是我丧失了“敬爱”，是那种爱不再随时随地饱满凝聚，如少年时——我的一位学生，曾经经商，三十多岁才听古典音乐。大约经商使他自知人性的不“纯”，有次给他听到古诺与巴赫的《圣母颂》，他忽然脸上那样地不堪而同时柔和起来。他说关了吧，别听这些，听了，就觉得做了很多“对不起自己”的事情。另一位画国画的学生也不识古典音乐，偶尔听得西贝柳斯小提琴协奏曲，当三乐章起始大提琴组隆隆逼近，登时神色有异，如临大祸——我从旁看着，心里欢喜。人心，是这样地被音乐“掏”出来。

还有一位模特儿，下岗女工，我们画着，正在放瓦格纳的音乐。她静静流泪。听音乐而流泪，我不喜，但听乐得“有心”。她后来被发现有精神病。我常发现精神病患或比常人更“有心”。

古人习字，说是要打坐静心，甚至“沐浴焚香”，我做不到，但道理是真的。现代音乐环境过量满足听觉，我们随时转移频道，随意关闭或打开音响，将音量调得很响或很轻，二十世纪是音乐“随叫随到”的时代，是对音乐随时随地“猥亵”、“狎玩”的时代，人与音乐，都变得浅薄轻佻了。

我不知道该怎么办。自觉而不自觉地，我现在比较少听音乐，人，音乐，休息休息吧。

问：如今是音乐的消费时代，音乐的神秘已经丧失，您是否认为对神圣的东西还是要保有一种尊重，崇敬，不能太随便？

陈：如今连宗庙也丧失了“神秘”，成了企业单位。我间接认识一位年轻“活佛”，手机、电脑、汽车，换了多少回，越换越贵。我不是说他不好。他是个极快乐而单纯的人。

我不会对人说：请尊重音乐吧！这样说，先已委屈了音乐。也不必对古典音乐“发烧”。我不是“发烧友”。我不要发烧。艺术不是“发烧”。

问：可是您经常提到音乐的感官属性？

陈：感官即圣物啊，还有比感官更神秘的吗？

问：今日的音乐已多到你不知该怎样选择，无所适从。该听什么？音乐已多到不再激动，让人麻木了。您感到麻木吗？您还能不能激动？

陈：能“激动”，但又常感到“麻木”——不对，“感到”，就不能算“麻木”……我不知道。这种状态很难自我诊断。

性经验不再私密。在西方，“性”产品批量供应。我第一次发现消费文化是“预支时间”、“预支欲望”的文化，即《花花公子》的定期发行——你不必等，一切提前一个月：七月上旬，标明八月号的封面乳房与封面臀部准时上市。

看过欧美与日本几部“性电影”，不是三级片，准确地说，是关于发达国家公民性经验的文艺片，主题不是“性”，主角都是规矩人：律师，雇员，主管，或知识分子，想了，打电话，姑娘来了，没有交媾，甚至没有触摸，只是衣服脱了，譬如，请“她”穿上太太下厨的围兜，在屋里随便走走，干点儿什么，钟点到了，客客气气付钱，再见。

或者西洋人的老花样——日本人也学会了——交根鞭子给姑娘，恳请抽打，欢快痛叫。

也不是“不再激动”，这类花样另是一番“激动”，也不是“麻木”，倒是因为麻木了，换点招，痒一阵，再继续麻木。所以也不是“无所适从”，而是“有所适从”，“先进国家”的许多行业就是动足脑筋让你“有所适从”：适从现代人的现代生活，以现代生活，适从现代人的心理，那可都是业者根据专家的专论设计出来的，正所谓“急群众所急，想群众所想”——非常人性。

无所适从的可能是我们。

没关系。许多事已经适从，正在适从。前两天我在北京半夜的电视节目里居然看到一群年轻人接受关于网络爱情的专访，头一位发言的小伙子咧嘴畅谈网络婚姻，他有女朋友，但在网上已经结了几次婚，婚礼，证婚人，“入洞房”，一样不缺，只是无须离婚，也不犯重婚罪。我是少见多怪，说给朋友听，朋友说，这算啥呀，报上登了，两口子网上各找欢爱，终于约了，一照面，“对象”就是枕席上的冤家。

如今我们的视听生活都是“间接经验”。我近来以各种画册作“静物”描绘，即是对于“间接经验”的惊讶与凝视，并借此“测试”我的“欲念”是真的绘画还是绘画的替代品。做个肉麻的比喻：我与画布是“配偶”，偏向“画册”找寄托，好比那对各自上网的贱夫妻。

间接经验孕育间接经验，无止境：从音乐到音响，从LP到CD……今天，“克隆”技术方兴未艾，我们的肉身与性命也将真假莫辨——我只是想：除了直接经验（生活），人为什么还要追求间接经验（艺术）？在艺术传播高度信息化的年代，人的感官系统，人的精神活动——二者其实很难区分，不必区分——还有多少未知的、潜在的承受力与可能性？

这是需要审慎认知的问题。我不愿过于悲观地描述今日我们接受艺术的状况。“失望之虚妄，正与希望相同。”悲观亦如乐观，或也不免武断之嫌。回到音乐问题：人的感官不知餍足，我们仍在听音乐，仍然离不开音乐。今天，我们可能比以往任何时候更主动地支配音乐，音乐也可能比以往任何时候更其主动地塑造着我们——仍以“欲念”作比：“激动”或“麻木”与否或许并不意味着我们的听觉发生“性障碍”、“性无能”，而是现代人对于音乐的“性欲”、“性功能”，正在发生深刻的变化。

但愿我是在瞎说：这似乎不是音乐问题，而是生理学的问题？

文化断层、东西方隔离、古典与现代

问：您到纽约看到那么多的画展和画廊，尤其那么多的现代艺术，如何才能调整得过来，保持好的“胃口”？

陈：也就这么过来了。不知道怎么过来的。在纽约，“古典”与“现代”是汽车、地铁与步行的距离，很近：那是各美术馆与画廊之间的街区方位，即便在大都会美术馆，从中世纪馆到二十世纪馆，也就是楼上楼下，东厅西厅。“现代艺术”在中国是个被孤立的词——正如中国的“人权问题”在美国人那里也是个孤立的词——在纽约市，现代艺术是随处可见的日常风景，我很快习惯了它。

而“观看”可能是最漫不经心的感官活动。人眼会自行决定是凝视，环视，还是扫视，是远看还是对焦还是视而不见。你可以穿行各馆，同时听朋友谈论某位旧识的离婚或再婚，还没说到一半，已经从古埃及馆步入当代摄影馆。

那是梦游的经验。梦醒，是走出美术馆，市声喧嚣。我写《回顾展的回顾》，才发现我记得这些展览，又忘了许多展览，忘了的，怎么也想不起来。人的记忆会自行调节，甚至自行转化：当我书写“回顾展”篇章，使我倾心的恐怕不是“绘画”，而是“书写”的快感，这犹如写“情书”，人其实是被写情书这件事本身所“催眠”，大量情书既不是为了寄出，也不曾寄出。中国的“意淫”一词，应该移来说艺术，“意淫”即一整套无比精致的调节系统……医学家应该好好研究人对于艺术的“胃口”、“储存”、“消化”、“排泄”究竟是怎么回事。

问：您认为我们这些以十八、十九世纪音乐为主食的爱好者，调性的耳朵，应该如何进入二十世纪的音乐欣赏，我一直以为我们大大忽略了刚刚过去的一百年的音乐，尤其是后五十年。

陈：我们先看欧洲人怎样的“进入二十世纪的音乐欣赏”——其实也简单：十八世纪过完，十九世纪；十九世纪过完，二十世纪；总之，顺着地球旋转的速度，慢慢转，一如我们的汉朝过完了，进入魏晋，魏晋过完了，进入隋唐，此外没别的办法。

“进人二十世纪”，毛病是出在我们要恶补人家几百年攒下来的音乐和美术，活像录音带、录像带的快转。

“快转”也罢。说起来，从晚清、五四，到四九年，西方文化在中国的“快转”状况尚属顺畅，四九年后，骤然“卡带”，出了故障，一停三十多年，“文革”过后，又复疯狂“快转”——这快转、停顿、又快转的过程，一不留神，便“大大忽略了过去一百年”的西方艺术。情形是不是大致就是这样子？

西方人究竟怎样“进人二十世纪的音乐欣赏”？一年三百六十五天，林肯中心音乐厅与卡内基厅，演出是排满的。单是看节目单，七成以上的古典音乐演出附有二十世纪现代曲目，西方人自己，也在不断不断反复认识细细消化现代音乐。不消说，古典曲目更是无日无之。古典绘画的专展，则从未停止过。文学，像兰波、乔伊斯、卡夫卡的著作，不同版本，不同专题研究，不同的新评论，一出再出，不可胜数——我们似乎以为西方的新事物新人物，出过了，就过了，大错，西方人是总在脖子拧回去，对已经发生的艺术，反复查看，反复领会。

新的，也在不断不断地出。那是一个整体：传递、衔接、延续。我们呢？快转，快转，快转。

应该再看看昆德拉在《小说的艺术》里怎样讲述音乐的“上半时”（文艺复兴至十七世纪前后）与“下半时”（即十八、十九世纪)传统，以及这传统与现代音乐的关系。我对于音乐史是无知的，由音乐史、音乐学专家撰写的有关著作一定很多——实在说，我们岂止“忽略”了“过去一百年”的音乐。十八、十九世纪的音乐遗产，我们真的了解了、消化了吗？还有十六、十五、十四世纪的音乐呢？再之前那漫长的宗教音乐，是我在纽约音乐电台广播中每个钟头听到的节目。

问：这么说吧，我们这些看惯了写实主义的油画，如何看二十世纪这一百年的形色纷杂的画作和“非画作”。记得八十年代在上海看毕加索的画展，不知所措，后来又看到米罗，也觉得像儿戏，今年看达利，稍好些。也许这些人像勋伯格、斯特拉文斯基一样，已经是二十世纪的“古典”了。这里面有个东西方隔离的问题？对现代艺术是不是要多听，多看？

陈：这都是“快转”与“卡带”的后遗症。用时髦的词语，我们始终在错位的文化、文化的错位之中。

平实地说，你描述的现象牵涉到文化环境，文化现场。你列举的三位画家正好都是旅居法国的西班牙人，如果你是在巴塞罗那或巴黎，同你在南京路上海美术馆忽然遭遇他们，会不会有所不同？

这也是个文化时差的问题。二十世纪初，你列举的这几位哥们儿在欧洲本土也不容易被理解。达利和他的老朋友布努埃尔合作了超现实主义电影《安达鲁之犬》，镜头怪异恐怖：手心长满虫子，剃刀划开女子的眼白。在巴黎首映式上，虽然请来的是艺术圈精英，布努埃尔还是事先在口袋里装满石子，准备抵挡观众的叫嚣和攻击，结果听到持久的掌声，他于是找个地方将石子扔了。多年后，卓别林告诉布努埃尔，说他喜欢在家里放映这部影片吓唬小孩或仆人，有一次，当“剃刀掠过眼白”，咕咚一声，他的中国籍的管家昏倒了。

事隔八十多年，上海美术馆举办达利展，过道里轮番放映《安达鲁之犬》，我眼见上海青年安静坐看，面无表情，比卓别林的家仆通达多了。

当然，以上这些哥们儿在今天的西方绝对是“古董”，是“老一辈资产阶级革命家”，比长征干部资格还要老——西方人其实比我们“敬老”得多。

太多事物在“东西方”之间早已不“隔离”：摩天楼，蹦的，吸毒，隆乳，染发，装置艺术……学得快着呢。北京一位画写实油画的女孩毕业后就弄行为艺术，愣给她熬成七斤人油，做成一件作品——我们甚至需要一点必要的“隔离”，不然快要不认得自己了。

“东西方隔离”不是问题。我久已瞩目的是中国各门类艺术家之间，不同专业领域知识分子之间的“隔离”问题：就我接触过的例子，相当开明、“先锋”的文学家、音乐家、画家，甚至批评家，对二十世纪同期发生的西方艺术，只要一隔行，即缺乏了解、兴趣、常识、判断。你来问我怎样看毕加索，我或许问你怎样听勋伯格，他又来问你乔伊斯有什么好，你或者反问福柯到底是什么意思。

我不止一次遇到我们的“高级知识分子”：科学家，医生，教授，高官——啊！你是搞美术的！国际上现在已经是“印象派”了吧！然后，他们得意地等待我对如此内行的问题作出回应。或者，他们极严肃追问：那么你倒说说看，什么是抽象派？艺术嘛，总要让人懂嘛！总要有共鸣嘛！

如果你解释，说印象派始于一百五十多年前，相当于晚清的道光年间，第一代抽象画家，差不多与我们的红军干部同龄……那是不礼貌的。通常我将话题岔开。而我不记得有哪位“高级知识分子”真的愿意静下来听听他们“不懂”而企图“共鸣”的常识。他们要你去听他，与他共鸣。

我不敢说这是反常的，但情形似乎不该如此。

法国人类学家李维－施特劳斯说过这么一回事：他在旧金山一家餐馆订了晚宴的位置，到了，餐馆带位的女招待查询姓名，特意问：是时装界那位李维，还是人类学家李维？（前者是设计牛仔裤起家的大腕儿。）老李因此对美国知青的知识状况挺佩服。我的一位老画友八十年代同一位美国女孩恋爱，她来自中部小州，在北京外企上班。平时讲起绘画音乐，不隔，像萨特《存在与虚无》这样的大部头，她在高中就读过，也不当什么了不起的事，随口说起。

年前有位山东新出炉的女研究生要考博士，来头不小，言必称“女性艺术”，我给逼急了，问她可曾读过西蒙娜·德·波伏娃的《第二性》——据说那是西方女权分子的“圣经”——不料这位中国女权分子也给逼急了，说她从未听说过这本书。其实，八十年代早有《第二性》中文译本，市面上可能已卖过了。

我们需要常识。

但谁说我们没有常识呢？当今我们艺术家的常识坚实而鲜明：艺术等于学分，学分等于学位，学位等于职衔，职衔等于什么呢：一居室、两居室、三居室。

问：台湾作曲家许常惠建议我们，一场音乐会上半场先来古典、浪漫派的曲目，下半场再民族乐派、印象派这么一路下去，最后来一个现代的。

陈：如果有这样的音乐会，我愿意去。

音乐与生活

问：您好像说过，我们有音乐生活，但没有音乐。

陈：正好相反：我们有音乐，但没有音乐生活。九年前看过一部纪录片，后来写《阶级与钢琴》，提到过。记者跟踪四位弹钢琴的小女孩考音乐学院全过程，主题是考试，不是音乐。考学院为了什么？音乐？那样乖谬的竞争，天作孽！孩子输了，音乐也输了。

赢家是学院，是考试制度。我现在在学院做事，才知道孩子一群群混进来，画画很次要，顶要紧是考试、学分、学位。所谓艺术学院，艺术不要紧，学院要紧。

艺术真的变成饭碗，只是饭碗。那些学音乐的孩子，身家性命喜怒哀乐，没有音乐的份——没有一个人谈到音乐。其中有位铁定出局的倒霉蛋转瞬成了幸运儿，出了领事馆就和亲娘一把抱拢，破涕而笑：她弄到签证，索性去美国了。

导演似乎也在质疑考试制度吧，但没有半句话替音乐抱不平。音乐要是也有脸面，会哭的。

我认得弄音乐的朋友极少。听圈子里的人说，现在的乐手，再优秀，心思都不在音乐，一个个闭口不谈音乐。也难怪，演奏家不是音乐家。海菲兹爱玩手枪，穆特喜欢飙车，梅纽因年岁很老了还精于倒立。

为音乐发烧发痴，倒好像尽是“业余爱好者”，汗毛竖起来。

托尔斯泰，萨特，李维－施特劳斯，爱因斯坦……不靠音乐吃饭，不上什么音乐学院，会点乐器，平时与亲友弄弄音乐，谈起来，全是珍贵的见解。在美国接触一些极平常的知识分子，弄点音乐，都不是职业音乐家。西方的孩子弹钢琴，就是弹弹而已。礼拜天到教堂去，小老百姓跪下来，听，或者集体唱起来。我所以在《外国音乐在外国》第一章写这印象：人家无所谓音乐，那是人家在过日子。

《红楼梦》里的小姐丫环，也就是小姐丫环，没人说她们是诗家乐家。几个小姑娘，年龄也就是现在的初中生大小，晌午没事情，对对诗，拨几下琴弦，弄点声音出来，哭过笑过，发一阵呆，就完了，考什么试，拿什么学位。教也有人教的，或是互相教，或请个人来，住在下房，晚上一起吃饭，不是教授，不是导师，没什么教学大纲教学计划。但那时的人真的教起来学起来，板板眼眼，师傅站在后面，一个音一个音听。以后选日子一大家族的人坐拢了，请来贵宾，周围全是“鉴赏家”、“批评家”，当场见分晓。莫扎特幼年给摁到钢琴前给他一段旋律，应大人吩咐，即兴弹各种变奏，玩儿似的，可见那时这样的把戏很多，莫扎特只是格外灵。

大观园的中国女孩儿，也能玩儿这些。

现在的生活里有艺术吗——倒是艺术里很有生活：我来艺术学院供职，忽然就给叫到系里去领年节分赏的可乐、啤酒，还有大塑料桶装的花生油之类，我一愣，立即想到党的阳光暖人心，一人一份，签个名，沉甸甸抱回宿舍。

也不能说生活里没音乐。我见北海后海的游船有姑娘穿着旗袍坐在船头为游客弹琵琶，不晓得一个钟头收费多少。武汉的朋友要带我去一条街，说是摊档里有那举着曲牌卖唱的瞎眼孩子，从孟姜女到语录歌，任君挑选，唱到孟姜女，不下泪，不付钱。这不简直是旧社会么？不然，新社会新风气我也领教过。九二年初次回国，坐火车，忽然广播里就有女声嗲兮兮播报道：某车厢某某男生给某车厢某某某女生献一首歌，衷心祝愿某某某在九十年代怎样怎样。

这是生活里的音乐，不是“音乐生活”。就因为没有“音乐生活”，我们便这样地在生活里弄弄音乐，撒胡椒粉似的。我不愿说这是音乐的庸俗化，因我经历过水清无鱼的时代，人民总算等来一位邓丽君——我们生活中的音乐大半是等来的，由政府批准、批发。我的幼年少年时期，全中国最牛逼的曲调是黄河流域陕西山西老根据地向全国批发的：《东方红》、《小二黑结婚》、《山丹丹开花红艳艳》。然后我出国，回来，忽然全是港台歌曲，卡拉OK歌本翻开，一连串歌名是《心痛》、《想你》、《为你》、《要你》、《只有你》、《不能没有你》……

去年在东北给学院领导请去包间吃饭，OK！我点《国际歌》，结果座中三位女士轮番上去唱，那唱法令我大开耳界：第一位慷慨激昂，像是赴刑场，第二位甜蜜温柔，像是送情人，最后一位缠绵悱恻，像是在酒吧。字幕打到“快把那炉火烧得通红”，只见屏幕上一位金发美女走在海滩边，三点泳装，扭动腰肢，慢镜头，到了“趁热打铁才能成功”那一段，她就挺起胸脯，玉体朝后弯下去，弯下去，弯下去——唱三遍，她就弯了三遍——原来《国际歌》可以有这许多“解读”方法与“戏仿”风格，“英特纳雄耐尔”，果真实现了。

是啊，什么叫“音乐生活”？音乐生活大概就是内心生活，这意思，我在稿子里已经写过了——我也没有别的解法说法，“内心生活”，现在来说这类词语，实在有点酸。

革命年代的革命者倒也有过那么一点“音乐生活”：广东“农民王”彭湃获判死刑，和党员同志在牢里开临时支部会，郑重讨论届时喊什么口号，唱什么歌。瞿秋白就刑唱《国际歌》，歌词是他的译笔——今日的贪官牵出去正法，心里有歌要唱么？唱什么歌？

问：我们当下消费时代的风气能作为好音乐的标准么？您从国外回来算是“过来人”，最有发言权。

陈：为什么我从国外回来就“最有发言权”？美国的商业霸权比“共产极权”有效多了。西方每天仍在播放古典艺术，因为那是他们自己的文化，这文化在今日大有“消费价值”，所以CD的“盛世”并不是音乐的盛世，而是高科技的盛世，商业的盛世。

七四年，我在济南火车站等车。想起来真有意思，那时的陌生人之间会那样地对话：一位与我年龄相仿的在职军人同我聊天，坐在破椅子上。不知怎的，忽然他凑近我，神秘地，像是说反动的话：

你知道吗？全世界没有一分钟停止过播送贝多芬的音乐！

我大为感动。那时，广播电台没有任何西方古典音乐，“四人帮”横行。可是在济南车站——贝多芬！没有一分钟停止过！

现在我不会为此感动了。在贝多芬活着的时代，除非他开音乐会，或者他坐在钢琴前弹奏，他的音乐在一天的大多数时间内是“停止”的，沉默的。晚上他睡觉了，东半球是白天，整个中国——那时的中国正在乾隆末年吧——根本不知道谁是贝多芬。

全世界“没有一分钟停止过播送贝多芬”，是现代科技、现代传播的事，是CD全球范围的销售业务，与贝多芬没关系。

问：在音乐（比如盗版CD）多得淹死人的境况中，我们的音乐爱好者感到无所适从，您怎么看这个问题？您怎样决定买或不买CD？

陈：很多年我没买音乐CD了。我也很少买书。哪里有卖“时间”与“兴致”吗，我一定砸钱买。

您说“我们音乐爱好者”，是指谁？哪一部分人群？机关干部？盲流民工？大腕儿或高官？还是边防战士？同欧美音像市场比，今日中国都市盗版CD的古典音乐部分只是“水洼”，淹不到脚面，更淹不死可怜兮兮那么几个“我们”。

但中国自有动人的场面：我的工作室五个学生，只有一位是古典音乐发烧友，隔三差五，画室里会进来一位姑娘、小伙子，或沉默寡言的北京大姐，既不像知识分子，也不像生意人，他们卸下背包，就地蹲着，取出扑克牌似的一叠叠古典乐盗版CD供我那位学生选择，关于经典曲目，他们对答如流，包括实验音乐的冷僻作品和版本。这给我一时的误解，仿佛西方古典音乐已经具备了中国音乐生活的草根性。情形其实是古典音乐CD的贩卖者根本没有广泛的客户，也没有资金租赁店铺与流行乐市场平分秋色，他们靠口口相传的发烧友小圈子挣点小钱，走街串巷，送货上门。

他们有的是音乐学院已经毕业尚无职业的学生，有的是学院家属，或来路不明的志愿者。有时一张CD也没成交——五块或十块钱一枚——于是他们直起腰来，一掠头发，脸上没有半点怨色，就去找别的买家碰运气。这是我见过最奇怪而动人的小贩，他们走了，挎包里塞着巴赫或马勒，像是传播“星星之火”的革命者，分发《马太福音》的使徒。

音乐与趣味

问：我们听音乐，趣味很重要么？您认为什么是“趣味”？

陈：当今大众文化时代，艺术品的欣赏“趣味”似乎是个贬义词。在“趣味”大规模失落、混淆之后，这已是个难以澄清的概念。

也不该单独谈论“趣味”。那是一整套生活方式，习性，深植于人格。齐白石出身穷贱，他回忆年轻时和周围的湖南乡绅诗画酬答，不提什么“趣味”，出身不同，都喜爱诗画：被历史指定的那么一种诗画，共同的，共通的“趣味”——这一笔好！那一句妙！于是相偕慨叹，啧啧称奇。

萨里耶利，那个著名的妒嫉者，在电影里被扮演他的家伙演得入骨三分：他从莫扎特的妻子那儿弄到一批手稿，飞快地读，眼神皮肉划过一阵阵被刺痛的妒嫉。他的“趣味”不输莫扎特，他太懂得，受不了。

在纽约电台听过不少萨里耶利的作品，非常美丽，他好像还教过贝多芬吧。

最早似乎是毕加索与杜尚无情地攻击“趣味”，嘲讽“美学”。达达派叫嚣“烧毁美术馆与博物馆！”他们是对的。他们有那么多现成的美术馆可供点火，后来大概忙别的事去，忘了烧。

毁灭者也有趣味的。战时柏林灯火管制期间，希特勒还去医院探望瓦格纳的孙女。苏军才将德国人赶出边境，西线战事尚紧，斯大林即电话命令曾被德军占领的雅斯纳亚·波里雅那立即修复托尔斯泰故居，包括补种被砍伐的林荫道树木。他这么做或许并非出于“趣味”，但肖斯塔科维奇回忆录则写到斯大林逝世，枕边的唱机上放的是莫扎特第二十几号钢琴协奏曲。当然，他的回忆也不是为了赞扬领袖的趣味：那支曲子的唱片，是领袖忽然想听，国家唱片公司遍寻不得，急请肖氏的朋友，一位女钢琴家——我忘了名字了——连夜弹奏录制的，全苏联独此一枚。

我不确定以上所说的是不是所谓“趣味”。我不知道什么是“趣味”，假如我周围的生活处处散发着“趣味”，我或者能请教谁。在暴发户家里我见过珍贵的古董，不过那是“财富”，不是“趣味”。北京的保利大厦居然在大堂挂着沈石田或其他明清画家的真迹——不消说，大堂里布满吧台、电梯入口、丑陋的小卖部，以及出入往来的人群——我有幸领教最高趣味的艺术品展示，怎样成功地显示展示者的无知，在西方，再豪华的宾馆或写字楼也绝不会在大堂张挂与沈周同一世纪——譬如卡拉瓦乔或鲁本斯——的大师真迹。

当今时代的贬斥趣味（一切强调大众与市场）或追求趣味（每一期流行杂志推销种种“趣味”），都在极有效地摧残趣味。最近北京成功请到“三大男高音”，这是第二次在故宫砸了大钱向全世界摆弄我们的高尚趣味。或许是为了年事已高的高音圣人顺畅无阻传送高音，端门通往午门的两排老树，东西两侧角楼与护城河之间的老树，全部砍光。

粗暴吗？错了。他们铺上草坪，稀稀疏疏种几棵幼小昂贵的银杏树：多么高尚的“趣味”啊，看过去像是皇城脚下的迪斯尼乐园。

请容我引述贝多芬的“趣味”，他说：“我爱一棵树，胜于爱一个人。”

问：您同意高雅音乐（抑或严肃音乐）/ 流行音乐（抑或通俗音乐）的区分么？

陈：用不着谁同意，它们自行划分。流行音乐用新方法新器乐演奏美丽的古典乐片断，那些片断，即同原作“区分”了。比较极端的例子是手机，电话打进来，“高雅”片断尖锐号叫：柴可夫斯基，罗西尼，莫扎特……电影《小武》的导演贾樟柯利用贝多芬的《致爱丽丝》作传呼机信号，贯穿主角的戏份，那小偷用传呼机信号博取了姑娘的芳心，又因行窃时屁股口袋里传呼机信号突然大响，当场就捕。

我在纽约电视里看过欧洲人为古典乐曲名段摄制的影片，他们将钢琴抬进佛罗伦萨梅第契墓室，以米开朗琪罗著名雕刻作背景，弹奏的也是《致爱丽丝》——太雅了，弄雅成俗。

我愿《致爱丽丝》就是《致爱丽丝》。弄堂小孩初弹这首曲子，结结巴巴，断断续续，我都觉得好听极了。

问：音乐总有好坏之分，你如何判断音乐的好与坏？怎么判断什么是好的音乐，什么是坏的音乐？

陈：我不“判断”音乐的“好坏”。我不是与古典音乐之外的声音或空气划清界限的音乐爱好者。总有糟糕的音乐作品，那是作曲家的事，不是音乐的错。

从高的意义说，我对可以称作“音乐”的声音充满感激。同样，从高的意义说，我不知道有没有别的音乐能够超越十七至十九世纪的欧洲音乐经典。将古典音乐与任何种类音乐置于无差别境地的“平等”的意图，想要说明什么呢？

音乐教我判断，音乐引领我认识音乐。第一次听严良堃指挥的《第九交响曲》，一二三乐章不敢说懂，那时大概十七八岁吧，到第四乐章，上百名男女混合的歌声忽然蹿起，第一秒钟，我就扛不住了，犹如被火点着：

欢—乐—女—神—圣—洁—美—丽灿烂光辉照大地
我—们—心—中—充—满—热—情来到你的圣殿里

是啊。我们都该仔细回想那些伟大篇章的第一声被我们的耳朵初听之时……

问：您在《外国音乐在外国》中，说流行音乐无所谓好不好。那么相对而言，您还是同意音乐有好坏之分。或者说，当你听音乐时，你如何决定哪些音乐自己会接受，或不接受，听，或不听？

陈：音乐难以拒绝。“文革”刚结束，我曾在列车极粗劣的播音和一所军区大院的高音喇叭中，两次耐心地听完贝多芬的《第五交响曲》，我也很乐意在哪个开心的场合听我从来不听的流行音乐，并发现很好听。可是在布列松或塔尔科夫斯基的电影里忽然响起我们的唢呐或京胡片断，或者，用勃拉姆斯的音乐给河北梆子伴奏，您会听得舒服么？

有些中国电影或带有音乐配音的节目煞费苦心配置古典音乐——例如用著名的小提琴片断渲染爱情、幸福与痛苦——这时，古典音乐有效助长了“文艺腔”，古典音乐仿佛被自己带“坏”了。

三流好莱坞大片也常干这样的事。

所幸古典音乐那么优越健康，尽管被太多影视、广播或广告滥用，但在多数情形下还是使这类宣传品美得多了，好比阳光与风照拂一切，古典音乐慷慨仁慈。

古典音乐是有“立场”的，就所谓“立场”而言，古典音乐确实应该称之为“严肃音乐”。流行音乐无所谓“立场”，也不要求耳朵给出确定的立场。一点心情，一点感觉，流行音乐的“意图”（假如真有意图的话）即刻奏效。所以我说流行艺术是“饮料”，口渴就行。

人随时口渴，我也一样。可口凉爽的流行音乐太多了，不胜枚举。

流行音乐选择人群，我不会痴迷我女儿痴迷的歌曲，反之亦然。在“的厅”的新新人类中，流行音乐多么对，多么好啊，要是拿到老人院或政协大会上去播放？流行音乐也针对不同的地域的人文环境、社交场合：给西伯利亚人听香港歌曲？在中南海播放纽约黑人的饶舌歌？

不过音乐无所不能。重金属摇滚，还有八十年代的所谓“新音乐”，似乎正越来越有效地涂改、消除、重新组合上述差别。我们可以在不同的区域与情境中想象摇滚或新音乐，那似乎不是不可以想象的……流行音乐也慷慨，也伟大，流行音乐像是听觉感官的万能“涂料”。但涂料容易挥发。

古典音乐不然。相对于流行音乐，古典音乐对不同人群也有针对性，但句句针对人的“心灵”，它不在“外面”，它奏响时，被听到时，均来自“内部”、“深处”，好像它原来就在那里。

问：那么，所有流行音乐你都能听吗？能否列举您印象深刻的流行音乐？

陈：要看在什么场合，与什么人群，在什么年龄，还要看发生了什么事。

六九年党的“九大”召开，夜里消息发布，刘少奇被打倒了。我和弄堂孩子在外滩人潮中乱走，将近十一二点了，每个人的脸都被特设的探照灯强光照得雪亮，歌颂“九大”的大合唱在高音喇叭里一遍接一遍播放……我们无缘无故兴奋猖狂，不因为“九大”，而是半夜还能在马路上暴走，这么多人，弥天震荡的音乐。

后来在纽约时代广场的中宵看黑人白人愣小子坐敞篷车在手提的音响震荡声中呼啸而过，我笑了，想起“九大”之夜，想起外滩。那年纽约图书馆展览“纳粹时代的文化”，也播出德国青年深夜在街头浩荡漫游时的背景音乐。集体疯狂的年代，唯音乐为疯狂赋予形式，注入精神——不管是什么精神。

《国际歌》给北京哪个乐团改编为重金属摇滚乐，暴响起来，真棒！不因为我是“文革”一代，而是我被音乐的魔力震慑，或曰催眠。“文革”中，每夜“联播”之后的《国际歌》意味着苦闷惊恐的记忆，例如，联播命令我们必须全体下乡；四川万县的朋友告诉我，武斗期间，全副武装的抬尸游行沿途用大喇叭拼命播放《国际歌》……几十年后，《国际歌》的“所指”功能被重金属摇滚版成功地阉割了，原作的崇高与意志，同摇滚乐那种无对象的嚣张，变成同一音乐情绪，这情绪翻译成口语，似乎即“造反”加上“去他妈造反”，重金属使《国际歌》变得狰狞凶狠，但不再传达任何恐怖效果了：多么熟悉的《国际歌》啊，如今它仿佛被摘除了“胆囊”！

其余印象深刻的大概就是“软性”的流行音乐。周璇、邓丽君……太多了，都好的。周璇、邓丽君，那是“亡国之音”，好比是陈圆圆柳如是的来世游魂。邓丽君还就是女声的玛丽莲·梦露，死得其时，万人想念。都说她温柔，其实是入骨的性感，出声一唱犹如素手纤纤，抚摸所有人。我看过她在金门马祖岛慰问“国军”官兵的录像，她唱下台去，直走进“阿兵哥”队伍，一路“抚摸”，害得小兵们面无人色，站起来又坐下去。

流行歌是伤感主义的最佳排泄方式与挑逗方式。谁没有委曲伤感？流行歌负责催泪或拭泪，“哭出来吧”，或者，“哭完了吗？乖乖……”而真挚的流行歌曲成功地使你噙着泪水，不干涸，也不流下。

流行歌，索性俗。俗，就是过日子，流行歌要能好好陪人家日子过下去。两岸叫好的蔡琴，中音，玩深沉，“雅”了，我不爱听。

问：你在美国，常听西方的流行音乐吗？能否举一些例？

陈：太多了，说不过来。列侬，麦卡特尼，还有八十年代的斯汀，都喜欢，都是英国人。列侬多好啊，大悲大愿，就那么懒洋洋尖声叫唤。在美国境内听美国的流行歌星，也好，有个乐团叫“BEEGEE”，满脸胡须的主唱，逼尖嗓音，学女声，咿——咿——咿——咿，听到后来痛彻心脾。

西方流行歌那种疯疯癫癫寻死觅活破罐子破摔撒泼打滚，是人性深处的真实，不那么唱，出不来。

鼓吹道德、善良、正义的流行歌，我不喜欢。八十年代他们捐助非洲难民，请了一大群各种肤色的超级明星弄成大联唱“We Are The World”——“我们就是世界，我们就是一体”——然后抱着彼此的肩膀左右摇晃。我厌恶极了。这是当代白人世界毫不自知的超级虚伪。《欢乐颂》唱的是同一主题，“四海之内皆兄弟”，不讲什么善良正义。列侬鼓吹和平，唱救世之音，一点不摆道德相，他的《想象》，哭丧叫魂似的，极大的道德力。

我也不喜“优美”的流行音乐，那种现代电子器乐合成的“轻音乐”，从一些古典名段或欧美民歌改编，《绿袖子》之类。“文革”后初次听，简直昏过去。后来常在国外的机场、咖啡馆、购物中心听，实在腻了。轻音乐是仿佛有毒的奶油，没完没了的遐想，听得人身心俱软，不肯爬起来。其中只有《爱情是蓝色的》仍是我的“最爱”，因插队时忽然从短波听到，心里全是想象中的异国情调。日后听，留取山沟的记忆：毒日头照在荒坡上，寸草不长，有一个“我”在那里绝望地呆听。

问：在欧美当代的音乐生活中，流行音乐与古典音乐是什么关系？

陈：欧洲的情形怎样，我不知道，古典、流行，在美国似乎是井水不犯河水，相安无事，不过八十年代发生变化。我记得先有多明戈同志动议和乡村歌王丹佛联袂登台，用他的美声唱丹佛的歌，哥儿俩你一句我一句，大受欢迎。接着是流行歌年度赛事请来伯恩斯坦颁奖，他自然乐得挤眉耸肩接受鼓掌。帕瓦罗蒂喜欢面对大众，场子越唱越大，再后来就是“三高”披挂上阵，从巴士底狱旧址歇斯底里吼到今年的紫禁城午门门口，弄得像是满世界赶超级堂会超级庙会。

最开心是承办的商家：那是唱钱，钱在唱。

那年鲁迅先生因沈从文撩起“京派”、“海派”的话头，写了几百字短文，以官商之别定位京沪文化。第二年，鲁迅又补一篇，说是情形变化，要改动意见了，因向来自视正宗的京城文人嗅得沪上“商机”——这里无妨引用今天的“俚语”——纷纷“甩媚眼”，而上海旋即怀抱敞开：原文不记得怎样说的，反正是终于两头勾搭，一起“炒作”了。

这情形，大约也就是今日欧美音乐雅界俗界明里暗里的文化策略文化生意吧，不但不该非难，应该称“是”的。鲁迅当年也并没有怎样非难的意思，而事态世态，都给他说到，于今犹然。他出钱给左翼分子印版画集，亲撰售书广告，扉页写着“版权所有，欢迎翻印”，一点没有调笑的意思。

问：您在美国那么多年，能否给美国音乐文化作一中肯的批评？

陈：就是一片“生态”。这我在别的稿子里说过。发送到美国境外的美国文化，是一批文化“出口货”，成了符号：好莱坞、麦当劳、迪斯尼、霹雳舞……这也难怪，冷战时期，苏联的国际符号似乎就是“克格勃”凶相，中国的外界形象，一度就是穿着“毛装”的“红卫兵”。

美国本土什么都有。单在纽约，我每年都能欣赏侨社演出的京剧，昆曲，沪剧，绍兴戏，相声，评弹，杂技……什么《游园惊梦》，什么《赵氏孤儿》，张君秋，梅葆玖，赵荣琛，侯宝林……都到过一到。中国第五代第六代第七代导演的新片，大陆还没放，大陆不准放，这里早就看过了，放映前，门厅里北京话上海话，闹哄哄的，简直忘了在美国。

美国人玩儿什么呢？说不过来。单说古典音乐，我画室所在时代广场的地铁站，隔三差五就有年轻人的弦乐四重奏五重奏，巴赫海顿莫扎特，演奏者还常是黑人孩子，中规中矩，比北京豪华宾馆雇的音乐学院在校生拉得好，拉得认真。还有一位大个儿黑人一句一句吟唱舒伯特，周围肥瘦不一的白人女子赖着不走，听，静静地流泪，或者上去抱一抱，亲一口。

举个眼前的小例子：今夏我回纽约探亲，中央公园免费话剧场（每年夏天演三个月，延续演了几十年）正上演契诃夫同志的《海鸥》。想得到吗？今日北京话剧圈流行“实验话剧”，“前卫话剧”，谁还记得契诃夫？美国人记得，中规中矩地演。

谁演呢，超级演技派老将凯文·克莱恩与梅丽尔·斯特里普。看过《廊桥遗梦》的大陆观众想必还记得斯特里普那张善良的脸。想得到吗？这样的大牌，片酬几百万，乐意在中央公园演话剧，免费。

问：现在中国的媒体，书刊，影视，广告……全盘美国化，产业化。音乐也深受冲击，乐团经费减缩，高薪聘请外籍人士，三大男高音，好莱坞大片……全球化，一体化——回到老问题：信息太多，音乐太多，不知如何选择，选择了也不感动，找不到自己，人的失落，失衡，虚无……道德观，价值观，人生观被颠覆，审美标准的丧失，被毁，艺术失去界限。张承志说（大意），是“世纪末有诸多断裂”。您对此是怎么看的？

陈："世风日下"，"纲纪崩坏"，"人心不古"，这些话，中国人说了几百上千年。以往太多世纪的"世纪末"都有"诸多裂痕"，都曾阶段性地"失落"，"失衡"，"虚无"……我们被异族"全盘"改造的历史可谓源远流长，远的不说，"大清"年间，全国男人梳了将近三百年的辫子呢。

事情没那么严重。事情就是这样。

二十世纪的情形比较难描难说。以往人家打进来，我们"同化"人家，现在呢，不必打进来，人家同化我们。你看北京街头小伙子留了长发扎一把马尾辫，一步一飘荡，还染成金黄色呢，脸盘眉目帅得赵子龙似的，挺好看。

"道德观，价值观，人生观被颠覆"，倒没法统统怪罪"全球化，一体化，产业化，美国化"。国门锁闭的六十年代，"文革"浩劫早已将我们的道德观、人生观、价值观颠覆得一塌糊涂，荡然无存了。

也好，荡然无存，别人来同化，方便多了。

音乐与精神

问：你前面提到古典音乐的"立场"，是指什么？

陈：似乎只有欧洲古典音乐呈示了一种可以称之为"立场"的东西。很具体，具体到只能用"立场"这个词来说它，但又很难说这"立场"确指什么。

不是所谓"精神性"或"思想性"：别的区域的音乐多少也在传达一种精神，甚至思想。例如，中国音乐的世俗精神，道家思想。

萨特那样的说到舒曼，说他是所有音乐家中最"知识分子化"

的。是的。在稍早于他的门德尔松或舒伯特，稍后的勃拉姆斯或瓦格纳那里，都可以找到相似的意思，但这种“意思”，假如就是萨特所谓“知识分子”气质的话，在舒曼的作品，尤其是钢琴作品中，格外浓厚，凝聚，专一，是他的乐思的主线与底线。

“知识分子”这概念也是准西方的。与中国的“文人”和今日我们所谓的“文化人”，不是一个意思。此所以中国的文人画，文人的音乐，本质地，找不到舒曼要说的“意思”。自然，中国雅乐的渊静，出世，西方音乐也梦不见。

欧洲古典音乐，是高于“出世”、“入世”的这么一种世界观（不能简单地说那是西方宗教文化的“崇高”传统），并不仅在舒曼那里，从海顿、莫扎特，尤其是贝多芬以后，这样一种世界观，这样一种“立场”，即告树立，直到二十世纪。我们的教科书说是“资产阶级上升时期”的精神，是“人的觉醒”云云，也不是没道理。

《英雄交响曲》题词原是献给拿破仑的，听说拿破仑称帝，贝多芬即撕去题词——他并不撕去乐谱——这就是他的立场。

长期浸淫古典音乐，将自己交给古典音乐的人，人格是不一样的。这就是为什么西方人遇到大是大非，忽然整体性“高风亮节”，这也是为什么西方知识分子所以是“知识分子”。帕索里尼写道：“一个知识分子的角色就是不要成为任何角色。”这样的意思，中国“知识分子”想得到，写得出么？中国的“士”、“君子”、“隐者”，也各有立场，但不是那个意思。

所谓“和而不同”、“群而不党”，倒有点那个意思。

问：前一段时间，据说以色列政府终于开禁，允许演奏瓦格纳与理查·施特劳斯。但有老百姓中途退场表示抗议……我们听说，感到心酸。这是人类的悲哀还是音乐的悲哀？

陈：这就是音乐的立场——除了德国民族，难有哪个民族像犹太人那样在人格中渗透音乐——音乐给他们立场，使他们宁可不听音乐，譬如在你所说的那个场合。

不是音乐的悲哀，也不是人类的悲哀。人类的悲哀，何足道。此刻你我谈论音乐，人间正发生不知多少悲酸之事。假如一首乐曲诉说“悲哀”，乃因我们正在聆听音乐，而非我们在为哪件事伤心。人大悲大痛，没法子听音乐，痛定思痛，音乐可以作伴……二战未亡人想起二战，起立退场，那是他们有教养，音乐给予的教养，教养就是立场。

我不心酸。我愿向退场者致敬。我猜，台上的演奏者虽然当场难堪，也会起敬意。

问：昆德拉推崇的雅纳切克，似乎是由于《生命中不可承受之轻》才受人注意。

陈：真抱歉，我没听过雅纳切克。但昆德拉关于雅纳切克的议论，却是读过两三遍，大有深意。对一个艺术家的命运在空间（祖国与异国）与时间（当时与过时）中的诡谲与悲哀，昆德拉的陈述鞭辟入里。

百年来，我们国家有太多类似的公案有待昆德拉式的揭示，但我们没有昆德拉和雅纳切克那样耿介而高明的人物。我们有吗？

音乐与电影

问：您对电影音乐似乎非常敏感，您说：音乐需要情境，音乐就是情境。能够就此再说得详细一点吗？

陈：刚在看河北高群书导演的系列犯罪纪实片。拍得好。今天看的那段，案犯会弹吉他。狱中采访是真镜头，小伙子长得率性，架二郎腿，锃亮的脚镣，卸了手铐，抱把琴在弹。他在全国比赛得过首奖，弹的是莫扎特《G小调小夜曲》——犯的什么事呢，打麻将，吵起来，被人围殴，盛怒中误杀一位碰巧在场的倒霉鬼。

导演懂得怎样用音乐。犯人说他喜欢弹美国片《猎鹿人》吉他主题曲，于是片头就用这首平静徐缓痛定思痛的曲子。我猜，片尾他还会用一次，果然——倒霉鬼被戳死了，小伙子追出大街继续寻杀仇人，满街车辆人群，他狂奔——吉他弹起来，平静徐缓。

没有哪种艺术比电影更煽情。电影拍好了，配上音乐，音乐就像是剧情的“盐”。

高群书这套系列，二十多段，全是被侮辱被损害的人，可是这一段格外惨痛，因为音乐用得好。那小伙子当然被枪毙了，他在片尾实地采访时坦然说他希望快点了结。我呆看始终，同情这条性命，但我知道我的感动其实是因为音乐。《猎鹿人》主题曲早已是美国电影音乐的经典，二度利用，脱离原作情节，意思更深出一层，因为是“离间”的效果。

好的电影音乐似乎都制造了“离间”效果。一种是“二度利用”，凡直接取经典段子的，都算。《现代启示录》用了瓦格纳，《威尼斯之死》用了马勒第五的《小柔板》，《步兵排》用了塞缪尔－巴伯的《弦乐柔板》，帕索里尼的《马太福音》取用苏联人深沉宏阔的合唱，俄国歌曲极擅表达大苦大难，他懂。他的《一千零一夜》却又在主角游荡时用了莫扎特四重奏K421号的弦乐慢板，配置传说中的阿拉伯荒原，更其高贵而闲散，他刻意使音量轻了几度，画面即倏然而有远意。

姜文《阳光灿烂的日子》反复用了马斯卡尼著名的爱情慢板，内容是中国“文革”小子的生涩初恋，倘若这首曲子配置意大利爱情故事，效果就会不如，专为该片创作主题曲，更未必佳。

另一种“离间”效果，我姑妄称之为“反方向诠释”：法国片《马丁回来》，结局是主角给送上绞架，音乐却是欢快的法国乡村小调，仔细想，对的，故事讲的就是十五世纪法国乡下人的小聪明，愚蠢而可悯；英国一部长篇侦探连续剧，主角嗜歌剧，每次抵达案发现场，血污斑斑，却总是极华美的歌剧女声唱段；特吕弗的《黑衣新娘》讲一女子连续杀死五位仇人，全片配乐妙曼优美：那才是导演的主旨，仇杀的详细过程似乎不是影片的主题，主题是什么呢？或许只是风格，他需要一种“色调”涂抹叙事，叙事越是残酷诡谲，“色调”被反衬得越是好看。影像已没有经营这“色调”的余地，于是交给音乐表达。

这是不容易谈论的话题：我们谈论电影音乐，到底是在谈论电影还是音乐？我真想知道有没有专书谈论电影与音乐的关系。电影似乎“拯救”了音乐，电影给予音乐无数的新机会，音乐在电影出现之前漫长时期中沉睡着的功能，似乎被电影唤醒了……音乐则“成全”了电影，早期默片就知道弄架钢琴在旁边伴奏。音乐似乎揪住了影像的“本质”：你站在一片荒原上，与观看影像中的荒原是两回事，后者只是沉默的影像，乏味而可怕，可是配上音乐，荒原“活”了，被赋予观看的“意义”。你去看尚未配音的影像，像是“哑巴”，没法看。

我在前面说，人最精确的肖像不是绘画与照片，而是“声音”。我们可以说，电影是“世界”的“肖像”，而好的电影配乐——不一定是专为电影创作的“电影音乐”——使这千变万化的“肖像”获得生命。真的，音乐才是“世界”的“肖像”！

问：请谈谈美国的电影音乐。那些电影音乐作曲家都是现代、后现代流派中的各路精英，如《红色小提琴》作者科瑞里亚诺，《2001：太空漫游》作曲里盖蒂，还有菲利普－格拉斯他们。

陈：美国的电影音乐是一项庞大的工业，要什么有什么。在洛杉矶一座户外音乐厅，我听过一回电影音乐专场演奏，忘了曲目，只记得开场演奏美国国歌，我只好随众起立。这片刻，我写在《外国音乐在外国》的结尾了。

电影音乐得看电影，我从不单听电影音乐。美国的音乐电影，倒有几部值得看，最近看了《Fantasia2000》，是以一组古典名曲配置动画画面的影片，其中第二阕，作者忘了是谁，乐曲真是“崇高伟大”，画面主角却是几条海豚。到了乐曲奏向“崇高”之际，几百上千只海豚伴随音乐升腾上天，竞相飞越，如庞大的轰炸机群，掠过崇山峻岭，更高，更高，在音乐高亢激昂之际，海豚们穿越云层翱翔奔蹿，呈弥天之势，看得我目瞪口呆。

这是只有美国人想得出的奇事。那首古典音乐与海豚有什么关系？你很难说这是强拉了音乐效果给动画“配音”，也难说是动画在“诠释”音乐。千百只海豚飞升太空，那是荒谬的，不可能的，但音乐使之可能，而音乐的激越崇高，因画面的奇观更其振振有词。我一时难以确认使我感动的究竟是画面还是音乐，单听那首乐曲，或关闭音响只看动画，不可能发生那样的感动与惊异。

我尊敬这样的努力。美国人尊敬古典音乐，同时以美国人才有的那种单纯热情与匪夷所思的想象力，像是没有“文化”的孩子，勇敢地，以自己的方式拥抱古典文化，然后就地打滚。

我的音乐朋友

问：聊些轻松的话题，谈谈您的音乐朋友，或者是与您有音乐缘分的朋友？范额伦（上次您跟我谈起他特有劲）、林旭东，刘索拉、阿城，或其他有音乐缘的朋友，随便谁……

陈：我不知道今天的上海还有没有范额伦“类型”的人。五十、六十年代，甚至“文革”早期，这样的“纯书生”多得是，戴副眼镜，只知道谈学问，好像完全不活在中国。“文革”期间我们只见过一次，是谁带我去他家，法租界老洋房，我那时画速写喜欢玩帅，他很诚恳地说还得下工夫，他说你知道吗，德加到了老了，还拿自己的画去换回别人收藏的他的早期素描，换回来，只为了再改改。

后来我在德加回顾展真的看见了被晚年德加改动过的画。我们忽然在纽约大都会美术馆相遇了，他摊开家伙在临摹弗美尔呢。他也不感慨，不叙旧，一见面还是谈画，好像昨天刚见过。他是我在纽约熟识的中国画家中唯一一位长达数年持续在美术馆临画的憨人，仅只因为喜欢。我早听说他“文革”后进音乐学院，出国后专修音乐学，可他从不和我谈音乐。

民国期间，战后，他父亲开了一家书店，叫“贝多芬书店”。木心先生说起过那家书店，说橱窗里放着他父亲画的油画。后来他父亲自然是挨整，捉进去。据说放出来第二天，就给轮椅推着，在美术馆看画展，这样的父子，同什么美协音协毫无关系，可他们真的爱艺术。

旭东是我少年时代最亲密的画友，也在江西插队。他活脱就是《战争与和平》里那位彼埃尔，永远沉浸在自己的思想里，在南昌我送他上长途汽车，都快剪票进站了，他会忽然说——好像接续早已开始的话题——“其实托尔斯泰写起东西来，就像上帝，从上面看下来，人在那里动……”同时就手指搓拢，拨动着，表示“人在那里动”。等我回去，发现他的皮鞋已经忘在我宿舍了。那时，一双皮鞋很要紧的。

我喜欢听他关于艺术的所有见解。少年时我几乎天天在他淮海中路的家画画，翻来覆去听他的那几枚唱片。听到贝多芬钢琴朔拿大第二十七号之一的慢乐章，他就停笔说，你听这里！他后来专修电影，完全是自己专修。我相信真正的学习是自学，真正的教育是自我教育。他，还有范颖伦，今天在中国已经是稀有动物了，总是对艺术和知识好奇，有敬意。耶鲁，哈佛，有的是这样的动物，戴副眼镜。

有一次我和父亲闹别扭，夜里睡到旭东家。他父亲，早年留学美国，研究原子能，也戴副眼镜，手里捏着一柄我母亲清晨送来的牙刷进到旭东的房间，那样茫然地站在他自己的家，礼貌地，困惑地问道：此地有没有一位陈丹青？

索拉动辄大笑，我第一次陪她在格林尼治村现代音乐工作坊演出，墙壁漆成黑色，她要先进场子排练，穿条黑皮裤，调好了麦克风，忽然扬声吼叫，吓我一跳。我给她的演唱录像，事后放看，她就纵声大笑。她是个工作狂，早上六点睡觉，睡够了，黄昏来电话，说天亮时终于将长篇写完了。我给她画像，她也睡着了。

她来画室看画，忽然就对着我的画嘴里弄出各种声音，说是你听着，这幅画编成音乐，是这样……她会做菜，全是自己想出来的组合，菜泥，米饭，烤鱼。照阿城的说法，她是胡人。她在英国时有一首歌好听，我说好听，她就录下来给我，有一阵我画画时老是听，开始是鼓声，然后放声大叫。她几乎不听古典音乐，可是有一回她听留美的汪燕燕唱古典歌曲的带子，沉下脸来说：丹青啊，我一听就不行了，眼泪哗地流下来。

阿城。阿城去云南，小提琴电唱机油画箱全都带下去，原是真打算一辈子留在那里过了。九二年我去加州，他有了一架自己的钢琴。夜里他掀开盖子弹几句给我听，像他的说话，从容镇静，又说写累了，弹琴，手指活动。我头一次见电脑休息时有个什么符号在屏幕上晃悠，大为惊异，就是在阿城的书桌上，我心想，肯定是他想出来弄出来的花招。他非常懂得休息，他要他的机器也休息休息。我和旭东阿城见面，总要问我不知道的事情，问过说过，我还是不知道，只是喜欢听他们说话。

写到这些朋友，真羞愧。该叫他们来谈音乐呀。

问：谈谈你与小野洋子的交往。

陈：哪里是交往，去过一回，老友刘丹带去的，因她的儿子要去中国，找人问问。她抽很细小很淡的烟，间或笔谈，提到中国，是老派日本人的说法：不写“中国”，而是写“中原”，那意思，其实是将中国当作“故乡”，当作国土的延伸。她说：日本人对不起中国人。说着，还欠欠身子。

她喜欢收藏埃及文物，一个不小的木乃伊就搁在她的哪个房间里。我猜，要是列侬可以制成木乃伊，她一定给存放起来。她还指点墙上一幅后现代意大利画家克莱门蒂的大画，指点列侬用过的那架白色钢琴，这时我就想起她是个寡妇。她好像刚嫁给列侬就长得像个寡妇。

问：怎么看音乐的“民国”呢？是不是中国现代音乐史的那

些内容：学堂乐歌、中国最早的音乐学院、黎锦晖的明月歌舞团、一大帮犹太流亡音乐家、酒吧里的爵士乐……

陈：近年出版了不少民国时期的旧照片，共和国公民从这些影像中正在逐渐找回残缺不全的记忆。就说绘画吧，去年，中国美术馆展出了“百年中国油画展”，我看全了民国第一代油画家的作品。好几位老先生的油画原作是第一次领教：李铁夫、李锦堂、吴大羽、陈抱一、秦宣夫、倪贻德、沙耆、关良……民国时期没有“美协”，不必开会“学习”，“汇报思想”，他们只是画画，就像我辈小时候那般单纯。是的，他们的画是中国油画最纯真的儿童时代。

民国的经典电影，不论“左翼”、“右翼”的作品，也总算出了部分VCD。

民国的音乐不如文学绘画那般幸运，可以留下来。出国后，注意到台湾保留了民国的合唱“传统”：不是大陆那种受苏派影响的合唱，“风在吼，马在叫”，一出声就喊。民国大概是开初引进西式的合唱吧，还不太会，很小心，很客气，轻声轻气，咩咩叫，好比羊群走在微风里，很弱，但是很善良，很真心。好多专业或业余的合唱团在美国各州侨社巡唱，唱黎锦晖，唱黄自，唱圣经歌。没有“革命斗志”，不想“改天换地”，但是有人性。

也唱抗战歌曲，也是老实人发急，歌声里没有狠劲儿。我们一代人听的抗战歌曲是另一套“版本”。同样是抗战歌，民国人唱起来不是那种凶法。去年春节联欢晚会请来张曼玉梁朝伟合唱《花样年华》爱情歌，哪里及得我们满台歌舞专业人士有腔有调训练有素，他俩的普通话全是错的，可是动听，是真的在唱歌。民国时期的人格、人气，没给教训过侮辱过，兼以学西洋还没学成套路，所以本色见人。

民国艺术的性格另有种天真滑稽。吴永刚的《神女》，阮玲玉饰演那位妓女的孩子在幼儿园跳舞唱歌，姿态夹生，叫人发笑，但极认真，毫不做作地做作着。布列松拍过一张照片：一群民国育婴堂的孩子在唱歌，作足表情，可是一点不假装。从我们这代人开始，直到今天，孩子们从进了幼儿园就给教一套肢体语言和表情模式，春节联欢晚会的孩子跳出来，集体假天真。

问："民国"不是时间概念，是一个审美概念？文化概念？

陈：我们若是活在民国，很多血腥的事情：战争，暗杀，逃难。今天回看，我们看见另一个民国。

问：从海外回来的人，"民国情结"都很重，哪怕他们跟民国毫无关系，好像人出去了再回来看看，发现丢了以前并不拥有的东西。为什么？

陈：五十岁以下的人都和民国毫无关系，和四九年以后的文化很有关系，这种文化的第一要义是切断记忆。出去了，被切断的记忆——不仅是关于民国的，还关于整个中国历史——逐渐缝补粘连。

问：您是如何想要来画那些音乐家肖像联画的，记得也发表在《音乐爱好者》的封二上，谈谈您对他们的看法。他们的表情……总不都是在调侃吧。

陈：我不调侃。假如我的画有调侃之意，那是图像自身的效果，例如，当我收集了那些笑脸，并与绷着脸不笑的音乐“诸神”搁在一起，这些脸自已会彼此调侃。不是吗。

我也不曾“想要”画他们。倒是那些脸、表情，“想要”我画他们。在林肯中心音乐厅走动，每次都看到那些广告或节目单上的笑脸，忽然我就决定画。那年我失去大画室，搬进小画室，怎么办呢，我就开始画这些小玩意儿。挂起来是一片，收起来是一小叠，方便存放。

问：如今上海的古典音乐频道和时段，已经像你描述纽约与洛杉矶取消古典频道一样，越砍越少了。是好是坏？华纳公司收购了DG公司，MP3大有取代CD之势……

陈：是的，越砍越少了。想想再过五十年，一百年？世界性的“砍伐”和“取代”，才开始呢。

问：最后，请给予积极的建议：音乐爱好者如何选择？怎样重建健康的音乐生活？

陈：古典音乐不断在教育我们“如何选择”，古典音乐随时能够“重建健康的音乐生活”，古典音乐就是最“积极的建议”！

二〇〇一年七至九月

布拉格旧城区一景

布拉格老查尔斯桥建于十五世纪初，这是大桥两侧的雕塑之一，作于十八世纪。

在布拉格

J. S. 巴赫：	《G大调协奏曲》
亨德尔：	咏叹调《一切山洼都要填满》
莫扎特：	《赞颂主》
海顿：	《圣母悼歌》
布里克西：	《D大调序曲》
佩尔戈莱西：	《圣母悼歌》
维瓦尔第：	《A小调协奏曲》
塞扎尔·弗兰克：	《天使之粮》
比才：	《羔羊颂》
门德尔松：	《C小调序曲》
舒伯特：	《圣母颂》
古诺：	《圣母颂》
马斯卡尼：	《圣母颂》
女高音：	娜蒂兹达·凯萝芭柯娃
男中音：	奥德琪·索查
管风琴伴奏：	玛其塔·斯梅基卡洛娃

以上，是布拉格圣弗朗西斯大教堂音乐会曲目单，初抵布拉格翌日，细雨霏霏，我在教堂门口买了票，捷克克朗四百多元，合人民币两百多元吧，夜里，就钻进老教堂聆听了这场音乐会。

上下图：圣弗朗西斯大教堂内景。右上图：圣弗朗西斯大教堂外壁与雕刻。

布拉格全城多少老教堂？旅馆步来，沿途即有六七座教堂边上站着兼差的大学生，兜售当晚或翌日的音乐票：曲目自是巴赫海顿莫扎特，但不知几时我已学得势利眼，还得看看教堂的年岁与模样。一路犹疑推却，走到圣弗朗西斯大教堂，看那石壁与檐顶的老雕像，简直意大利。动问售票的年轻人，不料递给我一份中文解说单，撮要记下：一二三一年，捷克波希米亚女圣徒阿涅丝创立了捷克骑士修道会，始建圣弗朗西斯大教堂。十七世纪下半，请来两位意大利建筑师，参照法国红星十字架骑士修道会总建筑师马岱的设计图，将早先的圣灵教堂改建为这第一座捷克王国的巴洛克风格大教堂。

进得内殿，华美繁复，犹如置身意大利任何一座十七世纪老教堂，那年代的雕刻家大约莫不追随贝利尼的作风吧，名声湮没了，然而个个好本事。单看讲坛周边的天使群，环转飞动，雕工巧致，便在意大利亦属精品。想来当年多少意大利师傅给请到各国去，长年累月住下来，慢工细活，一件一件雕刻好，然后严丝合缝嵌到教堂各个部位上。我自以为熟悉南欧巴洛克雕刻大风格，今知中欧小国竟有这等正宗的庙堂在。

圣弗朗西斯大教堂位于布拉格著名的查尔斯桥东端小广场。大桥建于一四〇二年，看那黑沉沉的桥头堡，是有六百多岁了。蜂拥而来的各国游客自老城区狭窄的街巷漫入桥头小广场，四散拍照，挤挤挨挨穿过桥头堡，在布满十七至十九世纪雕刻的桥面走走停停，涌向对岸去。对岸，布拉格以西，旧皇宫与皇宫所属的哥特式老教堂高居坡顶，逶迤展开，是所有布拉格风光介绍的经典景观。行到桥中央，回望东岸，是由捷克储蓄银行建于一八七六年的鲁道夫音乐厅，年年举办布拉格之春国际音乐节；南端，那屋顶排开金色骏马雕刻的新文艺复兴样式大建筑，乃一八六八年动工起建的国家剧院，两座宏伟的建筑，都在河边上。

窝尔塔瓦河！南端河面横一道堤坝，湍急的水帘银光闪动，沿岸十数枚肥壮的白天鹅在微雨中傲然游弋，比之深翠色羽翼的小水鸭，诚如贵夫人。西岸北端竖一广告牌："新卡夫卡博物馆"。两天后去了，小小的院落，一对青铜裸体男子昂然站在庭院中，等人大小，面对面，各自手扶阳具射出清水，源源注入脚

左图：卡夫卡纪念馆庭院。右上图：自查尔斯大桥南望国家剧院。右中图：查尔斯桥的桥头堡雕塑。右下图：查尔斯桥的桥头堡拱门天顶壁画。

上图：布拉格西岸圣尼古拉大教堂，据说莫扎特曾在那里演奏管风琴。下图：卡夫卡纪念馆图片四件（局部）。

下的小池子，水声潺潺，合着一群群游客围拢观看时的哄笑声。那雕塑，是由无数横向的切片堆叠而成，胯间大约安装了旋转机关，每隔几分钟，两枚青铜阳具左右拨动，水注飘摇，如我们每个男人撒尿时的所作所为一样。

捷克。我所看过的五六部捷克电影，无不好，无不即兴玩弄男人们点点滴滴的自得与胡闹：当捷克人捕捉这无所不在的胡闹时，想必得意了。

没读过《好兵帅克》，《城堡》未读完。那位80岁自杀的赫拉巴尔，仅止听说他的《巴比代尔》——昆德拉《小说的艺术》及《被背叛的遗嘱》大有兴味，他的小说则读过而忘记了：好是写得好，可我中年后为什么读不进小说呢。《哈维尔文集》，篇篇好，他写捷克的真事情，写出我有所感应的社会主义国家。当他出任总统时，昆德拉曾为文提醒：七十年代布拉格的半地下剧场经常上演哈维尔剧作，不停不停满堂哄笑。这却是社会主义中国未必有过的剧场经验：迄今，我们的哪场话剧演出居然智慧到不断引人喷沫大笑么？

这是我所造访的第二个欧洲前社会主义国家。那年走访两德统一后的德累斯顿与莱比锡，战时被全数炸毁的宫廷全数复建，然而角角落落随时撞见当年的旧厂房，职工楼，政府大厦，空阔的街道……难以磨灭的社会主义表情，停在街角，凝在老人的脸上。此刻站在布拉格查尔斯大桥，两岸眺望，满目是过于密集华美的欧洲史，不见半点社会主义景象：当年的党部、党旗和社会主义大标语，就在这些皇家贵族布满雕饰的建筑内外吗？“全世界无产者联合起来”：哈维尔书中，那蔬果铺主人在洋葱和胡萝卜之间遵命插放的革命标语牌，当然不见了；一九六八年苏军坦克成排开进的大街在哪里？旅馆选在老城区，抵达当夜，出街游走，一转弯，便是人声鼎沸的旧市区大广场：这八百多岁的广场被巴洛克建筑环形包围，石铺地旋转着古老的纹样，摇滚乐歌手放声高唱，烤肉摊冒着火炭的青烟，教堂敲钟了。古代，这里是市民集会和人犯斩首的地方，与西欧南欧的Plaza无有二致。昔年属于奥匈版图的捷克多是德语地区老建筑，不同于德奥两国，布拉格楼群到处间杂巴洛克、洛可可、文艺复兴或新古典时期的样式，每一门洞是目不暇接的雕饰，楼面涂着美丽的肉红、鹅黄、苹果青与无可言说的淡紫，雨中看去，合成璀璨斑斓的灰。上千年前，直到十四五世纪之交，这里是连接东欧与西欧的大都市，仅次于罗马——何以上世纪社会主义的浩荡洗劫无损布拉格？一石一柱，一门一窗，似乎动也不曾动过，至少，在昆德拉与哈维尔们自幼及长的年代，他们出入的街巷与二三十年代卡夫卡看熟的布拉格，大致一样。

捷克的文学。文学真使人彼此了解么？瞧卡夫卡那双眼睛，我与他望见的布拉格，想必大异，竟或不是同一座城。他那么钦羡地说及西欧的高楼与凯旋门，言下颇以为布拉格是小地方；昆德拉说话狠："在巴黎，我更布拉格。"这意思我们懂吗？固然，他们有他们欧洲的维度，但未必懂我的维度：倘若请这些文学叛徒来到今日高楼林立的西安或洛阳，他们会逃离还是留下？在一部描述布拉格占领时期的捷克电影中，痛恨婚姻的大提琴手为点小钱，暂时抚养过境捷克转去法国的苏俄男孩柯里亚，两人冒充父子，言语不通，当苏军命令家家户户张挂苏联国旗时，孩子高兴指认，大提琴手愤怒地嘟囔。多么捷克的细节，是的，我了解这屈辱，可是镜头掠过窗外布拉格，太阳照着远近的巴洛克教堂，闪闪发光——如我此刻望见的那样——我眼前一亮，心里暗下去：老天！这些绝望的社会主义囚徒住在何等华贵的地方。

上图：旧城区小街的《唐·乔万尼》木偶剧场招牌。下图：旧城区老建筑之一。

所有欧洲都城的旅游点都在旧城区，然而旅游者不会因此了解一个国家，了解这国家最敏感的心灵何以敏感。停留布拉格才四天，我看不过来地看，几乎忘了昆德拉与哈维尔，也完全忘了我曾为《音乐爱好者》杂志描述的捷克室内乐团“塔里赫”：十八年前，当我再三聆听这四人小组演奏的贝多芬全部四重奏，多么向往有一天去到那里啊。有别于西欧和俄国的演奏，塔里赫的乐句分明是捷克的性格，还有受压抑、被隔绝而自我了断的心情，这心情，既因为社会主义，也因为布拉格。甚至德沃夏克的《新大陆交响乐》——很早很早了，七十年代，我摊在上海眠床的凉席上听，心醉神驰，汗出如浆——真的，我听到的不是美国，而是捷克。想象无法核对。卡夫卡纪念馆来回播放一部二战前布拉格黑白纪录片，配乐便是《窝尔塔瓦河》——他们特意选取当年的单声道录音，原来捷克人也凭借往昔的音响试着回返往昔——早先，在中国，一听这旋律，心中亮起信号：捷克！捷克！现在却听之漠然，失去想象：窗外流淌着窝尔塔瓦河，河水并非想象中的碧蓝，而近于莱茵河的浩瀚银灰，深翠与绛紫的波光在水面涛头闪烁着，有如流动的伴奏，忽儿隐匿，忽儿响亮。火车站，离布拉格那天，报时广播的音乐也用这乐曲著名的首句：不再那么好听，不再感动，真的布拉格制伏了我的可怜可疑的捷克想象。

演出是在夜里八点。两排听讲的老木凳放着小纸条：白天售票时经已征询来客愿在哪排就座，编号的纸条于是签上名姓，预先放在座位上。教堂总是安静的。欧洲音乐会多有韩国与日本的听众，平凡的亚洲脸，默坐着，恭敬而自卑，那么，我也是其中之一了。众人静悄悄看向主祭坛右侧置于二楼偏廊的镀金管风琴，传说莫扎特动过它——去年走访莱比锡那座曾由巴赫执掌的圣约翰教堂，质朴极了，圣弗朗西斯大教堂则像是直接从意大利挪来布拉格，论豪华，远胜于巴赫的领地……女风琴手现身了，向楼下的我们欠身鞠躬，接着是鼓掌后的静，再接着，锃亮锃亮的金属之声抑制着巨大音量，轻轻地，在二楼，在被圣徒和天使环绕的天庭间，骤然迸发了。

现代照明出现前，教堂的内厅怎样在烛光中交相辉映？两位歌手今晚被照得太亮，太清楚了。我喜欢女高音歌手长得肥胖，喜欢听歌声怎样从胖喉咙一句句送出来，稳健地颤抖着，被下一组更复杂的颤抖接过去；男中音歌手那么清瘦，在每一尾音的换气之际，他的歌喉的振荡如鼓轻击，亦如洪钟的余响，经院式唱腔要求中音从头到尾被压扁、被控制，控制为一种神奇的效果：这位男子今晚会因为虔敬而癫狂。

半数歌曲早经听熟了，管风琴伴奏的独唱，第一次聆听。巴洛克名曲总被后人易为各种乐器与人声的组合，都好听。不过我是在听还是在看？或者，如每次在音乐会中难以专心致志那样，我只是在想：此刻我在圣弗朗西斯大教堂，在布拉格。真的吗？赶紧四看，决定相信，心里一阵欢喜，像是亲自挠痒痒。舒伯特的圣母颂小时候就听熟了，今晚动衷是因起始的旋律那么轻，那么弱，像是管风琴的哽咽，一个巨大的金属喉咙哽咽了。惹我出泪的是男中音演唱弗朗克的《天使之粮》，我听出他没唱好的乐句，原作因此更显得伟大。末一曲马斯卡尼的作品原来也是圣母颂，早先我以为那是爱情歌。器乐版听过无数，今晚是人声，男女演员特意走下二楼站在祭坛前，七情上脸地唱，听到那有爱在心而神志惚恍的慢乐句，我又焦距模糊了一阵，同时想，今晚的幸福，就此完结啦。

接着是盖浇饭与酸辣汤。餐馆就在教堂斜对面——穿过桥头堡广场，一眼望见查尔斯桥对岸被夜灯照亮的大皇宫，卡夫卡与昆德拉的时代，这庞大的夜灯系统尚未发明——如今哪里没有中国餐馆呢，在黑沉沉的巴洛克门洞口，硬纸板广告印着至少上百盆中国炒菜的彩色照片，在布拉格街头斑斓着，难看死了，但是青椒牛肉、麻辣豆腐、口水鸡之类，是我肠胃的归属呀。

我不计较今晚的演出。教堂，古典音乐的摇篮，如今摇篮连同音乐，一并成了旅游项目了。但是巴赫与亨德尔的歌声是该在教堂廊柱间环绕飞升，我不是基督徒，耸耳倾听，只为暂时免于做一个野蛮而忙碌的人。布拉格的音乐会太多了，翌日走去另两座音乐厅碰运气，看看停留这几天能不能撞上好节目。无所获，然而理由令我起敬：北端的鲁道夫音乐厅本周排满少年儿童的音乐专场，不对外售票；南端的国家剧场正上演新一轮现代舞和音乐剧，均为本国剧团原创，日场、夜场，节目单看得眼花缭乱，没把握，放弃了。倒是剧场售票处的两位女士给我瞧见几分社会主义公民的意思：那当值小姐要言不烦，正派而矜持，一副欧洲共青团员的长相；小卖部站着一位早期社会主义版本的胖大嫂，我不过问问厕所在哪里，她的应答与手势好比接待刚录取的新生，又像好母亲，又像小学校长。

窝尔塔瓦河。走下两座音乐厅大台阶，此岸对岸的华屋美树弄得我心神纷乱：我已不记得国中哪座城市的哪片河岸给我半点优美的视像。走走看看，返身折向东头寻找斯梅塔那厅：才来两天，我已走熟了旧城区好看透顶的小街巷——斯梅塔那厅位于旧城和新城的交界，是“新艺术”（Art Nouveau）的经典建筑，里外一看，大开眼界。纽约布满“新艺术”风格老建筑，然而布拉格的这一座格外正宗，起建于一八九五年前后，正是“新艺术”观念与实践将开未开之际，比后来“新艺术”的固定模式，

上图：位于查尔斯桥广场南侧的斯梅塔那纪念馆一景。中图：斯梅塔那音乐厅天顶壁饰（局部）。下图：斯梅塔那音乐厅内景，经典 Art Noureau 风格。

上海大中里一带Art Deco风格民居开始被拆除。摄于二〇〇八年四月。

细节更繁，更具野心与想象。内厅种种壁画雕饰尚未脱尽滥情时期的浪漫主义，今天看，实在过时了，然而是认认真真的滥情，死去活来的浪漫，凝固为建筑，以过时的骄傲感进入后现代，如今反而显得新不可及了——在纽约，这样一座音乐厅绝对是历史性保护建筑，如“无线电城”，如帝国大厦——上世纪初，是怎样的豪情与金融使捷克人造就这座音乐厅？谁是设计者？那位长居巴黎的捷克画家阿方索·穆卡显然对这风格发生过影响。

上海的兰心大戏院和今延安路南端的老音乐厅，尚属十九世纪新古典主义建筑被简化的仿制，大光明电影院、国泰电影院、美琪大戏院，论原创、论精雅，虽不及斯梅塔那厅的千分之一，却是“新艺术”之后著名的Art Deco风格。如今，这几件上海古董破败难看，毫无尊严，新上海的旅游景点根本轮不到这几家二战前的老影院。上海老弄堂也多有Art Deco的经典设计，近年在劫难逃：石门一路大中里的成片Art Deco住家去年被拆毁了，日后丑陋乖张的新大厦造起来，谁知道底下镇压着老上海历史建筑的旧档案？

这不是汶川地震现场，而是 Art Deco 的上海废墟。摄于二〇〇八年五月。

得到翌日夜间的室内乐票，去了，半数坐席空着，斯梅塔那厅也竟旅游化了么（又见不少韩国与日本的游客），演出阵容倒也不小，十把琴，乐手全都站着，第一小提琴手典型茨冈人模样。维瓦尔第的《四季》值得再听一遍，现场的音响从不令我失望。“冬季”的首句多么凶狠而肃杀，在同一的单音的旋律中，所有提琴的猛烈齐奏犹如铁骑铿锵，我竖起耳朵，辨听每一方位的每一把琴。当我选择ＣＤ时那么计较演奏，现在耳辨琴音，没有意见，只是听。

散场后穿过旧城广场回旅馆，一座昏暗拱门下正有两位街头小提琴手也在演奏《四季》的片段，也是“冬季”开首那凶猛的单句，音波在拱门内激荡，骤一听，像是发生什么大事……经过那家叫做“普希金”的酒吧（多亲切：捷克与俄国理应留着这层渊源），经过两家毗邻的木偶剧场（在电视时代，这座城照旧上演几百年前的木偶剧，其中一家的名字就叫做“唐·乔万尼”）。小小的出卖木偶的商店几乎分布旧城的每条街。欧陆各国留存木偶戏，似不如捷克人这般热衷，而且有市面。毫无缘由地，我猜，捷克人的自嘲传统或许部分来自木偶戏，那是移情的快乐：在自己身上看见傀儡，在傀儡身上看见自己。我选了两具：绳线牵连的莫扎特与费加罗，簇新，然而来自古老的造型。

旧城的小店铺，看熟了。铺面较大的店家多数辟为时尚服装店，展示所有欧美的名牌。资本主义无孔不入，不过一家纽约的阿玛尼或普拉达哪有捷克这么金贵的店面，门楼缀满老雕刻，内里的天顶壁画画在上个世代。一位瑞士朋友后来告诉我：一九八九年天鹅绒革命前的布拉格更美，everywhere untouched！为什么呢，因为——我早该想到——太穷了。忽然想起那位捷克摄影家的忧郁的布拉格，同时想起法国人拍摄的旧上海与老北京：胡同，弄堂，untouched。唯不同于捷克，我们先施行人的洗劫，待有了钱了，大片大片拆，以便葬送记忆。

特意留了一天到处画速写。东岸，西岸，无须找寻构图，太美的景致没有绘画的余地，教堂尤难描绘——布拉格的教堂多有莫扎特踪迹：神学院图书馆供着两具十七世纪管风琴，其一为莫扎特当年演奏所用，造型繁华。西岸的大教堂另有一架庞大的管风琴也为莫扎特染指，我没进去：赏看欧洲需要气力（还得添上承受力）。布拉格处处提醒游客，它的历史曾经弥漫旺盛的精力，这精力，包括奥匈帝国解体后捷克把握了帝国遗存的工业文明，若非后来的大变故，这中欧小国的精力与智力如何发散？眼前布拉格尽是昔年的光华，其中，音乐记忆是重头戏。

何以当年是布拉格听众将崇高的理解献给莫扎特？一七八六年、一七八七年，《费加罗婚礼》和《唐·乔万尼》相继上演布拉格，相比维也纳观众的难以适从，莫扎特在布拉格赢得从未有过的荣耀。当年演出的剧院还在么？几天后在维也纳国家剧院观赏《费加罗婚礼》，我毫无结果地想，为什么率先为这歌剧欢呼

上图：捷克木偶。下图：布拉格西岸的一家木偶店。

我喜欢这尊卡夫卡铜像。他会同意吗?

的人群不在维也纳？毗邻奥国的边境，捷克保留着莫扎特创作《唐·乔万尼》的别墅，车程四小时，不便去了，布拉格的短短四天已难消受。欧洲的无数遗迹实在货真价实，地理，地缘，处处历史的伏笔，人与文脉的关系，在一起，也可以不在一起，此处暗下去，彼端会被照亮：德国人亨德尔被英国人推崇备至，终老伦敦，之后，英国朝野盛大欢迎海顿到来，赞美之辞占据报章整版；德国人贝多芬将自己的盛年统统交给维也纳，在布拉格皇宫一座精致博物馆内，不知出于什么典故，藏着《英雄交响曲》全本手稿，而莫扎特的巨构《唐·乔万尼》就在捷克诞生，首演的指挥是他本人……十九世纪末，捷克设计家兼画家阿方索·穆卡的风格最初见重于巴黎，日后影响“新艺术”，回馈祖国；一九六八年苏军占领期间，捷克现代舞天才依里·基利安女士出走荷兰自组舞团；米罗斯·福尔曼于同期出走前，已是布拉格“新浪潮”导演首席要员——曾被封锁的中欧东欧，当年照样回应西欧艺术运动的缕缕强风——日后，他在美国拍出了经典电影《飞越疯人院》，一九八三年接手《阿玛德乌斯》剧本时，冷战尚无结束的迹象，他想起untouched的布拉格，于是关于莫扎特传奇的这部电影全部在布拉格拍摄外景，而不是在维也纳。

诸位请再看一遍《阿玛德乌斯》。虽然其中不摄入布拉格全景。自高居坡顶的皇宫东门走向出口，昔年城堡的箭垛墙面不高，适可依凭。放眼眺望，全城豁然展开，雨后夕阳，一道道紫云透射金光。窝尔塔瓦河贯穿全市，被远近教堂的尖顶圆顶频频遮没，之后，继续闪烁，在城市的中腰逶迤转弯，流经一座座桥，与夕阳交融。这座城真的历经那段统治么？历史常有意外，可谓侥幸。论城市的本色，论华美，据说布达佩斯、莫斯科、华沙，远不及布拉格。这座城竟使卡夫卡洞见现代人的绝境，昆德拉迄今不愿来归的决绝，怕也是布拉格脾气。

我望见的布拉格只是表面，我爱表面。我乐意叹赏一座城而对她怡然无知，东张西望，零散交代一份旅游报告。神学院图书馆有位职员与我聊天：我们是小国家，过去，现在，捷克不过是轮番向苏美使眼色，决定拥抱，或被拥抱。他瞪着波希米亚人又凹又凸的眼睛作出拥抱的手势，然后怪笑，我知道，那是小民的娴熟自嘲。早去过捷克的朋友事先提醒我：留心那里的女子，格外美丽性感，对啊，波希米亚和斯拉夫人都是美丽的种性，我竟错过这稀有的幸福么？都怪布拉格。除了满目应接不暇的美，这座城似乎没有政治，没有统治，只有她——她连社会主义的记忆也不给我。

人类是不能沟通的。索尔仁尼琴说这话时，人在美国。其实同为社会主义过来人，亦难沟通。那位雇员与我谈论捷克这二十年，眉飞色舞，我一点没向他诉说我的经验。我不能对他说，听着：我们没有现代作家嘱咐烧毁自己的手稿（并非为了恐惧）；我们没有引人痛唾的剧作家，出入监狱，结果被选为总统（绝非为了做官）；长驱直入的坦克倒也见识过，但绝不是外国军队的坦克；当然，我们也有标致的女子，只嫌美人身后的景观何其难看而难堪：我想不起一座我们的城市值得炫耀。

离开那天破例早起，清晨的薄雾，查尔斯大桥几十尊雕刻又度过一夜，周身蒙着轻霜。飞快画了几幅速写，手冻僵了，我知道，人要画画，其实是对眼前所见无可奈何。

在旅馆后门等候出租，我真巴望这告别的片刻遇见哪位美人走过。可惜不见。一位矮小精干的男子引我注目：长发向两肩披散，山羊胡，长鼻前耸，下巴缩进去，活像笛卡尔。他一手端一杯热咖啡，小心翼翼，缓步走来，略微奇怪地看我，显然不明白我为什么看他。街巷无人，也未停着小汽车，就这样，他从十七世纪的鹅卵石路面走过来，那一瞬我像是瞧见了波希米亚大公国。

二〇〇九年十月至十二月

布拉格神学院十七世纪管风琴，莫扎特曾亲临演奏。

自布拉格旧城区老街走向查尔斯桥头堡，从桥头堡门洞远望即旧皇宫所在。

HOTEL U ZLATÉHO STROMU
STAROPRAMEN
HOTEL U ZLATEHO STROMU
STAROPRAMEN

左图上中下：布拉格西岸皇宫博物馆收藏的昔日王侯肖像。
右上图：皇宫正门口雕塑。右下图：人民在皇宫门口拍婚纱照。

布拉格旧城区老广场

从查尔斯大桥眺望西岸的旧皇宫

维也纳皇宫

维也纳公墓。贝多芬衣冠冢。摄于二〇〇九年十月。

在维也纳（之二）

因为一份展事的邀请，十月，我再度造访维也纳。去年离开时岂料转眼又来呢，今夏在文字中回到去年的维也纳，停停走走，最先记得的时刻竟是在贝多芬旧居梦游上海了：自己的城市，贝多芬的城市，我竟会当场失落而同时抵达么？

现在那回忆仍未写完，居然又要去了。临近启程的日子，一想起，心里就欢喜。

抵达维也纳的时间是当地夜里七点，中国正当凌晨。寻到机场出口外指定的抽烟处，想起兜里的打火机在首都机场给收缴了。借火点上，神志甫定，久坐的身体终于挺直。身边三五男女各自拖着行李在塞满烟蒂的铁皮罐旁站开，疏密有致而礼貌有加，人手一支，闷头吞吐，匆匆履行这仿佛有罪的仪式，间或目光交接，如难友般一笑：国外的陌生人大抵是有表情的。每年得缘出国走走，小小的、隐秘的理由之一便是不会遭遇冷漠的脸。十小时前，我在北京机场抽烟室也是个面无表情的人，此刻发觉嘴边的皮肉稍微牵动了，而且应了别人的搭讪。

是一位粉紫领带银色西装的小伙子，金发抹得精光滴滑。欧洲八〇后白领如今穿得是愈加鲜洁考究了。他的面容是他母亲的漂亮翻版，双唇，嘴角，像极了早期好莱坞的欧裔女明星：

哪里来？北京？我去过上海（眉毛一抬）！喔！全是高楼（耸耸肩）！我？我从慕尼黑来……赶紧跟他打听慕尼黑交响乐团，不料他妩媚地笑了：

“慕尼黑交响乐团？No，我从未听过呢。”

维也纳！当车子过桥转弯驰入老城区，活像电脑图片档被打开的一瞬，去年的记忆点亮了：夜灯璀璨的旧皇宫和圣斯蒂芬大教堂渐次出现，远远旋转着。初到欧陆的头一站，头一夜，身心最是醒豁而轻盈，虽有时差的轻微晕眩，而再度到临来过的地方，犹如凯旋。凯旋是怎样的呢？节目还没上演，旅程才刚开始——明天是展览开幕，后天、大后天……未曾造访的一连串现代美术馆总要去的，艺术史博物馆也还得好好看看；上次来，海顿故居休整闭馆，今年想必开放了；几位音乐家的墓地远在郊外，去年特意留着不去，这回得排出一整天拜访的时间；最后，上帝做主，在停留的这些天还能赏我歌剧演出的票子么？

北京将要天亮了。抵达维也纳的第一夜。为了买一支打火机，十点钟前后我发现自己在旅馆周围沿街游荡，遍寻不得，结果在一家太过豪华的酒吧弄到几盒免费火柴。

* * *

环线之内的维也纳街区，已熟悉，尤其是古董街。没去过的地点藏在地图小号字之间，辨读艰难：海顿故居在环线外城区的西端；部分克里姆特藏品在东南端的贝维德雷宫。宫殿近旁有一座二战苏军将士纪念碑，据说维也纳人不愿天天看见，特意为遮挡视线而安置了高高的喷泉……上回一来再来的艺术史博物馆与自然史博物馆面对面——贡布里希儿时，下雨天会被父亲领去看恐龙与蝴蝶——穿过马路，另有一座庞大的“博物馆院落”由帝国时代的马会改建，院内分置几家中小型现代美术馆，其中一馆，便是我所参与的展览所在。

开幕式总是一样的，不写了。这里的酒会晚宴委实很晚，都快九点钟了吧，我这才知道奥地利人喜欢在仪式中轮番讲话，讲好久，听不懂，也无可写。展事过后的大轻松是钻进艺术史博物馆：在长长的偏廊和各大主厅，我又和去年看熟的篇幅默然相对了——这篇文字将要试着描述最后两夜看了怎样的演出，听了怎样的音乐，此刻先忍着吧，何况我并不知道该怎样写。

委拉斯开兹那幅浅红色小公主肖像，蓝衣宫娥肖像，还有深棕色盛装的女官肖像，上一回出借，缺席，现在赫然在墙，沉甸甸辉煌着，辉煌得那么朴素，像是经年的楠木。当他描绘宫廷华服的闪烁褶皱，他的神乎其技的右手，被释放了——这手使天下的画家多么绝望啊——丁托列托《沐浴的苏珊娜》、劳伦佐·洛托的《圣母子与圣凯瑟琳和圣雅各》，被哪国的美术馆借走了，大丝绒墙面空出来。说是经济如何萧条，欧洲每年每季看来照样开办各种昂贵的大展览。单是“美术馆院落”的三五小馆，就有美国老牌大师赛·通布利专展（包括从未见过的他的部分雕塑和摄影），有埃贡·席勒早期作品的专展（显然他被追认为维也纳分离派最重要的画家），一战前后维也纳画家特展中，好几位带有当时的左翼倾向（其中一位延续米勒的主题，反复描绘割草的农民，另一位与柯勒惠支遥相呼应，画着镇压后横尸街头的劳工——上世纪初，据说共产主义形态在维也纳某区有过短暂实践，市政府特意修复了叫做“马克思区”的景观，以示欧洲历史的剧情），此外，还有二战前现代主义诸家占据整层楼面的固定收藏（展品不多，精而全，囊括立体派到超现实主义的欧美名家，一时错觉，好像置身纽约）。

贝维德雷宫好看极了，可爱的德语地区小皇宫，虽是凡尔赛宫的三流仿制，好在小巧，通体雪白，连同裸体勇士驾驭骏马的白石雕，骄阳下看去，白得耀眼。二战期间这里被炸，如今除了园中的雕刻远不及古人，实在看不出是为重建。欧洲的皇宫辟为美术馆，诚然是民主与皇权的优美妥协，不可能更恰当了，否则怎么办。如今平头百姓出入其间，偶尔用得着，还能租给电影公司玩弄古装片。皇宫顶层有克里姆特专馆，在维也纳看他，每一寸矫饰、华丽、繁琐，全都对了。那介于没落贵族与新兴资产阶级之间的克里姆特式趣味在今日维也纳早经烟尘散尽，但十九世纪末的维也纳叙述嵌入克里姆特颓废的注脚，彼此得其所哉，实在两全其美。他也是Art Nouveau影响圈内的当地豪杰，与同期法国印象派与后印象派的放胆实验，毫无关联，反而与他同在维也纳的布鲁赫与马勒，在我听来，那入骨的矫情倒是几分同调，都逃不脱维也纳有声有色的末世情怀。绘画与音乐的对应既须审慎评说，且难求证：我竟在马勒铺张的声部中“听”出克里姆特的维也纳么？我曾像疏远克里姆特那般疏远马勒（毫不讲理地疏远），要是在维也纳听一场马勒，譬如他的第四交响乐，或许另有感知——论国民性，讲说同一语言的德国与奥地利，似乎，以我的印象，前者是鲁直的男子，后者是温婉的女流——克里姆特和马勒的艺术竟藏有“女性”的神经？总之，维也纳的现场马勒与CD中的马勒，想必是两个。至少，绘画的部分魅力能否奏效，端看挂在哪里，以怎样的场合与形态被看见。不知克里姆特生前是否瞧见自己的画挂进小皇宫，几次观看欧洲名画挂在北京，总不对。如果克里姆特移来京沪，要不场地突显粗俗，要不是他的风神更形造作。八十年代在纽约大都会美术馆初见他的单件作品挂在法国的写实派印象派厚实幅面中，那些装饰色块何其浮浅。其时我不能见及在他背后的维也纳，现在可以确认了，虽则维也纳的荣耀不在绘画，而在举世无双的音乐。

网络上轻易查获各音乐厅节目单：全年，每天，排满演出。浪漫派歌剧连篇累牍，一出也不想听，可是注意：国家剧院，十月二十日上演莫扎特《费加罗婚礼》，十月二十一日上演贝多芬的《菲德里奥》。谢谢维也纳！我真想对着全城鞠一躬。订票的电子回单一天后即发了来——除了网络订票，维也纳全城所有音乐厅代办其他各厅的票务，国家剧院就在艺术史博物馆斜对过，去年从那里买得北城小厅的《魔笛》戏票，这回终于能堂而皇之走进去，狠狠听一场了。

* * *

一八〇九年，拿破仑军队攻占维也纳。沦陷的第一周，海顿去世。稍早，围城期间，一颗炮弹落在他家大门口，他对邻里街坊说：“诸位不要害怕，海顿在哪里，哪里就免于不幸。”这句话现在就印在音乐家故居的旅游手册上，馆内有一幅小小的版画，画着法国兵怎样进攻维也纳。

他老家所在的小街，僻静安详，类似贝多芬的波恩故家，典型十七八世纪德国民居：临街小门楼，带一方后院，后院一株高大的栗子树，树下铺满今秋的枯叶，栗子散落其间——我转眼捡了一小堆，夜里在旅馆埋头剥食海顿家的栗子，满嘴苦涩，赶紧罢休了——这儿是位于城西的“风车区”，从英国回来后，海顿买了这幢楼，度过晚岁的十二年，直到去世。第一次见到海顿的死亡面模，第一次端详海顿的白石雕像：介于宫廷的忠仆与

上图：海顿写于一八〇九年二月的遗嘱。中图：海顿遗嘱中受惠的平民：厨娘（左），管家（右）。下图：海顿遗嘱中受惠的平民：仆役（左），扫街的男孩（右）。

老臣，我喜欢他的模样，厚道，智慧，鼻翼嘴边的笑纹诙谐而豁达：“别害怕，有我在。”这样一张脸是会说出这样的话。他长期出任宫廷乐长，阅人无数，亲王干涉他的排演：“殿下，这是我的事情。”出版商不地道，他去一短简：“到此为止吧。要么寄还乐谱，要么付钱。”展柜陈列着他的书信与手稿，笔迹清秀歪斜，最珍贵的一份是写在去世当年的遗嘱，详细交代钱财分给谁，怎样分：除了赠与六家社会与教育机构的款项，有份的亲友多达二十七位，其中包括常年的管家，扫街的伙计，送信的差役，还有一位制作点心的厨娘——“六千弗洛令留给制作皇家高级点心的安娜·克莱姆尼策。”老人写道。这是不小的数目：当年两个弗洛令是舒伯特第一首卖出的歌曲的稿费——展墙上贴着几位小人物的放大画像，是十八世纪的刻印版画，以不同尺度排列着，望之有趣，初看不知何人，读了遗嘱，再着他们良善的脸，仿佛个个映着海顿的光芒。

二楼一间小小的北房辟为勃拉姆斯专室。有他年轻时尚未蓄须的油画肖像，有他的桌椅、书柜和盥洗用具，还有不知哪位画家悉心描绘的水彩画，画中是勃拉姆斯生前的书房，书案上端挂着贝多芬像。维也纳似乎没有勃拉姆斯故居，什么原因，还是我无知？去年前年政府闭馆修缮，念及勃拉姆斯崇敬海顿，于是将这些遗物取来海顿的家。海顿一定乐意收留的，他可惜没听到勃拉姆斯的《海顿主题变奏曲》，写得多么正派，多么好啊！维也纳后人真懂得体贴音乐的列祖列宗，特意将勃拉姆斯列为海顿家族的一员，也是这份敬意与体贴，当年的维也纳人实现舒伯特的梦想，将他葬在贝多芬身旁。

* * *

维也纳南郊的公共墓园，远比想象的大。从贝维德雷宫一带搭乘老式有轨电车到得城外，单是墓园北端到正门的距离，即车行一站。正门边开着庞大的花铺，买一束黄菊捧在手里，进得墓园，一时想不出呈献哪位音乐家。

早晨下过雨。远近鸦雀鸣叫。墓园望不到边，累累碑石，他们在哪里？沿主道往里走，两边的墓渐渐密集了。十八十九世纪的雕匠手艺与博物馆名家只一步之差，几乎每一墓碑缀满真人大小的雕刻，全被淋湿了，有如露天的雕刻展。沿路左一组组雕刻看过去，移步拍照，行到一片半圆的草坪，墓的间距疏阔了：一眼看见勃拉姆斯墓，碑面刻着他的大脑袋，不知为何雕着裸体女子陪伴他；再一看，紧挨着的另一面碑刻着约翰·施特劳斯胡须分翘的脸，被四个小天使和一位女神团团簇拥着。

雨后草泥新鲜，墓台上散着被雨水打湿的花束。我兴奋了，狠狠看着勃拉姆斯。如在展厅无法专注单件作品，我随即回身环顾，不料背后几步开外即是贝多芬与舒伯特，两座墓间隔大约十米而稍微前端的位置，是莫扎特的墓，准确地说，一座小小的纪念碑，碑顶坐着一位铜铸的少女，欠身垂首，典型十九世纪的浪漫哀悼相。

这是无法描述的经验。我一时不知停在哪座墓前——勃拉姆斯与小约翰·施特劳斯好交情，我知道的，并收有他俩的合影。贝多芬殁于一八二七年，翌年舒伯特死。悬想近两百年前，他俩的墓应该不在这里，而他们的殒年早于勃拉姆斯（一八九七年逝世）和施特劳斯（一八九九年逝世）足足七十多年，七十多年间，这片草坪不可能特意空置，预留给音乐家。显然，几位音乐家迁葬一处，便于找寻，乃是后人在二十世纪的安排。

巴黎拉雪兹公墓葬着肖邦与比才，没去过。凡·高弟兄的墓

左图：约翰·施特劳斯墓碑。右图：勃拉姆斯墓碑。

舒伯特墓碑

在巴黎远郊，也没去过。莎士比亚没有坟墓，仅在他故乡教堂设一小小牌位，上书“诗人莎士比亚”，与其他当地死者的牌位列在祭坛下端。亨德尔的墓碑在伦敦哪座大教堂，那年去了，吃一惊：所谓墓碑就在石铺地面，其中某一圆形石面刻着亨德尔的名字与生卒年，访客等于在地面上走来走去，弯腰寻看。巴赫的遗骸曾与另十一位死者深埋莱比锡圣约翰教堂南墙边，十九世纪末端才被掘出，由雕刻家确认了与他头颅接近的某一位，遂隆重移入教堂圣坛的底下——上坟，凭吊，是不同的经验。人营造美丽墓园，如此，消殒和腐朽被赋予形式，易于承受。树叶仍在滴落雨珠，此刻我站在被淋湿的草坪上，面对五位音乐家的墓。周围层层叠叠的碑刻间不见人踪，唯这片草坪持续有人漫步走来，一位男子拖着行李箱，显然从车站或机场赶到这里，我逗留期间的访者大约十余人吧，各自一声不响，梦游般徘徊，站定，徘徊，然后离开。

亿万树叶轻轻发响，又下雨了。微雨中寻看草坪周围与道路对过几座极之豪华的墓葬，如小小的宫殿，论人工和艺匠，远过于一座今日的豪宅，而今世再贵的屋舍也不可能请到当年的雕工了。墓主是谁？贝多芬舒伯特的墓实在是简朴的，看看周围数十倍之多的豪华墓葬，音乐家生前的世俗地位即便不能说卑微，也绝非显要。以舒伯特的境况而能有这等配置雕刻的墓，他哪来这笔钱。今天，大片贵重墓葬或有墓主的隔代家眷前来看看，平日里，唯世界各地的人民专意专程寻过来，为音乐家之墓献上花束——舒伯特墓台甚至放着一罐可口可乐，一枚胖胖的红色塑料心，印着“I love you”字样，想必是孩童的敬献吧——周围树丛中，另有几位墓主是画家或音乐家，拼读名姓，不知，唯碑面缀有竖琴或调色板的雕刻，在十九世纪，想必是城里若干名重一时的人物吧。

几乎风雨交加了。避在主道尽头的大殿下，远望雨中墓园，我已确认他们长眠的位置。雨歇，沿来路出园，经过草坪，停了停，逐一巡视之前看了又看的几座墓，忽起歉意。不是再见的意思，也不是说，我来过了……故居只剩房间，现在，在墓前，我有理由确认这是我与这个人最最切近的一刻，心里或起轻微的波澜，其实恍然空白，远不及听他们的音乐时与之同在而慷慨激昂。怎么办，人心需要辨识物，不然去哪里找？莫扎特的空墓在维也纳另一处什么地方，不是这里的一尊；贝多芬归葬故乡波恩，这座墓据说埋的是衣冠。可我愿意相信就在石雕座下的深处，深处，睡着亲爱的贝多芬与舒伯特：再留一会儿吧，这样想着，步履已迈向出口了。

所有墓园美树繁盛，雨后尤显苍翠。这里是阳世的阴间。出墓园，回到人世。沿途杂货店、加油站、广告、红绿灯……老式有轨电车慢条斯理地开着，轻微震荡。那束黄菊献了给谁？请恕我不说。

* * *

翌日有法兰克福书展一行，早班飞机，五点起身，天色尚未启明。机场外抽烟，仰看欧洲的明净星空，又想起昨午的墓群，五座雨水淋淋的坟。忽然我热泪难抑，像是受了天大的委屈。他们是莫扎特贝多芬啊，就这样年复一年躺在野外，陷在草泥里。走去登机时不断克制轻微的啜泣，待曙色中进入机舱，这才渐渐平息。

及后追想何以如此，以我的年岁，已知弃绝感伤。音乐存活的方式大异于别种艺术：绘画、雕刻，甚至文学，虽被代代赏读，其实有如遗物。唯音乐，一旦响起，无可争辩的此刻：莫扎特又在管自调皮了，贝多芬猛然断喝……音乐不死。伟大的错觉。或者不该去维也纳公墓么？原来他们真的死了。

有一个人也死了，永不能来：陆洪恩。“文革”前上海交响乐团副指挥。一九六八年他破口咒骂当世的罪孽，将被枪决，在痛殴与绝食的间隙，他哼唱贝多芬，就刑前嘱咐一位年轻的同监难友：将来出去还我心愿，去维也纳，在贝多芬舒伯特墓地为我献一束花。

这件真人真事涉及维也纳公墓。十一月，我读到那位年轻囚犯的回忆录，十月，我正在音乐家墓园。陆洪恩指挥过贝多芬的音乐。一九六八年，我与几百个同学在学校目击他及另外十数位死者的公判直播，随即冲出校门，奔向延安西路转角等看刑车逶迤开过。刑车为钢板封闭，不知道哪辆车中押着被击落下颌不能叫骂的陆洪恩。

血腥的一笔。无人问津的旧事。那位难友今已六十多岁，去了维也纳么？倘若早知此事，我应替陆先生呈一鲜花，而凭吊的心情也就异样。如非难友写出狱中回忆，没人知道陆先生最后一道希冀——其实，是绝望。他葬在哪里？“你痛苦时，会想起我的音乐。”贝多芬对青年瓦格纳如是说，可是贝多芬从未触知这指向他的音乐的顽强希冀，以及，漆黑的绝望。

* * *

自德国返回维也纳，其间数日溜到布拉格——下旬初两场歌剧等着我，想想就得深呼吸，赶紧不想。到这年纪我学会别去盼

Beethoven
DIESES DEM URSPRÜNGLICHEN GRABMALE BEETHOVENS
AUF DEM WÄHRINGER-ORTSFRIEDHOFE GETREU NACHGEBILDETE DENKMAL
WURDE MIT BEITRÄGEN
DES K.K. STADTERWEITERUNGSFONDES DER GEMEINDE WIEN,
UND DES VEREINES DER PHILHARMONIKER
VON DER GESELLSCHAFT DER MUSIKFREUNDE IN WIEN
IM JAHRE 1888 ERRICHTET.

左上图：维也纳公墓进门后的主干道。道左即是五位音乐家的坟墓。左中图：由左向右的墓，依次是：贝多芬、莫扎特、舒伯特。左下图：贝多芬衣冠冢（局部）。右上图：莫扎特纪念碑顶端的青铜女子。右下图：舒伯特墓碑（局部）。

1803
1887

左上图、左下图：公共墓园中的豪华墓葬。左中图：十九世纪维也纳画家的墓碑。右图：位于维也纳国家剧院附近的勃拉姆斯雕像。

望什么事，转瞬，幸福时光就变为渺茫的回忆——火车来去各四小时。当年莫扎特坐马车要走几天？他少年时到处走穴，家信里开心描述下坡时马车怎样飞快地颠簸，一股子男孩的疯劲。二十日当天下午自布拉格回到维也纳，时已黄昏。在旅馆迅速换穿正装，六点半，出门走向国家剧院，剧院位于奥本蒂那现代美术馆南端，此刻灯火辉煌。

观赏《魔笛》的演出，去年，是在近舒伯特故居的城北小剧场“Volksoper”，进场前并不抱着奢望。九十年代的纽约电视播出数次莫扎特歌剧的创新版，有一观念进入老歌剧：音乐照旧，唱归唱，洛可可宫廷时代的扮相废除了，布景换成当今的寓所或办公室，演员身穿牛仔裤，休闲服，白领套装，甚至蓝领的工装。编导的意思大约暗示剧情虽古，人性未变，又或者是为古老剧种新他一新，便于吸引当代不喜古装剧的年轻人吧。视听效果于是以分离的方式而重叠了：句句莫扎特，角色则是大街上的你我他。

好主意吗？不坏。初看吃一惊，不像演出，而是排练：费加罗一身T恤，苏姗娜像个公司文秘，唐·乔万尼赤膊套着阿玛尼西装。不可以吗？当然可以。其实，两百年来欧洲各国的古装剧美学代代更新，扮相、布景，早已不是莫扎特时代的原样。音乐底本动不得，适可耍弄的就剩舞台与角色的装扮了。只是演成如今这一步，前卫是够前卫，听着看着，终归有点异样。欧洲的部分观众或许看厌了古装，亟思变易，然而现场演出抑或电视直播，歌剧并不只是听。去年另有柏林行，正上演《女人心》，站在售票口犹豫再三，走开了：前厅视频播放的演出正是全套时装。

谢谢维也纳。幕布开启，妙啊！迷人的“古装”：既非十八世纪那一套，也非当今的扮相。怎样形容呢？其实是引入高级时装设计的怀旧版，一端返顾往昔，一端朝向现代，具体说，约略接续上世纪一战前后的时尚：大裙摆，束腰，夸张的头饰，简洁的长袍。夜女神的三位侍女一律俊俏的黑皮短上衣，美胸闪烁，妖冶性感，头顶插满黑色的羽毛；三位男童的设计最可取：十九世纪末都市花呢鸭舌帽，配上呢绒的套装，如寄宿学校的幼公子，倏忽进出，殷勤地唱。

王子与巴巴其诺的扮相怎样呢，此刻却想不起来了。时人或许看厌了穿着T恤演唱莫扎特，维也纳人体面地折中了十八世纪和今天。可惜不知这舞台美学的一古一今曾有过哪些背后的争议，那夜，《魔笛》的舞台美学允称剀切，又古雅，又时尚。

永远时尚的是莫扎特。他征服所有时尚。耳听三位仙女围着昏倒的王子吵架般地唱，中音、高音、次高音在同一声部同一节律中竞相追逐，忽抑忽扬，我已招架不住了；当凶狠而冤屈的黑色夜女王一节高一节举起她惊人的花腔，我巴望她多唱片刻，然而给莫扎特一响雷鸣，轰然止住了。三位男童的清脆重唱直令人酥倒，如纯洁的试探，天界的恳求：听我说呀，请听我说……卡米诺与巴巴其诺的二重唱是考验美声的经典段落吧，女歌手唱得是披头散发，双眼闪着要死要活的光。使我动衷的是歌中的爱，还是爱莫扎特？他的二重唱无不是天作之合，最后一幕两位兵丁的重唱何其严厉而慈祥——导演将身穿盔甲的他俩挂在城门上端，像一对金属悬空歌唱——奇迹。莫扎特配乐的歌词极尽正邪善恶，可是每一角色的滔滔歌声——恶魔、傻汉、坏蛋、怨女、滑稽人——莫不气品高贵，雅隽而善良。

《魔笛》非仅歌剧的绝响。推及莫扎特的年代，人们观赏这般奇异的喜剧，愉悦，欢闹，而且当真。相信天使魔鬼的时代有福了。谁说的那句话：未曾生活在一七九三年之前的人，不知生活的甜蜜——在莫扎特那里，何止甜蜜——这是一句预告大灾大难的话。莫扎特和他的音乐不该活在大革命以后的世界。路易十四说：我死后哪管洪水滔天。一七九一年，洪水到来之前，上帝成全这位金贵的男孩，留下《魔笛》，带走了莫扎特。

我们计较CD的种种版本，实出无奈。现场演出只能比较现场演出。在维也纳听莫扎特是稀有的经验，我不知道那场演出在维也纳演剧史归于怎样的水准。神魂颠倒之际，我仍确认，《魔笛》的演出成熟而专业，即便并非一流的导演或名角，他们使出浑身伎俩。请教当地的资深乐迷或可得致理性的判断，那夜，我放弃理性。

* * *

虽然《费加罗婚礼》上演了两个世纪，今夜国家剧院座无虚席，俨然盛事。本季度节目单标明，同一剧组的《费加罗婚礼》间隔十余日上演一场，十余日间，其他剧目依次排开，轮番重演，包括明天我将观赏的《菲德里奥》。想必维也纳供着为数可观的剧团及庞大的演出管理系统，除非战时，两百多年从未中断。游客若想度过难忘的一夜，端看停留期间是否正有中意的剧目。

除了莫扎特，尚未有缘看过一场我格外喜欢的罗西尼——电视里看《塞维利亚理发师》，追逐不息的七重唱简直险象环生而惊人地华丽——我偏爱巴洛克音乐的炫技，游戏感，还有歌唱性。在纽约有幸看过六七场威尔第，伟大是伟大的，总不及十八世纪歌剧富天趣而见性情——非指角色的性情，而是通篇歌剧的神采飞扬——堂尼采蒂、贝利尼和比才，各听一场，也好听，当年初看不识趣，现在再听，感知会是两样。近时读萨义德谈论音乐家晚年的书，这样一位终生苦想的哲学家居然隔三差五混在音乐厅，及古见今说起来，不是如数家珍，而是线索繁复的潜沉而浸淫。眼瞧活在欧洲大文明中的随便哪位听客，如我似的所谓音乐爱好者，说句业余感也得动用羞耻心。

我有自己卑微的沾沾自喜。年轻时默诵乐曲的记忆力，衰歇了，但莫扎特几部歌剧的曲调连同伴奏，居然能一曲曲同步跟进（想必许多人赋有这生理机能吧，我有幸忝为其一）。此事非关智力，而是，音乐，尤其是莫扎特，一遍听过，轻易铭记。不是记忆录存音乐，相反，是记忆被乐句自行编排。譬如伯爵夫人在第二幕开首唱完咏叹调，之后，记忆到位：凯鲁比诺将要开唱那曲美丽的独白了（我竟恋爱了么？不确定，然而分明确定）。默诵缘自听与被听的双向密码，那是被连连点击的大快乐，是记忆自行启动的乐音游戏。

出于无可解释的愚蠢，我弄不清剧情——包括电影、话剧，甚至小说——《魔笛》，尤其是《费加罗婚礼》究竟怎么回事，我至今糊涂。但是，譬如，那夜魂灵出窍的段落是第二幕尾声的五重唱，五位角色同时唱出猜忌、焦虑、试探、嫉妒、尴尬、掩饰、恍然大悟、悔不当初、赶紧辩白、充耳不闻……当五种嗓音最后汇集为一片高音区的美丽混战，我完全被弄糊涂，同时分明听懂了。

这是音乐还是莫扎特的神效？那天幕布分开，费加罗与苏姗娜你言我语唱起来，我忽然明白歌剧真的是“剧”：它从头到尾忙于叙述，歌词只是中介，叙述的语言，是音乐。多么神奇，我听懂了完全不懂的德语。莫扎特说：“歌词必须是音乐的恭顺的女儿。”对啊，阅读歌词不会动情，台上唱起来，这才七窍生烟。如此，异质的文化，他知道吗，一个不懂德语的人句句领会他以音乐渲泄的人性。

* * *

是夜《费加罗婚礼》的全套班底看来比《魔笛》剧组尤胜一筹，可惜说不像样，除非现场。要角儿甫一登场，令人神旺，俨然来历不凡。其实我哪里知道来历，也不知他们在圈内的声名。有那么一种面相、气质，寻常罕见——多年前曾在米兰斯卡拉歌剧院休息厅遇见年迈的贵族，今晚的观众堆里又见城里面格外精雅而颓废的淑女士绅，他们平日隐着，有歌剧的夜晚，翩然而来——伯爵那张王侯似的马脸，瞬息万变，狼狈之际也自仪态可鞠。夫人，翼翼矜矜，一身贵气，歌吟时缓缓来去，那么专注而真挚地换气，像是唱给自己听。有些歌剧导演不用名角，应是道理：歌剧是一整体，明星夺戏。是夜几位配角的活色生香演来故意过那么几分，毫不用力。每一歌喉固然天资颖厚，几乎笔笔送到，临场动静，松爽而练达。这样的功，似不见于美国的古典歌剧，虽说美国演员多有欧洲血缘，兼以重金豢养常年献艺，水准固然可敬，然而欧洲阵容总有天然的优越感，维也纳歌剧台风的雅训而克制，今夜领教，深得我心。

上世纪七十年代年以来，欧美各国录制大量歌剧影带，虽看得不多，稍一回想，各有千秋。英法荷德意大利的歌剧如今怎样做张做致？此前无缘观赏，没有比较的荣幸，只觉得今夜是维也纳歌剧在维也纳玩，《费加罗婚礼》到底源出自家，本色见人——要命的还是莫扎特。他的歌唱部分饱绽音乐性，器乐部分充盈歌唱性，有时，主唱的功效成为伴奏的伴奏；有

上图：上世纪初明信片，图为维也纳国家剧院。下图：国家剧院正厅，
时在下午，到了晚间这里就站满进场的观众。摄于二○○九年十月。

他们一年到头在这样的厅堂享受歌剧。上图：国家歌剧院二楼。下图：《费加罗婚礼》即将开演，座无虚席。

时，伴奏与歌唱的旋律宛然同一。音乐术语怎样指称这令人晕眩的伎俩？我该凝神倾听他的伴奏还是歌曲：二者同样好听，而且使彼此更好听。

遥想一七八六年观赏首演的维也纳人，委实作难：此前的歌剧想必从未被赋予如此密集的能量，太过应接不暇了。他步步把握全剧的主题，同时，仿佛只顾音乐的任意放纵——我更同情前《费加罗婚礼》时期的莫扎特：他观赏别人的歌剧，急得流泪，他心里知道，以一位天才的全部自觉知道：歌剧尚有无数从未动用的可能性。《后宫诱逃》已然妙不可言，虚掷着多余的才情，不知美丽透顶的旋律该扔在哪里；直到《费加罗婚礼》，他满蓄胸中的乐音这才光芒万丈——既点燃音乐，又照亮人性——彼时的维也纳人被照得睁不开眼睛。我猜，当他亲自赏听全本的舞台演出，恐怕和难以消受的观众同样惊异。

不可能描述一场进行中的歌剧。专注、狂喜，接连不断的惊异，消耗体能，人得喘息，而莫扎特不容你片刻分神，我徒然巴望浑身调集更多的神经。这是聆听CD不可能发生的经验，交响乐或如萨特所言，宜于单独倾听音响。歌剧是辉煌现场，人造的奇境，从中古教堂到近世的剧院，黑压压观众屏息倾听，实在是人类极尽奢侈的崇高行径。可恶的音乐！歌剧通常三个小时：一曲唱罢，又一曲唱罢，最后一场误会百出的戏今晚演得稍嫌纷乱，当谜底拆穿、揭开，众人齐集站拢，舞台大亮，伯爵与夫人先后唱出那首和解而宽恕的歌——夫人稍一静默，接过伯爵的尾音，悠然启唱——我被无可抵御地感动了。不完全因为歌曲（至少听过一百遍），而是演出结束了，我从晕眩的幸福中坐起。歌剧终场全都像大梦醒来，谢幕，谢幕，演员们各自端着本来的脸从幕布后鱼贯走出，彼此拉着手，开颜欢笑。

在终场的狂欢中，我想，全场忘了莫扎特。他睡在草泥里。前些天我去墓地看望他了。《费加罗婚礼》。

* * *

领取衣帽的柜台前排着长长的队伍。散场的拥挤。观众如被歌剧吐出的渣。三小时前大家在这里纷纭进场，神完气足，像是去隆重领受莫扎特的接见。对了，今夜演出的装扮全部十八世纪。那是欧洲人最好看的扮相。谁想出了假发？那些腰身、下摆、丝绒！窄袖的袖口耸着花边。国家剧院东门外的大街与圣斯蒂芬教堂连接，十点后游人仍然摩肩接踵。有什么好开心呢，瞧着满街路人，我斜眼怜悯：他们今夜没看《费加罗婚礼》。我也被歌剧抛弃了，夜风中穿过街道，如一匹狗，找个地方吃几口夜饭。吃饭有什么意思。

翌日大晴。二度造访尽是雨，现在所有被太阳照亮的维也纳屋顶高兴起来。停留的末一日。夜里还有一场《菲德里奥》，简直救命。白天只是游荡，在小皇宫北侧街区又发现几处古董店，老掌柜仔仔细细从玻璃橱取出物事，我已心不在焉。到处好太阳，大街和楼宇的一段段阴影也是晴。忽然认出去年躲雨时喝汤的咖啡馆，忽然发现一转弯即是通向贝多芬故居的另一处小巷，忽然我又站在老公寓的门洞口了：不再是初到的感觉，现在这里仿佛是有所约定，存着秘密的地点。鬼一般走上四楼，我站了好一阵，像是侦探自己的踪迹，求证去年的梦游。不知是催眠还是暗示的神效，俄尔，我又像停在少年时代哪位上海朋友公寓门前。

正午时分，全楼仍然空无一人，阳光，大静。《菲德里奥》

就在这里写成。晚上我要去看。上回没注意门洞边的铁皮框，住家名姓一格格排满，四楼那一小格印着贝多芬的名，好像他还住在这里。

又是座无虚席。今晚另一班人马，乐队似乎更好，年迈的指挥也像个老臣，一出台，掌声四起。布景全换了，那么写实的无产阶级情境——我的可数的卡拉扬版本有他指挥的《菲德里奥》，倒是很好，但从未听完。座中有谁如我这般不问剧情，率尔直观么——十八与十九世纪紧密衔接，莫扎特和贝多芬前后同代，可是《菲德里奥》像是一出革命戏：工人，军警，对抗，囚禁，无产阶级家庭，最后一幕的欢唱集中那么多演员，放声高歌，非常德国，非常十九世纪，但还不是写作《欢乐颂》的那位贝多芬。看来早在十九世纪初叶，失聪的贝多芬已是左翼的先驱。

一场艰难的倾听。当然，序曲来势汹汹（卡拉扬版本雷霆万钧）。此后的歌唱，峰峦迭起而崎岖难行，一场高贵的意外。要么是他决意摧毁传统歌剧的原则，要么他的天资委实是在器乐：莫扎特手到擒来的歌唱性成为贝多芬顽强的自我折磨，句句“必须如此”。分开听，剧中唱段曲折百回（单是听乐句和情绪的微妙转折，美极了，尤其是父女俩的深沉对唱）；音乐变化层出不穷（伴奏部分结构精心有如交响乐，我竟能不理会歌唱，分一只耳朵听），但二者似乎不在同一的音乐的洪流中。我从未听过像《菲德里奥》这样被滞碍，被他自己恼怒，同时被竭力制伏的乐思：我很难进入这乐思，他的不容辩驳的征服感在《菲德里奥》中变得像是要征服他自己，以至，好几次，我竟等着这一曲唱罢，下一曲如何，其间分神，想起中午还在这个人的旧寓的楼道里发呆。

下半场似乎是另一出剧，器乐的贝多芬苏醒了。号角从远处吹响，莱奥诺拉主题直如曙色初动。之后，有一阵，歌唱止息，幕布合拢，莱奥诺拉跌宕前行，完全不顾这是一出歌剧，由那位老头子忘乎所以地指挥着，精彩极了——原来这首序曲竟是《菲德里奥》的一部分，此前我懵然不知——终于他从上半场旅程中奋然挣脱，以猛兽般的能量向歌剧反扑，如一举报复。幕布拉开了，台上站满人，像是造反成功，又像是癫狂的颂唱，几道女声的集体音量一重高过一重，如哥特式教堂的尖顶竞相向上：那是在莫扎特时代不可想象的人声的规模，贝多芬重又成为他自己的狄奥尼索斯。相对于莫扎特，他以不同的方式证明歌剧的力量——是力量，不是魅力——在自己唯一的歌剧中伤痕累累，他以光荣失败的姿态赢得胜利。倘若不是昨夜刚听莫扎特，《菲德里奥》仍是一部伟大的歌剧，澎湃起伏，紧握的能量，这部歌剧的内在的复杂性远胜于后来威尔第瓦格纳最富野心的作品，但是吃力，不易听。我因此隐约察知十九世纪的文化初衷，望见真的前卫与实验性在贝多芬手中怎样势在必得，竭尽全力。他使音乐的一切再也回不去了，就在我到访的那间房间，《菲德里奥》将他撕裂，同时，撕裂了十八和十九世纪。

* * *

谢谢欧洲。翌日仍然大晴。此行维也纳最后一天。如在盛宴的盘子里舔最后几口，我黄昏登机，白天紧急游荡。

又去了古董店。新到一尊圣女木雕，危然欠身，双手正要合十，典型哥特风：To be or not to be? 去了那家去年走熟的老镜框铺，包回四只小小的旧框。去了昨天发现的一家豪华拍卖行，巡看从门厅到三楼的几十尊十八世纪宫廷雕刻。欧洲总有这类王侯宅邸变为公司，没人看守，如入无人之境。在新艺术风格的“Café Central”等候古董店老板乌里（去年和他成为朋友，长得活像演员彼得·奥图），他来了，旋即领我去另一家据说更著名的老牌咖啡店，果然，站满等位的食客，有位胖太太训斥乌里先生挡了她：原来维也纳人这般斯文而坚定地拌嘴，双方都是中低音。制作点心的厨房开放参观，有位女徒弟正在费力粘制一枚奶油巧克力驴子——安娜·克莱姆尼策也做过同样的糕点伺候海顿么——不可思议，穿街过巷时我竟忍不住又画了两三幅铅笔速写，在布拉格画得顺了，现在以可怜的线条追踪维也纳，时间凝止，好像我会永远待在这里。

奥本蒂那现代美术馆有一幅朴素的水彩画写生，画的是由北而南望的维也纳远眺，署名年份正是贝多芬离开Molker Bastei 8号公寓的十九世纪初，郊外乡道走着马车，城里高耸圣斯蒂芬教堂和皇宫的天顶。那么贝多芬也在郊外的某处如这画家般，远眺维也纳——除了意大利，我尚未怀抱一种对城市的爱如同维也纳。绘画是物质，眼前这块画布，笔致历历，就是那个人。我不曾刻意寻访画家的故居或墓冢，进博物馆我就与他面对，四看无人，偷偷摸一下，像是触他的衣襟。音乐与音乐家，到底怎么回事？贝多芬在郊外写成他淋漓艰深的晚年四重奏和最后几首朔拿大，我没去那里。茨威格那群大学生上百年前的抗议拆迁，看来成功了，地图标明贝多芬夏屋的位置，包括他散步的路径（“我爱一棵树，胜于爱一个人”我总记得他这句话）。国家剧院斜对过一座公园里竖有巨大的勃拉姆斯雕像，隐在树丛中沉思，脚下是一位悲痛欲绝的女子。他在晚年照片中有如大胡子乞丐，神态则如一位沮丧而沉静的摩西。我对他的敬意和理解——假如敢说理解的话——与日俱增。他并未被贝多芬笼罩，而是与浪漫主义时期的交响乐意识分庭抗礼。我在他乐句中不想起贝多芬，而是，以前瞻的名义，常由贝多芬的作品而想起他——今日维也纳的现代艺术，当代音乐，我完全不了解，还有许多地方没去。做一个音乐文化远距离的敬仰者吧，我已幸福到近于奢侈。想起陆洪恩。

下午的最后一项去处是圣玛丽亚老教堂。昨天，楼上陈列祭坛画的小博物馆休息，今天转了转，倒是几件十八世纪的无名水彩画质朴动人，画中是一七九三年之前的奥地利乡村，多么恬静。在教堂小卖部买了画册，见有果蔬：一种新摘的不知名的果实，状若枣，迷人的粉青色。问那神学院学生模样的雇员，回说产于维也纳郊外："试试！只要吃一口，你就不肯停！"

出门后连皮带肉抿了一颗，果然，清甜而阴凉，味如猕猴桃，然而不酸。噙着第二颗果子，我旋即回身小卖部禀告年轻神学家。他的灰眉毛立刻挑高了：

瞧！我早就告诉你，早就告诉你！

出发厅的抽烟室设在机场酒吧，小极了，像个玻璃电话亭，仅容一人，如关禁闭。飞往北京的候机室全是同胞。戏完了，收摊了，巨大的幸福之后，身体反应是闷头昏睡——历经一场磨难也会这样——没听见起飞。醒来，视频显示经已飞离欧洲，指针箭头刚移过莫斯科，指向西伯利亚。当年陀思妥耶夫斯基的流放马车途经欧亚交界，泪如雨下，现代人跨越洲际、跨越文化，轻易而漠然——不要想维也纳，也别去想北京。这样轻轻地告诫着自己，我又沉入昏睡。

二〇〇九年十月至十二月

上图：十九世纪初，维也纳远眺，图右的尖顶就是圣斯蒂芬大教堂。雅各布·奥特画于一八一七年。下图：抵达欧洲的翌日，走出旅馆，最兴奋。图为这次在维也纳停留的旅馆的门厅，雨停了，放晴。

上图：维也纳艺术史博物馆和自然博物馆之间的广场雕刻。下图：艺术史博物馆正门。右页图：艺术史博物馆二楼咖啡厅。

右侧的楼即是贝多芬旧居所在的公寓，留心看，小街旁竖着贝多芬纪念品小卖部的招牌。对面大屋顶即维也纳大学。

BEETHOVEN-
SHOP
STEMPEL & SCHILDER

上图：贝维德雷宫东南门。下图：贝维德雷宫主殿。二战期间被炸，现为重建后的景观。

上图：海顿雕像。下图：一八〇九年，维也纳，拿破仑军队兵临城下。同年，维也纳沦陷，海顿逝世。

仰面看，欧洲都市的门楼到处是雕刻。摄于离开维也纳的那天。

图书在版编目(CIP)数据

外国音乐在外国/陈丹青著. —桂林:广西师范大学出版社,
2010.1
ISBN 978—7—5633—9365—7

Ⅰ. 外… Ⅱ. 陈… Ⅲ. 音乐—艺术评论—世界—文集
Ⅳ. J605.1—53

中国版本图书馆 CIP 数据核字(2009)第 237406 号

广西师范大学出版社出版发行
(桂林市中华路 22 号 邮政编码:541001
网址:www.bbtpress.com)
出 版 人:何林夏
全国新华书店经销
发行热线:010—64284815
北京画中画印刷有限公司
(北京市丰台区西四环南路 45 号 100071)
开本:965mm×1 270mm 1/32
印张:11.5 字数:150 千字
2010 年 1 月第 1 版 2010 年 1 月第 1 次印刷
印数:00 001～30 000 定价:48.00 元